★ 《永春县革命老区发展史》编纂委员会

革命老区
全国革命老区县发展史丛书
全国革命老区县发展史丛书——福建卷

永春县革命老区发展史

永春县老区建设促进会
中共永春县委党史和地方志研究室 编

厦门大学出版社 XIAMEN UNIVERSITY PRESS 国家一级出版社 全国百佳图书出版单位

图书在版编目(CIP)数据

永春县革命老区发展史/永春县老区建设促进会,中共永春县委党史和地方志研究室编.—厦门:厦门大学出版社,2020.5

(全国革命老区县发展史丛书.福建卷)

ISBN 978-7-5615-7784-4

Ⅰ.①永… Ⅱ.①永…②中… Ⅲ.①永春县—地方史 Ⅳ.①K295.74

中国版本图书馆 CIP 数据核字(2020)第 060498 号

出 版 人 郑文礼
责任编辑 韩轲轲
美术编辑 李嘉彬
技术编辑 朱 楷

出版发行 厦门大学出版社
社　　址 厦门市软件园二期望海路 39 号
邮政编码 361008
总　　机 0592-2181111　0592-2181406(传真)
营销中心 0592-2184458　0592-2181365
网　　址 http://www.xmupress.com
邮　　箱 xmup@xmupress.com
印　　刷 厦门兴立通印刷设计有限公司

开本 787 mm×1 092 mm　1/16
印张 18.5
插页 17
字数 267 千字
版次 2020 年 5 月第 1 版
印次 2020 年 5 月第 1 次印刷
定价 98.00 元

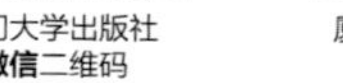

厦门大学出版社
微信二维码

厦门大学出版社
微博二维码

图 1　中共永春支部、特支、县委成立旧址，中共永春一大会址（五里街儒林辜氏家庙）

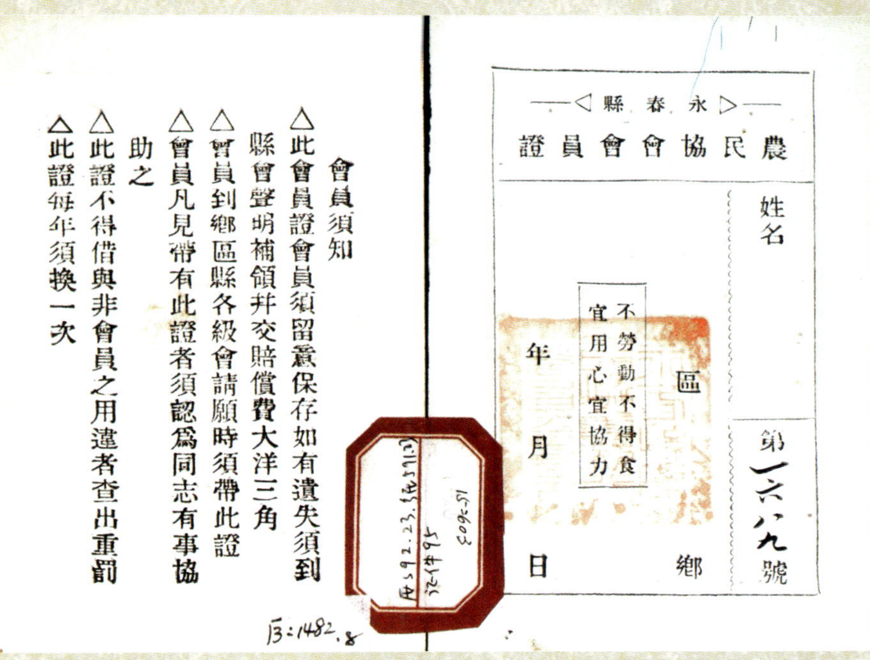

永春縣

農民協會會員證

姓名

區　鄉

年　月　日

第一六八九號

不勞動不得食
宜用心宜協力

會員須知

△此會員證會員須留意保存如有遺失須到縣會聲明補領并交賠償費大洋三角

△會員到鄉區縣各級會請願時須帶此證

△會員凡見帶有此證者須認爲同志有事協助之

△此證不得借與非會員之用違者查出重罰

△此證每年須換一次

图 2　中共永春地方组织成立后，积极领导工运、农运和妇运。图为 1927 年 3 月永春县农民协会颁发的会员证

图 3　1929 年 8 月，朱德率红四军二、三纵队进入永春县福鼎乡（现横口乡福中村、环峰村、福联村）休整。图为福鼎旧貌，远处为尖峰山，朱德曾攀上顶峰观察地形

图 4　红四军军部旧址——美魁堂，朱德曾在此住宿

图5　红四军前委机关驻地和朱德召开群众大会旧址——郭氏家庙

图6　朱德赠送郭景云医师的法兰西铅笔(福建博物院藏)

图7　朱德留给永春开展武装斗争的步枪(福建博物院藏)

图 8　1930 年吾峰武装抗捐斗争指挥部和吾峰苏维埃政府成立旧址

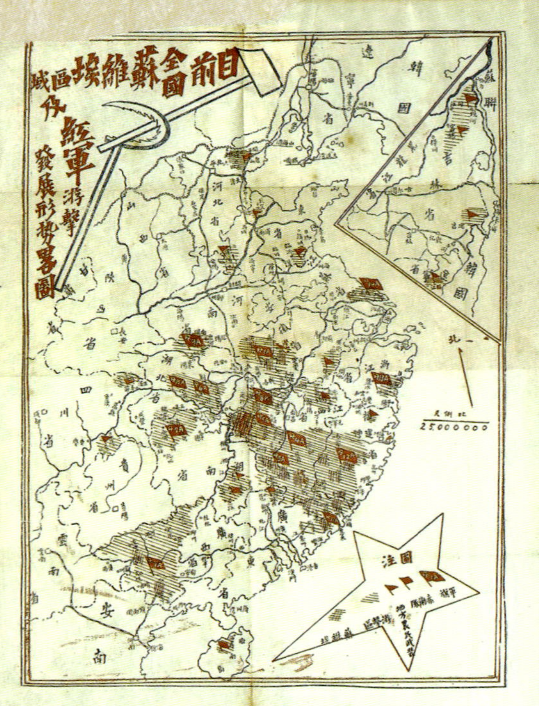

图 9　1930 年 5 月《目前全国苏维埃区域及红军游击发展形势略图》中，福建省中部明确标注了“永春”二字，表明此地属于苏维埃区域

图 10　1930 年下半年中共永春县委机关常驻地旧址——花石公学

图 11　1930 年冬李南金、李剑光开辟安南永三县边界游击根据地的活动基地及中共达埔支部成立旧址——岩峰书院

图 12　1932 年 4 月，永春、安溪游击队整编为闽南工农游击队第二支队；1933 年 5 月，正式命名为中国工农红军闽南游击队第二支队，简称“红二支队”。图为红二支队布告

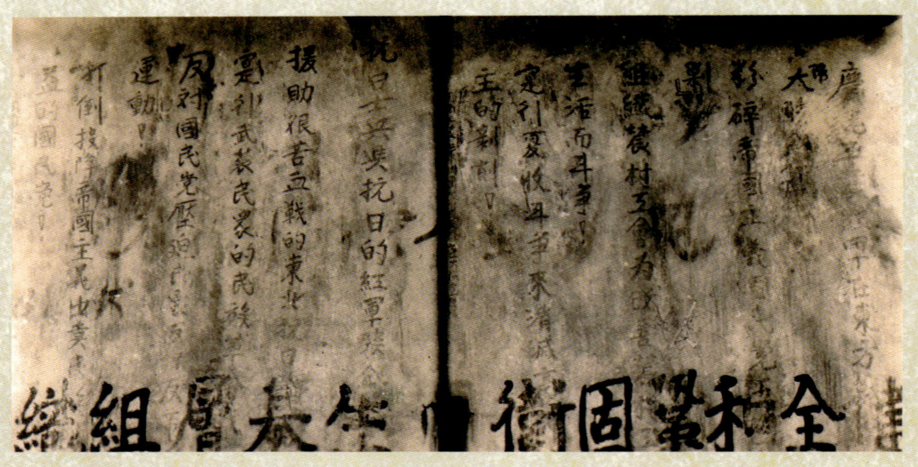

图 13　红二支队在永春达埔新溪村房子上刷写的革命标语

图 14　福源洞，位于永春县达埔镇洑溪村圳古角落，是中共安溪中心县委和红二支队机关常驻地之一

图 15　桃场颜氏家庙，是抗战时期中共永春支部旧址。2020 年春，布置为永春抗战历史纪念馆

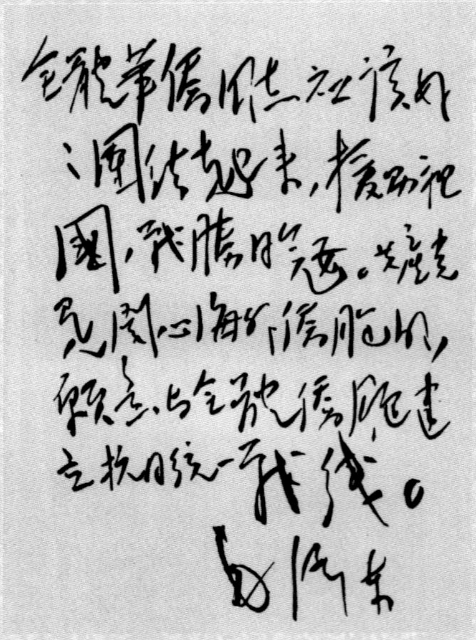

图 16　1938 年 3 月 18 日，毛泽东在延安接见永春华侨、南洋华侨战地记者通讯团领队辜俊英时，为南洋华侨题词

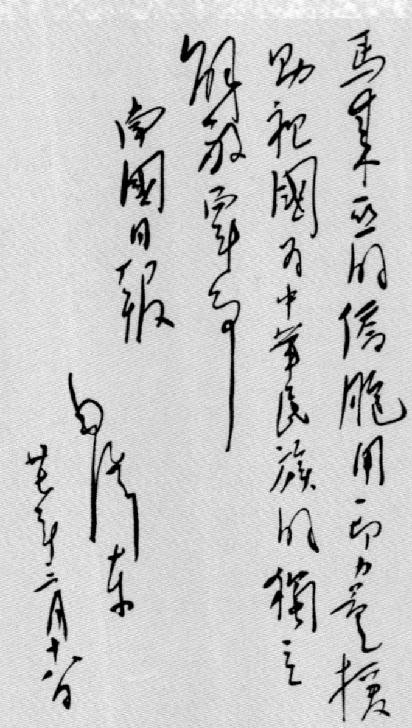

图 17　1938 年 3 月 18 日，毛泽东在延安接见永春华侨、南洋华侨战地记者通讯团领队辜俊英时，为《南国日报》题词

图 18　1947 年 3 月，闽中党组织成立的桂地支部旧址

图 19　1949 年 7 月 12 日，闽中党组织在永春介福美龙堂成立中共永春区工委

图 20　1948 年 10 月，闽西南党组织筹措革命经费的玉坑公营店旧址

图 21　1949 年，闽西南党组织领导解放永（春）德（化）大（田）的革命大本营——永春县坑仔口镇

图 22　中共玉坑总支活动地，中共永西区工委、中共永德大工委、八支四团三营成立旧址——玉坑西北中心小学

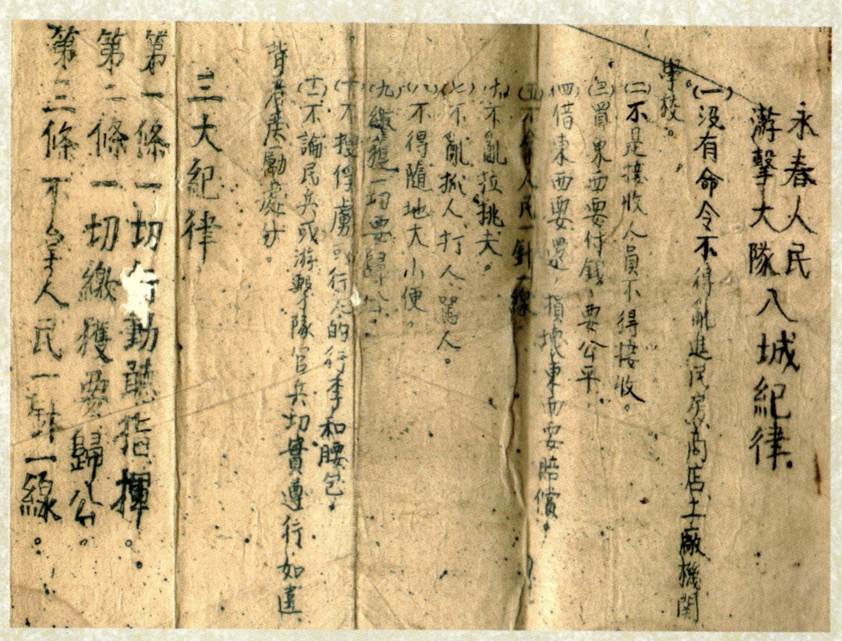

永春人民游擊大隊入城紀律

(一)没有命令不得亂進民房商店工廠機關學校。
(二)不是接收人員不得接收。
(三)買東西要付錢，要公平。
(四)借東西要還，損壞東西要賠償。
(五)不拿人民一針一線。
(六)不亂拉挑夫。
(七)不亂抓人打人罵人。
(八)不得隨地大小便。
(九)繳獲一切要歸公。
(十)不搜俘虜或行人的行李和腰包。
(十一)不論民兵或游擊隊官兵切實遵行如違背者處以處分。

三大紀律

第一條一切行動聽指揮。
第二條一切繳獲要歸公。
第三條不拿人民一針一線。

图 23　1949 年 5 月 27 日，永春人民游击大队攻占县城前夕颁发的《入城纪律》

图 24　1949 年 7 月，永春县人民民主政府驻地——桂洋土楼

图 25　1949 年 8 月 1 日，永(春)德(化)大(田)人民游击总队整编为中国人民解放军闽粤赣边纵队第八支队四团三营，代号“活泼”。图为官兵佩戴的红袖章、胸章

图 26　1949 年 8 月 23 日，永春县全境解放。图为解放后第一届县委委员合影于云龙桥上

图 27　1951 年 11 月，永春县胜利完成剿匪任务

图 28　1970 年第 3 期《人民画报》封底刊登永春人民在高山上修建水电站的照片

图 29　1991 年永春首届芦柑节

图 30　2015 年 11 月，世界(永春)白鹤拳大会在永春举行

图 31　2016 年 7 月 28 日，中共永春县第十三次代表大会召开

图 32　永春县城新貌

图 33　永春县城新貌

图 34　生态环境优美的永春城乡

图 35　立面改造扮靓永春县城

图 36　中国四大名醋之一的永春老醋的窖藏车间

图 37　桃溪两岸

图 38　永春工业园区

图 39　介福瓷厂

图 40　外山乡云峰村风力发电项目

图 41　永春香产业园区一期

图 42　香城内的晒香场景

永春芦柑

永春佛手茶

永春岵山荔枝

永春漆篮

图 43　永春国家地理标志保护产品

图 44　永春猛虎柑桔场

图 45　高山上的茶场

图 46　泉州市党内政治生活体验馆(坐落于永春县桃城镇花石社区)

图 47　林俊德纪念馆(位于永春县介福乡紫美村)

图 48　余光中文学馆

图 49　永春棣兰体育馆

图 50　永春县老年公寓大楼

图 51　永春仓满体育场

图 52　永春香都广场

图 53　穿越永春全境的泉三高速等公路，将永春变成沿海连接山区的重要交通枢纽

图 54　永春第一中学新貌

图 55　2015 年 6 月，永春县医院新院整体搬迁完成并投入使用

图 56　全国重点文物保护单位福兴堂

图 57　牛姆林晨曦

图 58　岵山镇北溪文苑

图 59　东关桥水域

图 60　一都镇美岭村航拍

图 61　呈祥乡美丽风光

图 62　岵山镇茂霞村俯瞰

图 63　漆篮之乡——仙夹镇龙水村

图 64　一都镇三岭村美丽乡村建设——山歌对唱

图 65　永春达埔新溪革命烈士纪念碑

图 66　永春革命烈士纪念碑

总 序

在举国欢庆新中国成立70周年前夕，中国老区建设促进会王健会长请我为“全国革命老区县发展史丛书”作序，作为一名在老区战斗过并得到老区人民生死相助的老兵，回首往事，心潮澎湃，感慨万千，深感义不容辞，欣然应允。

中国革命老区，是以毛泽东为代表的中国共产党人在领导人民推翻帝国主义、封建主义和官僚资本主义三座大山，争取民族独立和人民解放伟大斗争中建立的革命根据地，在这片红色的土地上，诞生了无数可歌可泣的革命英雄儿女，为后人树起了一座不朽的丰碑，她是新中国的摇篮，是党和军队的根。

在艰苦卓绝的战争年代，老区人民把自己的命运与中华民族的命运紧紧地联系在一起，与中国共产党和人民军队的命运紧紧地联系在一起，他们生死相依，患难与共。我曾亲历过战争年代，并得到过老区红哥红嫂的救助，切身感受到发生在身边的一幕幕撼天动地的革命故事，在那极其艰难的条件下，老区人民倾其所有、破家支前，不怕艰难困苦，不怕流血牺牲。“最后一碗米送去做军粮，最后一尺布送去做军装，最后一件老棉袄盖在担架上，最后一个亲骨肉送去上战场”，这是当时伟大的老区人民为建立新中国做出巨大牺牲的真实写照，它将永远镌刻在中国共产党、中国人民解放军、中华人民共和国的历史丰碑上。他们的光辉业绩永载史册，他们的革命精神必将影响一代又一代的革命新人，造就一代又一代的民族脊梁。

在社会主义革命和建设时期，革命老区和老区人民响应党的号召，面对落后的面貌、脆弱的经济、恶劣的生态环境，他们本色不变，精神不丢，自力更生，艰苦奋斗，干一行爱一行。始终坚持“革命理想高于天”，自觉做共产主义远大理想的坚定信仰者和忠实实践者，勇于向恶劣的自然环境和贫穷落后宣战，他们在各条战线上为国建功立业，用平凡的双手创造了一个又一个不平凡的奇迹，彰显了老区人的崇高精神和人格力量。

在改革开放的伟大进程中，老区人民解放思想，勇于创新，发奋图强，攻坚克难，老区的经济社会建设取得了辉煌成就。特别是在改变中国的面貌、中华民族的面貌、中国人民的面貌、中国共产党的面貌的伟大实践中发挥了至关重要的作用。老区人民既是改革开放的参与者，也是改革开放的推动者。

艰苦练意志，危难见精神。老区人民在近百年的革命战争、社会主义建设和改革开放的伟大实践中，孕育形成了伟大的老区精神：爱党信党、坚定不移的理想信念；舍生忘死、无私奉献的博大胸怀；不屈不挠、敢于胜利的英雄气概；自强不息、艰苦奋斗的顽强斗志；求真务实、开拓创新的科学态度；鱼水情深、生死相依的光荣传统。这是党和人民宝贵的精神财富、丰厚的政治资源，是凝心聚力、振奋民族精神的重要法宝，也是社会主义核心价值观的重要内容。

中国老区建设促进会怀着强烈的政治责任感和历史使命感，组织全国各地老促会人员克服困难，尽心竭力编纂“全国革命老区县发展史丛书”，记录老区的光辉历史和辉煌成就，传承红色基因，弘扬老区精神，是功在当代、利及千秋的一件大事。手捧这部丛书的部分书稿，读着书中的故事，倍感亲切，深感这部丛书具有资政、育人、存史的社会功能，有着重要的时代和历史价值。它是不忘初心、牢记使命的源头活水，是赞颂共产党、讴歌老区人民的一部精品力作，是弘扬老区精神、传承红色记忆的丰厚载体，是一项继承优秀传统文化、弘扬革命文化、发展社会主义先进文化，坚定“四个自信”的宏大文化工程。它必将成为一种文化品牌，为各界人士了解老区宣传老区支持老区提供一部有价值的研究史料。希望读者朋友们能从中了解并牢记这些为党和民族的利益不断奉献的老区人民，从中得到教益，汲取人生奋斗的精神动力。新时代赋予新使命，新起点开启新征程。让我们更加紧密地团结在以习近平同志为核心的党中央周围，坚持以习近平新时代中国特色社会主义思想为指导，增强“四个意识”，坚定“四个自信”，做到“两个维护”，弘扬老区精神，铭记苦难辉煌。为实现“两个一百年”奋斗目标，实现中华民族伟大复兴的中国梦做出新的更大的贡献！

遲浩田

2019年4月11日

序

去年是中华人民共和国成立70周年,《永春县革命老区发展史》一书完稿,今年正式出版,可喜可贺!

永春,地处八闽之中,是一片红色的热土;永春的革命历史,是一幅可歌可泣、波澜壮阔的铁血画卷,在中国革命史上写下了光辉的一页。在社会主义革命和建设时期,中国共产党领导永春人民取得了巩固人民政权和恢复国民经济的胜利,完成了对农业、手工业和资本主义工商业的社会主义改造,社会主义建设在探索中曲折发展。改革开放以来,永春县委、县政府认真贯彻落实党的路线方针政策,不断解放思想,开拓进取,全面推进经济建设、政治建设、文化建设、社会建设、生态文明建设和党的建设,在桃源大地上描绘了绿色崛起的美丽新图景。

习近平总书记指出,历史是最好的教科书、历史是最好的老师、历史是最好的清醒剂,中国革命历史对共产党人来说是最好的营养剂。2019年,中央"不忘初心、牢记使命"主题教育领导小组印发《关于在"不忘初心、牢记使命"主题教育中认真学习党史、新中国史的通知》,要求各地区各部门各单位把学习党史、新中国史作为主题教育重要内容,不断增强守初心、担使命的思想和行动自觉。永春县老区建设促进会、中共永春县委党史和地方志研究室编纂的《永春县革命老区发展史》一书,秉承尊重历史、存真求实的原则,详细记录了在中国共产党领导下,永春人民革命斗争波澜壮阔的历史画卷,记录了新中国成立70年以来,永春走过的壮丽征程。这正是一部进行爱国主义教育、革命传统教育、艰苦奋斗教育和县情县史教育的生动教材。

新时代需要新担当,新征程要有新作为。我们要不忘初心、牢记使命,讲好永春红色故事,传扬老区苏区精神,以更加坚定的决心,更加昂扬的斗志,为谱写永春绿色崛起新篇章而努力奋斗!

中共永春县委书记

永春县人民政府县长

2020年5月11日

编写说明

2017年6月，中国老区建设促进会组织全国各地老促会启动编纂“全国革命老区县发展史丛书”，按照“建立中国共产党、成立中华人民共和国、推进改革开放和中国特色社会主义事业”三大里程碑的历史脉络，系统书写革命老区百年历史，深入挖掘革命老区红色文化资源。这对于充实丰富中国革命史籍宝库、在新时代传承红色基因、弘扬革命精神、强固根本，对于激励人们在新的历史条件下夺取中国特色社会主义伟大胜利，实现中华民族伟大复兴的中国梦具有重要意义。

丛书编纂以习近平新时代中国特色社会主义思想为指导，以《中国共产党历史》《中国共产党的九十年》等重要文献为基本依据，以党的领导为核心，以老区人民为主体，以老区发展为主线，体现历史进程特征，突出时代发展特色，坚持辩证唯物主义和历史唯物主义相统一、历史真实性与内容可读性相统一的原则，书写革命老区从站起来、富起来到强起来的光辉革命史、不懈奋斗史、辉煌成就史，把老区人民的伟大贡献、伟大创造、伟大成就、伟大精神充分展示出来，形成一部具有厚重历史特征和鲜明时代特色的精品力作。这是一部培根铸魂、守正创新，既为历史立言，又为时代服务，字里行间流淌着红色血脉、催生着革命激情的传世之作。

丛书的编纂出版将成为讴歌党讴歌人民讴歌时代、传播红色文化、为革命老区和老区人民树碑立传的重要载体。丛书按照编年体与纪事本末体相结合、以编年体为主的编写体例确定框架结构；运用时经事纬、点面结合的方式记述史实；坚持人事结合、以事带人的原则处理人与事的关系；采取夹叙夹议、叙论结合以叙为主的方法展开内容。做到了史料与史论、历史与现实、政治与学术统一，文献性、学术性、知识性相兼容。

为编纂好“全国革命老区县发展史丛书”，打造红色文化品牌，中国老区建设促进会认真组织积极协调，提出政治立场鲜明、史料真实准确、思想论述深刻、历史维度厚重、时代特色突出、编写体例规范、篇目布局合理、审读把关严格、出版制作精良的编纂出版总要求，力求达到革命史籍精品的精神高度、思想深度、知识广度、语言力度，增强丛书的权威性和社会影响力。各省（区、市）、市（州、盟）、县（市、区、旗）老促会的同志，以强烈的使命感、责任感和紧迫感，勇于担当，积极作为，认真实施，组织由老促会成员、专家学者等参加的十余万人编纂队伍。编纂工作主体责任在县，省、市组织协调、有力指导、审读把关。各方面人员以高度负责的精神和科学严谨的态度，满腔热情地投入工作，为丛书编纂出版做出了重要贡献。丛书编纂工作还得到了党和国家有关部委、地方各级党委政府及有关部门的大力支持和积极参与，社会各界也给予了热情帮助。中共中央政治局原委员、中央军委原副主席、原国务委员兼国防部长迟浩田上将，对老区人民怀有深厚感情，对革命老区建设发展十分关注，欣然为“全国革命老区县发展史丛书”作总序。

丛书由总册和1599部分册（每个革命老区县编纂1部分册）组成，共1600册。鉴于丛书所记述的史实内容多、时间跨度长和编纂时间紧，不妥之处，敬请批评指正。

中国老区建设促进会

目　录

概　述

永春，古称“桃源”，素有“万紫千红花不谢，冬暖夏凉四序春”的美誉，犹如仙女散花的一条飘带，横披在雄浑逶迤的戴云山脉，与南安、安溪、德化、大田、漳平、仙游等县接壤，是闽南、闽西、闽北接合处，面积 1468 平方公里，辖 22 个乡镇、236 个村（社区），总人口 60 万人。永春是福建省革命老区重点县，被中央党史研究室确认视同中央苏区县。

永春人民具有反帝反封建的光荣革命传统。旧民主主义革命时期（1840—1919 年），永春人民不断发动反帝反封建斗争。清咸丰年间（1851—1861 年），林俊领导响应太平天国的大规模农民起义，震撼八闽。辛亥革命前后，大批旅居海外的永春籍华侨和留学生追随孙中山先生，参加同盟会和中华革命党，出资出力支持民主革命。民国初年，余逢时、潘节文因投身反对袁世凯称帝的斗争，先后在福州、同安牺牲。1918 年，宋渊源、王荣光在永春组编福建护法军，响应孙中山的护法运动。但闽南护法运动很快变质为各地军阀争夺地盘的混战，使民众陷入深重的灾难。而护法斗争的失败，标志着旧民主主义革命在永春的终结。

1919 年爆发的五四运动，揭开了中国新民主主义革命的序幕。永春工、农、商、学、妇女各界也纷纷集会，举行示威游行，并组织反帝爱国宣传队，分赴各地开展宣传活动，民主革命的思潮在永春不断涌动。从 1924 年开始，一些在外地求学的永春籍青年学生和知识分子，参加共产党领导的革命活动，加入当地共产党、青年团组织。1926 年，国民革命军北伐入闽，一批共产党员和共青团员回到永春，活动遍及永春城区和东区，致力于发动和组织劳苦大众，开展农运、工运、妇运等活动。

1927 年 1 月，中共永春支部在五里街儒林辜氏家庙成立，有党员 12 名，永春成为福建省较早建立共产党组织的县份。同年 3 月，成立永春县工会、农民协会、妇女解放协会。省农会派共产党员张大宣为永春县农民协会主任，发表《永春县农民协会筹备处宣言》，号召“革命的先觉者，就要去与农民为伍”。这是永春县第一个公开的革命宣言。张大宣因不屈不挠地领导永春农运，被反动派视为眼中钉，同年 9 月在泉州遭暗杀，成为泉州和永春第一位中共革命烈士。同年 11 月，成立中共永春特别支部，永春成为进入土地革命时期较早恢复党组织的县份。1928 年 2 月，成立中共永春县委。永春特支和县委建立后，着手恢复和领导工会、农会，特别是成立了东区农民协会，会员发展到 2000 多人，声势浩大。1928 年 7 月，当时的中央巡视员赵亦松在给中央的报告中特别提道：“永春有党的组织很久”。同年 8 月建立永春县第一支党领导下的农民武装队伍——东区民团。

1928 年 9 月 24 日，在中共福建省委巡视员吴亚鲁的主持下，永春县委召开中共永春县第一次代表大会，传达中共六大精神。会议通过的《政治报告决议案》明确指出：“永春革命的前途，是群众武装暴动推翻现政权、建立工农兵苏维埃政权的前途。”并指出永春的党应向西发展到漳平。中共永春县第一次代表大会的召开及其通过的决议案，不仅为永春县各级党的组织和革命斗争的发展指明了方向，而且也为安溪、南安、德化党组织的发展以至为安（溪）南（安）永（春）德（化）苏区的形成和发展，及与闽西苏区相连接，奠定了思想基础和组织基础。同年 10 月 18 日，在县委领导下，东区农民协会在太平寺广场举行有 2000 多人参加的民众大会，当场公审并枪决两个破坏农运的豪绅爪牙，这是永春人民在党的领导下向反动派打响的第一枪，声势震动闽南。同年 11 月，反动派对东区农会进行“围剿”，东区农运陷于低潮。

1929 年 7 月，为打破国民党大军对闽西革命根据地的“三省会剿”，扩大闽西革命斗争区域，朱德率红四军第二、三纵队和前委机关 3000 多人开赴闽中，于 8 月 22 日至 29 日进入永春西部的福鼎、一都。朱德、罗荣桓、谭政、朱云卿、刘安恭、伍中豪、张宗逊、赖传珠、郭化若等红军著名将领在这里开展革命活动。红四军在当地多次召开群众大会，设立印刷所，刷写标语，张贴文告，广泛宣传党的土地革命战争纲领和红军宗旨。红四军主力离开永春后，留下 42 名红军战士和伤病员，继续开展革命斗争。朱德率红四军出击闽中，包括永春，扩大了党和红军的政治影响，对永春乃至整个安南永德的革命斗争产生了直接而深远的影响。9 月 6 日，福建省委在听取陈毅代表红四军前委、邓子恢代表闽西特委关于红四军和闽西斗争情况的汇报后，致信闽西特委和红四军前委，指出为“扩大闽西的斗争区域”，“拥护闽西的革命胜利”，“发动群众斗争的区域，除闽西及邻近县份如连城、漳平、宁洋、永安之外，并应扩大到泉属、大田、德化、永春……”1930 年 2 月下旬，县委召开工农兵代表会议，贯彻省二次党代会的决议精神，成立吾峰苏维埃政府，发动群众进行抗捐斗争，准备武装暴动。同年 5 月，地方军阀陈国辉纠集千余兵力对吾峰苏维埃政权进行残酷镇压，党领导下的吾峰农民武装奋起反击，终因力量悬殊而失利。

吾峰武装抗捐斗争失利后，永春党组织及时将革命力量转移到安(溪)南(安)永(春)边区。1930 年 7 月，省委派许依华担任永春县委书记，整顿党、团组织。同期，李南金(永春达埔人)从上海回到永春，担任县委宣传委员(后代理县委书记)，以达埔岩峰为活动中心，建立党团支部和农会、妇女会、儿童团，培养锻炼出一批骨干。同年冬，永春党的组织从达埔、夹际向安溪县东溪、佛仔格、南安县山城一带发展，建立中共安南永特支，这是跨越安溪、南安、永春三县的第一个党组织，以此为起点，永春县委领导了安南永边区的游击斗争。

1931 年 12 月，李南金在安溪佛仔格召集党、团骨干会议，以永春县委成员为主体，组成安南永临时中心县委，书记李南金和委员吴国清、潘天作、李剑光、李永康、李晓山、李梓桐均为永春人，当时中共厦门中心市委在报告中曾提道“安溪的工作是由永春搬过去的”。同时扩大党、团和农会组织，发动群众斗争，开展打土豪筹款，建立了安南永游击斗争基地。

1932年3月，中共福建省委和福建省苏维埃政府先后成立，标志闽西苏区进入鼎盛时期。毛泽东在致中共苏区中央局书记周恩来的电报中两次提到“直下漳泉”“直捣漳泉”，安南永德地区被列入毛泽东和中央红军拓展中央苏区的战略意图。上级先后派出陈凤伍、李实、黄鸿英（3人均为海南人），蔡振奎（广东人），唐光华（上杭人），范国华（永定人）等二三十名苏区干部到安南永开展工作。4月上旬，永春、安溪游击队整编为闽南工农游击队第二支队（1933年5月正式命名为中国工农红军闽南游击队第二支队，简称“红二支队”）。4月底分别建立中共安溪县委和永春特支。在毛泽东率中央红军东路军攻克漳州的胜利形势下，中共安溪县委和红二支队领导安南永人民深入开展打土豪、分粮谷斗争，安南永革命斗争迅猛发展。1932年11月，中共安溪县委升格为中共安溪中心县委，统一领导安南永德四县的革命斗争，从而形成了以安溪佛仔格为中心的红色苏区。永春作为安南永德革命根据地的策源地和重要组成部分，设立特区委。当时安溪红色区域遭到国民党十九路军“围剿”，中共安溪中心县委和红二支队转移到永春特区，此后，常驻于舟山山麓的岱山、圳古、新溪等地，推动永春革命战争的发展。1933年，永春特区领导建立了特区特务队、赤卫队和大批群众武装。

1933年8月25日，在安溪东溪成立安（溪）南（安）永（春）苏维埃政府，选举李剑光（永春人）为主席，在各地农村进行土地改革。安南永德苏区成为中央苏区鼎盛时期向外拓展的新区域，是中央苏区的有机组成部分。在永春境内先后建立了特区（达埔、仙夹）、蓬玉锦区（蓬壶、玉斗、坑仔口、锦斗、桂洋）、北区（苏坑、吾峰、介福）、中区（石鼓、五里街、桃城）、东区（东平、湖洋）、诗山区（岵山）等6个区苏维埃政府，下辖新溪、观山等80多个乡（村）苏维埃政府。永春苏区分布于全县3/4区域。

1934年，国民党几十万大军云集江西、福建，加紧对中央苏区和两省革命根据地的“围剿”。为牵制国民党军队对中央苏区的压力，安南永德的革命战争也空前激烈。红二支队，永春特区特务队、赤卫队和各乡、村赤卫队进行了大小上百次战斗，袭击国民党中央军二一一团、一〇六团、五一七团，省保安第三团、第九团等，抗击多次国民党军队的“围剿”。

1934年10月，中央主力红军长征后，国民党军队大举“进剿”安南永德苏区。国民党中央军第九师从闽西东调二十六旅谢辅三部和省保安第九团，安南永德各县保安队、壮丁队等上万武装，加紧对安南永德苏区的“围剿”，安南永德苏区进入了最为艰苦困难阶段。但永春革命武装仍然坚持保卫苏区，拖住国民党军的有生力量，策应主力红军长征。从1934年至1935年10月革命斗争陷入低潮，安南永德苏区先后牵制了国民党中央军宋希濂第三十师、王敬久第八十七师、李延年第九师以及新编师和安南永德地区的反动民团、保安团等反动武装累计十余万人次，沉重地打击了敌人，极大减轻了敌人对中央红军的压力，为中央红军胜利实行战略转移做出了重要贡献。

安南永德革命斗争，是这一地区历时最久、规模最大、影响最深的人民革命战争，沉重打击了反动当局，有力地配合了中央根据地的斗争。这场战争唤醒了广大被压迫的人民，留下了宝贵的革命传统和斗争经验，使这一地区一直成为革命斗争的活跃地带。据不完全统计，在土地革命战争时期，永春县被杀害的革命干部、群众达409人，其中被追认为革命烈士的190人，被害绝户和被迫逃亡的780户，被逮捕、酷刑、勒索的数以千计，耕牛被劫走158头，房屋被毁236间，土地荒芜2万多亩。永春人民的优秀儿女李南金（中共安南永临时中心县委书记、安南永德苏区创始人）、李剑光（中共安溪中心县委书记、红二支队政委、安南永德苏维埃政府主席）、李世全（红二支队支队长）、李永康（中共安溪县委宣传部长）、吴国清（中共永春特区委书记）、林多奉（中共安溪中心县委宣传部长）、李素明（团安溪中心县委宣传部长、团永春特区委书记）等为革命洒尽最后一滴鲜血。

安南永德革命斗争也锻炼出一批坚强的革命斗争的骨干。其中林士带（永春蓬壶人）坚持到斗争的最后关头，辗转到达延安，进入抗日军政大学学习，于1938年被派回泉州，担任中共泉州中心县委委员，在永春桃场建立了中共永春支部，宣传抗日救亡，又开始新的革命斗争。1941年7月，林士带以德（化）永（春）党的特派员身份，到永德边界活动，同年11月在戴云山麓的长基村主持成立中共德永特支，领导两县的斗争，开辟戴云山区游击根据地。林士带在山区、农村做了大量宣传发动工作，特别是在毛厝村打下坚实的革命基础，后来发展成为中共闽中特委、中共福建省委机关的驻地。林士带不幸于1942年秋被捕，1943年春牺牲。

抗日战争时期，中共闽中工委书记林大蕃到永春一都开展活动，在黄沙村建立了游击中队和党支部。1944年，中共闽中特委派洪瑞英到永春云峰、石城一带开辟交通线，建立秘密交通站。

抗日战争期间，永春华侨纷纷回国参加抗战。其中马来亚麻坡永春会馆征集汽车机工数十名回到广西、云南，在新开辟的滇缅公路上抢运军用物资，在这条运输战线上坚持至抗战胜利。梁灵光参加新四军，担任苏中第四分区专员兼军分区司令员，身先士卒，浴血奋战，战功赫赫。1938年3月，毛泽东为抵达延安的永春华侨辜俊英（南洋华侨战地记者通讯团领队）挥毫题词："全体华侨同志应该好好团结起来，援助祖国，战胜日寇。共产党是关心海外侨胞的，愿意与全体侨胞建立抗日统一战线。"

解放战争时期，永春党组织分属闽浙赣边区和闽粤赣边区两个组织系统，习惯称为"闽中"和"闽西南"党组织。

闽中党组织主要活动区域在外山云峰、达埔桂地和湖洋等地。1949年春夏，在力行中学（现永春四中）和埔头建立泉州中心县委所属的党支部。7月在介福成立永春区工委。力行中学支部在湖洋发动进步师生和群众，举行反"三征"游行示威，建立武装中队，编入中国人民解放军闽浙赣边纵队晋南永游击大队，为第四中队。

闽西南党组织活动区域以永春坑仔口为中心，包括永春大部和德化、大田一部分地区。1948年冬，泉厦临工委负责人和中共华中分局派往敌后工作的干部在安溪长坑会合，双方确定开辟永春玉坑

(现玉斗、坑仔口)武装斗争根据地。1949 年 2 月,从厦门抽调一批党员到达坑仔口,建立党的组织,发动群众反“三征”,成立“抗征会”,并在永春、德化、大田三县争取联络一批国民党军政人员,相机发动武装起义。玉坑成为解放永春、德化、大田的革命基地。1949 年 5 月成立了永春人民游击队,后发展成为永春人民游击大队、永(春)德(化)大(田)游击总队、中国人民解放军闽粤赣边纵队八支四团三营。

1949 年,党领导的永春武装力量曾三度占领县城,缴获敌人大量枪支弹药,瓦解和消灭国民党地方武装数百人,两次截击流窜过境的国民党九十六军,接受九十六军少将副军长萧续武的起义投诚,抗击国民党三二五师九七五团、新五军一〇四八团一部和股匪林青龙等的进击。

1949 年 8 月 23 日,游击队开进永春县城,宣告永春全境解放,永春人民从此翻身做主人。永春县城和五里街的八二三路就是为纪念永春解放的日子而命名的。“一旦云开复见天”,永春开始了新的篇章。

中华人民共和国成立后,中国共产党作为执政党,成为全国人民的领导核心,我国进入了社会主义历史时期。

从 1949 年至 1952 年,党领导永春人民进行了支前、剿匪、镇反、土改、“三反”、“五反”运动,建立和巩固了县、区、乡政权,恢复了国民经济。1953 年起,贯彻过渡时期总路线,实行粮食统购统销,农村开展以互助合作为中心的大生产运动。同时,对农业、手工业和私营工商业实行社会主义改造。至 1956 年底,全县农业、手工业基本实现合作化,私营工商业实现全行业公私合营,基本建立了社会主义制度。

1958—1960 年,由于在“左”的思想指导下,开展“大跃进”运动和遭受严重自然灾害,全县国民经济发生了严重困难,人民生活水平急剧下降。觉察失误后,全党做了纠正“左”倾错误的努力。永春县委认真贯彻执行中央关于“调整、巩固、充实、提高”的方针,使全县国民经济得到恢复,度过了三年困难时期。在全面建设社会主义时期，虽然历经数次政治运动，打击伤害了一批干部群众，造成工作上的失误和挫折，但全县各项建设事业仍然取得较大成就。

1966年5月至1976年10月的“文化大革命”，给党、国家和人民带来严重灾难。1968年5月，永春县成立革命委员会，在“抓革命、促生产”的口号下，突出抓“斗、批、改”。1971年开展批林整风运动，农业上突出学大寨，推广“三改三化”；工业上突出学大庆，搞技术革新。1975年的全面整顿，使全县工农业生产和社会秩序呈现新气象。当年国民生产总值、粮食总产均创历史新水平。1976年，“反击右倾翻案风”运动中，工农业生产再度遭受挫折。

“文化大革命”结束后，永春县委领导广大人民群众深入开展了揭批“四人帮”的斗争，开始平反冤假错案和落实党的政策，恢复和发展工农业生产，调动各方面积极因素，全县的国民经济得到恢复和发展。但由于“左”的指导思想尚未肃清，全县国民经济及各项工作仍处在徘徊状态，直至党的十一届三中全会召开，永春实现了历史性转折，开启了社会主义现代化建设和改革开放的新时期。

改革开放以来，永春县委、县政府认真贯彻落实党的路线方针政策，立足实际，不断解放思想，开拓进取。1984年11月，县第五次党代会提出搞好经济体制改革，进一步实行对外开放。1987年11月，县第六次党代会提出加强党的建设，深化改革，扩大开放，稳定发展经济。1990年12月，县第七次党代会提出坚持改革与发展相结合，开发与开放并举，发挥“山”“侨”“台”优势，把永春建成稳定、文明、繁荣的开放县。1993年12月，县第八次党代会提出加快建立社会主义市场经济体制，把永春建设成为开放、文明、繁荣、小康的贸工农一体化的新型城市。1998年11月，县第九次党代会提出“科教兴农，以工富县，搞活流通，协调发展”的目标。2003年11月，县第十次党代会提出坚持“工业立县、农业稳县、旅游活县”的基本工作思路。2006年7月，县第十一次党代会进一步确立了建设海峡西岸经济区现代化工贸旅游县发展定位。2011年7月，县第十二次党代会提出“推进新跨越、建设新永春”的奋斗目标。2016年7月，县第十三次党代会提出紧紧围绕“乡愁故里、生态桃源、美丽永春”发展目标，深入实施“全面转型、全境美丽、全域旅游、全员招商、全速崛起、全民幸福、全力保障”七大行动，加快形成引领经济发展新常态的体制机制和发展方式，全面推进经济建设、政治建设、文化建设、社会建设、生态文明建设和党的建设，真抓实干，跨越赶超，奋力谱写永春绿色崛起新篇章。

经过历届县委、县政府和全县上下的共同奋斗，永春从自身实际出发，发挥既是山区、老区，又是侨区、开放区的优势，走出一条“改革与建设并重、开发与开放并举”的新路子，并在实践中不断完善、提升。

1979 年 1 月，永春县贯彻十一届三中全会精神，开始拨乱反正，全面复查纠正历史遗留问题和“文革”中造成的冤、假、错案，工作重点转到社会主义现代化建设的轨道上来。全县农林牧渔等各行业逐步实行家庭联产承包为主的生产责任制。1981 年春，生产联产承包责任制在全县普遍得到推行并迅速发展。1984 年，撤销“政社合一”的人民公社制度，人民公社、生产大队、生产小队分别改为乡、村、村民小组建制。同时下放集体企业经营管理权，调整农村产业结构，放宽个体经营权，以搞活农村经济。

1985 年，永春被列入闽南金三角开放县。永春抓住中央赋予开放县的优惠政策和有利时机，突破计划经济的束缚，引办“三资”企业、“三来一补”企业，大办乡镇企业，大搞内联外引，大抓商品市场，有力地推进了永春经济的起步发展。推行城市经济体制改革，实行政企分开、企业基金、利润分成、利改税和各种形式的盈亏包干分配制度；在企业内部实行厂长负责为主的各种承包责任制，以扩大企业自主权，增强企业活力。商业按照多种所有制形式、多种经营方式的原则，国营、集体、个体商业并存，发展了城乡商品市场。实行改革开放以后，农村和城镇经济发生了深刻的变化。

1992 年邓小平同志南行重要讲话以后，永春在深化改革、吸引外资等方面下功夫，制定了外向型经济发展新格局，提出附城乡镇率先、公路沿线搞活、全县内外结合、梯度发展，以适度超前的速度，建成以农业综合开发为基础、工业为主导、科技为先行、第三产业发达的贸工农一体化开放县的奋斗目标，采取多种举措，实行优惠政策，推动多种所有制经济全面发展。

1997 年党的十五大以后，永春大力发展非公有制经济，注重建设 5 大支柱产业（煤炭、化工、食品、建材、陶瓷），开发 5 个工业小区（以探花山开发区带动留安山、桃城、岵山、五里街、石鼓 5 个小区），形成“大中小项目一齐上，港澳侨台外商都欢迎”的经济发展格局，综合经济实力不断增强。

2012 年党的十八大以来，永春县树立和践行绿水青山就是金山银山的理念，不断谱写绿色崛起新篇。2013 年 10 月，永春被环保部列为第六批全国生态文明建设试点；2014 年 5 月，被环保部批准为“国家生态文明建设示范区（生态县）”；2015 年 4 月，被国家发改委、环保部等 11 个部委联合定为第一批全国生态保护与建设示范区。永春成为全省唯一同时承担主体功能区建设、生态文明建设、生态保护与建设等 3 项国家级试点的县。2016 年 2 月，永春被确定为全国首批“国家全域旅游示范区”创建单位。2016 年 6 月，永春县被环保部授予首届“中国生态文明奖”先进集体称号。2017 年 7 月，永春县率先成立省内首家县域生态文明研究院。2017 年 9 月，永春作为全省唯一县级代表参加中联部与福建省委举办的生态文明建设主题宣介会，永春县的生态文明建设经验深受好评。2018 年 2 月，永春县以全省最高、全国第六的优异成绩通过全国生态保护与建设示范区中期评估，被确定为 32 个全国典型示范区之一。2018 年 12 月，永春荣获国家生态文明建设示范市县称号。2019 年 3 月，永春获评 2018 年农村人居环境整治成效明显激励县，被国务院通报表彰。2019 年 4 月，全国农村水电绿色改造现场会在永春召开。在美丽中国画卷上，展现了永春的璀璨风采。

此外，永春先后获得全国生态县、全国绿化模范县、国家绿化县城、全国卫生县城、全国文明县城、全国水土保持监督管理能力建设县、中国人居范例奖、全国美丽乡村经营管护试点县、中国香都等国字号荣誉；率先在福建省开展美丽乡村建设，成为全国山区美丽乡村建设的模范样板。

70年光辉历程，永春县取得了瞩目的历史性成就，实现了前所未有的历史性变革。全县经济社会协调、快速发展，综合实力显著提升，人民生活质量不断改善，涌现出美岭村等一批先进典型，社会主义新农村建设稳步推进。1949年，永春县工农业总产值仅为1512.44万元。1978年，永春县工农业总产值2.23亿元，其中工业0.7亿元，农业1.53亿元，财政收入仅为578万元。2019年，永春县全年实现地区生产总值484.10亿元，其中：第一产业增加值25.17亿元，第二产业增加值305.58亿元，工业增加值269.18亿元，第三产业增加值153.35亿元。规模以上工业总产值793.95亿元，农林牧渔业总产值43.28亿元。固定资产投资增长13.9%。社会消费品零售总额116.54亿元。实际利用外资0.55亿元。一般公共预算总收入19.40亿元，其中地方一般公共预算收入12.27亿元。城镇居民人均可支配收入34448元，农村居民人均可支配收入17142元。

永春县不断加大民生投入，推动民生提档，释放绿色崛起红利。统筹社会事业发展，把新增财力更多用于交通、教育、医疗、养老、人居环境等民生工程，让人民群众切身感觉到生活新变化，享受更多便利和福利，全面提升人民群众的安全感、获得感和幸福感。

第一章　峥嵘岁月

1919 年五四运动爆发,新民主主义革命的思潮开始传入永春。1927 年 1 月,中共永春支部成立。从大革命时期、土地革命战争时期、抗日战争时期到解放战争时期,英雄的永春人民紧跟共产党进行了长期、艰苦、英勇的斗争,付出了巨大牺牲,赢得"红旗不倒"的光荣赞誉,在中国革命史上写下了光辉的篇章。

第一节　中共永春地方组织的创建及活动

1919 年爆发的五四运动,揭开了中国新民主主义革命的序幕。永春工、农、商、学、妇女各界也纷纷集会,举行示威游行,并组织反帝爱国宣传队,分赴各地开展宣传活动,民主革命的思潮在永春不断涌动。

1921 年 7 月,中国共产党成立。从此,中国革命的面貌焕然一新。中国人民在共产党的领导下,不断取得民族解放和社会解放的伟大胜利。

从 1924 年开始,一些在外地求学的永春籍青年学生和知识分子,参加共产党领导的革命活动,加入当地共产党、青年团组织。

1925 年 1 月 11 日至 22 日,在上海举行的中国共产党第四次全国代表大会解决了如何加强对日益高涨的革命运动的领导和迎接革命高潮的准备工作问题。四大通过的《对于组织问题之议决案》指出:"在现在的时候,组织问题为吾党生存和发展之一个重要问题",如不迅速加强党的组织建设,"党决不能前进"。因此,决定在全国范围内发展和建立中国共产党的组织。

中国共产党永春地方组织的第一个支部，是在党的四大精神指导下，于永春国民革命运动方兴未艾和国民革命军入永之后建立的。面对着强大的帝国主义和封建主义势力，国民革命愈来愈需要有坚强的领导。永春地方党组织的建立，既是适应全局革命形势发展的客观要求，也是本地区建立党组织的阶级基础、思想基础和干部基础趋向成熟的必然结果。

大革命时期的革命阵营，是由国民党和共产党组成的联合阵线，首要目标是推翻北洋军阀统治，其过程以国共合作始，以国共分裂终。1924 年 1 月，孙中山改组国民党，确定“联俄、联共、扶助农工”的三大政策，实现国共合作，加速了反帝反封建的民主革命步伐。1926 年 7 月，广东国民政府誓师北伐。11 月，东路北伐军进入福建。12 月 17 日，东路北伐军宪兵连连长王耀武率队抵达永春。国民革命运动的滚滚洪流给永春人民继续进行反帝反封建的革命斗争带来了新的希望。在此前后，国共两党青年骨干纷纷回本籍开展工运、农运、党务、政务活动。厦门、莆田、泉州等地党组织的建立，直接推动了永春革命形势的发展。中国共产党永春地方组织，终于在土地革命战争前夜诞生了。

1927 年 1 月，中共闽南特委在漳州成立，中共泉州特别支部在泉州明伦堂成立。同月，建立中共永春支部，书记邱廉回。中共永春支部建立后，隶属于中共广东区委领导的中共闽南特委，同时接受中共泉州特别支部的指导。有党员 12 名，即：张大宣、杨文生、王子南、颜步青、邱廉回、余丽水、林怀才、李文墨、李希龄、陈子仙（德化县人）、吴郅治（德化县人）、赖锡裕（德化县人）。

回永春的共产党员，参加了东路北伐军政治部建立的“兴（化）泉（州）永（春）政治监察署”以及永春县政务委员会的工作。而主要的力量，则集中于发动和组织劳苦大众。1926 年底，张大宣在吾峰建立农民协会，并向德化边界发展；颜步青在东山建立村农会，并联络东区各乡村教师和青年骨干，在东区十多个村落发展农民运动；杨文生在附城组织人力车夫、教师、学生 20 多人，筹建工会。1927

年1月,国民革命第一军总政治部在泉州成立兴泉永政治监察署,负责指导各县县长施政,组织发动民众,反对土豪劣绅,反对贪官污吏。王子南、吴国珍(惠安人,共产党员)以监察署特派员的身份,从事永春农运工作。同时,邱廉回、林怀才、余丽水、李文墨、吴郅治、赖锡裕、陈子仙等党团员,在城区和东区的学校、农村广泛开展宣传和发动民众的工作。农民、职工、妇女等各界民众运动迅速兴起。

1927年春节后,中共泉州特别支部和兴泉永政治监察署领导成员李松林、左明亮、杨峻到永春、德化、大田巡视工作,在永春会见了王子南、颜步青和李文墨。

1927年3月,成立永春县工会、农民协会、妇女解放协会。大革命时期永春工人数量少,县工会成员为附城人力车夫、水运码头工人和教职员。永春妇女界陈淑莲、余清碧、郑清和、郑淑珠等,以国共合作的国民党县党部名义,组织永春县妇女解放协会,负责人陈淑莲(仙游县人,永春崇德女学教员),以谋求妇女解放、促进男女平等为宗旨,发表《永春县妇女解放协会临时总章》(共24条)。省农会委派张大宣为县农民协会主任,颜步青等为执委,发表《永春县农民协会筹备处宣言》,提出农会的宗旨是为改变农民千百年来被压迫的困苦处境,促使农民联合起来,做彻底的革命者,"打倒资本主义的大地主,打倒帝国主义的经济侵略者,反对不彻底的革命者,反对变相的新军阀";号召"革命的先觉者,就要去与农民为伍"。这是永春县第一个革命的公开宣言。

1927年春,颜步青等在东山小学和化龙村图南小学,创办油印刊物《桃浪》,八开四版,不定期宣传共产主义,发动群众组织起来斗争。《桃浪》共出版30多期,1928年秋东区农民运动失败后停刊。

永春是福建省较早建立共产党组织的县份。中共永春支部的成立,标志着永春新民主主义革命史由此揭开了新的一页。此后,在22年的民主革命进程中,先后隶属于不同系统的中共永春地方组织领导革命的武装队伍和广大人民群众,始终战斗在党的旗帜下,不屈不挠地朝着共同的革命目标英勇奋斗。

第二节　中共永春一大

1927 年 4 月，国民党“清党”反共后，中共永春支部失去与上级组织的联系。一些党员以教员身份为掩护，通过农会等合法组织继续活动。同年 11 月，中共闽南临时特委派陈韵夫、陈微芬、林菁到永春整顿恢复组织，在儒林辜氏家庙建立中共永春特别支部。大革命时期的组织成员基本保留，书记陈韵夫，有党员 20 人。特支建立后，即恢复和重建工会、农会。半数以上党员从事农运工作，农民运动急剧进展。永春是进入土地革命战争时期较早恢复党组织的县份。1928 年 7 月，中央巡视员赵亦松在给中央的报告中特别提道“永春有党的组织很久”。

随着党组织的发展，1928 年 2 月，在五里街的儒林辜氏家庙成立中共永春县委员会，书记陈韵夫。这是泉属地区建立的第一个中共县委。同年 3 月，县委改组，邱廉回任书记。同年 9 月，党员发展到 32 人。在东区，有东山、洛阳、大路头、太山、冷水 5 个乡村支部；另有城区和西区党员未编入支部。中共德化特支有 4 个支部 13 名党员，归属永春县委领导。

当时中共地下党员陈韵夫、陈微芬、林菁、张剑峰、林国助、郑光华、辜俊英等在辜氏家庙里的启贤学校任教，开设初中补习班，举办训练班，印写标语文件，这里成为永春中共地下党的大本营。

1928 年 8 月，中共福建临时省委紧急代表会议（即中共福建省第一次代表会议）在厦门鼓浪屿召开，正式成立中共福建省委，吴亚鲁（化名野鹭，江苏如东人）当选为省委委员兼宣传部长。会后，吴亚鲁根据省委部署，前往泉州、南安、惠安、永春、德化等地巡视，传达中共六大和省委精神，指导当地党委整顿党团组织，发动农民武装斗争，恢复白区工作。

吴亚鲁于 9 月 10 日离开厦门，几经辗转，22 日下午到达永春东区，找到县委负责人，立即深入考察永春组织和工作状况，发现当时永春县委存在不少问题，党的领导机构薄弱，负责同志之间存在矛盾，工作受到影响。他召集县委几个常委开会，决定召集全县党员大会，一是宣布省委的新策略与党当前的任务，二是评估永春以往工作和以后工作方针，三是解决党内的组织问题。在大会前开了一次预备会，指定起草各种决议案的人员及决议的大纲。

9 月 24 日，吴亚鲁在儒林辜氏家庙主持召开中共永春县第一次代表大会，传达贯彻省委确定的关于游击战争的策略与目前政治任务；改选新县委，陈韵夫当选为书记；通过了《中共永春县第一次代表大会政治任务报告决议案》，指出永春革命的前途是"群众武装暴动和推翻现政权，建立工农兵苏维埃政权"，"农民运动必须以五抗口号去发动群众、开展日常斗争汇合而成为巨大的革命高潮。在每次斗争中，须设法深入土地革命与建立工农苏维埃政权的宣传"。"永春的党北方发展到剧头铺而直达德化，东方应发展到尾浦、领长、湖洋而与仙游联络，西方应由五都、湖领、三都等地而发展到漳平，南方向安溪，东南应向洪濑发展。"在党代会闭会后，吴亚鲁又主持召开共青团永春县第一次代表大会，成立共青团永春县委会。

中共永春县第一次代表大会的召开及其通过的决议案，不仅为永春县各级党的组织和革命斗争的发展指明了方向，而且也为安溪、德化党组织的发展以至为安（溪）南（安）永（春）德（化）苏区的形成和发展，及与闽西苏区相连接，奠定了思想基础和组织基础。

中共永春一大会议之后，党积极领导永春东区农民运动，党的力量逐步向县城以西的五里街、石鼓、吾峰发展，并加强了与德化县委的联系。在永春党团代表大会后，吴亚鲁即往德化巡视。当他从德化返回永春之后，发现永春县委新旧书记依旧存在矛盾，就亲自代理中共永春县委书记。

11 月 9 日，发生反动派疯狂摧残东区农运的事变。不久，省委派陈辰同接任中共永春县委书记，吴亚鲁即于 11 月 17 日由永春返回厦门，向省委做了《关于永春工作情况的报告》《巡视泉属报告》。

吴亚鲁在永春不足两月时间，却为永春革命斗争倾注了大量心血。离开永春后，吴亚鲁曾任中共福建省委秘书长、常委，中共山东省委秘书长兼宣传部长、常委。1938年任中共湘鄂赣特委委员、秘书长，新四军驻平江嘉义通讯处秘书主任，1939年6月12日在“平江惨案”中壮烈牺牲。

第三节 东区农民运动

永春东区各乡村农会在大革命时期就有普遍基础。1927年11月，在刚刚恢复建立的中共永春特支的直接领导下，东区农民协会在霞林村正式成立，会员达2000多人，农会设委员21人(取“共”字头廿一)，常委11人(取“產”字笔画11笔)，隐寓“共产”二字。推选邱廉回、颜步青、李文墨等为领导人，主席邱廉回(邱廉回曾任民团连长，比较不为国民党右派所注意)。东区农会成立后，继续发动群众，开展大规模的减租、抗饷、反迫害运动，参加群众达6000多人，声势浩大。而党的组织也有较大的发展，东山、洛阳、大路头、太山、冷水等村先后建立了党支部。

同时，为进一步推动农民运动的发展，永春特支还积极组织进步农民秘密团体“觉民社”。1928年《中共福建省委十一月份党的组织工作报告》中说，永春“各支部工作大都以觉民社、农民协会及东区民团为对象。觉民社是我们领导之下进步的农民分子所组织，有十个分社，社员有二百八十人。我们经过觉民社而向农民协会工作甚觉便利，因为有觉民社起作用，我们领导的群众数量增多”。吴亚鲁在《关于永春工作情况的报告》中提道：觉民社“是左倾比较进步的农民分子所组织，受我们的领导。这个组织发展甚快，并已开了一个代表会，选举了最高指导机关(县执委)；农民协会(东区)约共会员二千以上……觉民社是秘密的，农会是公开的”。各党支部大都通过觉民社向农民协会做工作，因此靠拢组织的群众不断增多，觉民社成员成为各乡村农民协会及群众斗争中的骨干。在此期间，德化特支受永春县委领导，在德化也建立觉民社组织。

1928年1月，福建临时省委在工作报告中说：“厦门道的莆田、永春、惠安……等地都各有千余农民在我们领导之下。”

1928年2月，中共永春县委成立，继续领导东区农民斗争。同月中旬，在县委领导下，东区农会组织农民群众，举行规模浩大的抗捐示威游行。参加游行的有中共党员、共青团员、党民社社员、农会会员以及农民群众共2000多人。颜步青、李文墨走在队伍的前面。游行队伍高举红旗，手执土枪、梭镖、岸刀，高呼口号，先绕东区一周，然后向县城进军。当时驻守县城的民军尤赐福部官兵100多人闻讯慌忙向德化逃窜。东区一带的反动税兵、饷兵也逃之夭夭。游行队伍挺进县城，打开监狱，救出因抗捐被关押的群众。这次示威游行，显示了党把农民组织起来的力量，产生了较大的影响，广大农民群众扬眉吐气。

1928年7月，中央特派员赵亦松在福建工作情况报告中说：“福建农民自发的斗争，简直不胜记录。……永春农民与高义、杨汉烈战争至数月之久”，“永春有党的组织很久，而且农民在豪绅领导之下，曾与高义、杨汉烈作殊死战，至今未解决”。

1928年8月30日（农历七月十六日），东区农民协会召开第一次代表大会，通过《建立东区民团》《实行二八减租》《制止铺张浪费》《废除旧婚姻恶习》等决议案。“二八减租”，即：“本会为农民机关，审情度势，乃有减租之决议，其办法自本冬季起，一律减交二成，即每百斤交纳八十斤。”并于9月17日（农历八月初四日）发表《永春东区农民协会第一次代表大会宣言》，指出：“民七（1918年）以后，吾永人之受军匪摧残已至不胜书。加以土豪专横，地痞作怅，屏弱小民几处绝境。凡关心桑梓者，对此莫不奔走号呼，冀拯斯民于水火。”东区农会建立大纲有“唤起农民以为根本革命”“组织民团以专保护东区各农村之安宁”“保障农民权益”“调解农民纠纷”“发展农业生产和兴办农村教育事业”等五条。

1928年8月，正式组建东区民团，直接受农协会指挥。当时，太平街群众集资购买枪十多支，以防土匪骚扰。县委派颜步青去做工作，以这批枪支为基础，组建东区民团。这是永春共产党领导下的第一支人民武装。福建省委组织报告中说：“东区民团在我们包办之下的武装组织有好枪二十余支”；吴亚鲁在报告中说，东区民团“受东区农协之指挥，是我们的力量，团长是邱廉回，巡官庄制强，其他团兵等人多系 C·P(注：中共)同志、觉民社社员”。

9 月 24 日，中共永春县第一次代表大会传达省委“布置闽南割据局面”的总策略和“群众武装暴动推翻现政权”的方针。这就赋予东区民团重大使命。大会选举新的县委，着手“进行整顿觉民社组织，改组东区农协，开党的训练班等工作”。东区农协改组后，颜步青担任执行委员会主席。

10 月，东区民团捕到两个破坏农民运动的反动分子，一个叫兰番(金冬洋人)，一个叫郑季冬(店上乡人)，二人都是剥削农民的豪绅爪牙，群众恨之入骨。县委决定召开群众公审大会，以“激起农协、觉民社的向他方发展及民众中武装的加紧准备”。10 月 18 日，“午后二时左右，陆续至太平寺广场(在今东平镇霞林村，永春八中操场)上，参加东区群众大会的约及二千人，其中一部分农民带了长枪以及民团兵确带一种杀敌致果的精神。铐镣的犯人挟赴广场了，主席团宣布开会了。经过若干与会者激昂慷慨的演说，由群众表决，打死这两名反动派”(1928 年 11 月 19 日中共永春县委给福建省委的报告)。这是永春共产党领导的农民运动向土豪劣绅反动派打响的第一枪，声势震动闽南。

枪决两个豪绅爪牙，把东区各乡村农民运动推向了高潮。农会成为各乡村的最高权力机构，一切事情都要农会解决。大路头农会对一个抵制农运的土劣处以罚款 30 块银圆。洛阳村农会也严惩了一个拒不减租的地痞。许多因减租而产生的纠纷，都找农会解决，真正实现一切权力归农会。1929 年 7 月省委《政治通讯》第 9 期刊载：“永春在去年九、十月间，党曾领导东区乡农民斗争，当时发展很快，群众工作也算不错”，对东区农民运动给予肯定的评价。

但是东区民团只有 20 多人枪，而在相距不过 5 公里的县城，却驻扎着闽南土著军阀张贞部黄克绳团和担任县警备队的湖洋民团各数百人枪。东区农民运动的迅猛发展，使他们感到震惊。他们惊呼东区农运过火了，“东区是赤化的，是共产党的根据地”。“他们对于东区农民运动是非常注目的，及至东区民众起来开始斗争的时候，他们就与一切恶势力联合进攻了”（吴亚鲁《巡视泉属报告》）。1928 年 11 月 6 日，湖洋民团团兵在东区追缉一个逃匪，东区民团几个团兵将逃匪捕到，不交给湖洋民团，于是双方争夺起来。结果湖洋团兵被东区团兵所打，回到城内向其团长刘子宽报告。刘子宽等人得此机会，便勒令东区农协及民团将团兵交到湖洋民团治罪。东区农协执委主席颜步青坚决反对。11 月 9 日，刘子宽等人带着几个团兵下乡诱捕农协的执委，派兵包围农协的场所，随即又派了一连多兵，荷枪实弹将东区民团缴械，沿途便衣队、脚踏车来往不绝。结果，东区农协和民团共 9 人被捕，其中颜步青、邱廉回、队长某、邱子元等 4 人是中共党员。事变发生时，东区民团巡官庄制强带了七八个团兵，携七八杆枪逃走，东区民团就此失散。此后数日，“反动当局还不断的派侦缉队到四乡捕人，当然吓得民众不敢行动起来，对于党和觉民社及农协工作，当然更加受了很大的影响”。

12 月间，县委在济川召开东区各村负责人会议讨论恢复工作时，又被叛徒告密，叛徒带领湖洋民团包围会场，抓走颜金河、魏竹、李烧等 7 人。由于领导人有的被捕，有的远走他乡，躲避风头，东区农运受到严重挫折，斗争落入低潮。1929 年 2 月省委工作报告中说：“英勇的伟大的闽西农民武装斗争，和永春、崇安一带的农民斗争，因受不起反动势力的严重压迫和摧残而失败了。”

“11·9”事变发生后，颜步青、邱廉回被解送漳州。后经人保释，邱廉回出国避风。颜步青遭受严刑拷打，坚贞不屈。东区群众千方百计设法营救，其父颜柴在南洋倾家荡产花了大笔钱，最后才由南洋华侨公会致电国民党省政府。迫于华侨团体和群众舆论的压力，省政府方准予交保释放。出狱时，颜步青已奄奄一息，虽尽力抢救，终因伤势过重，医治无效，于 1931 年 6 月 14 日在厦门医院病逝。

第四节　朱德红军入永

1929 年 8 月，朱德率红四军二、三纵队在永春县福鼎、一都进行为期一周的休整，留下许多动人事迹，至今仍被广为传颂。

1929 年春，朱德率红四军从井冈山挺进闽西，解放龙岩、永定、上杭等大片闽西土地，闽西革命根据地初步形成。蒋介石慌忙调集赣、粤、闽的 2 万多名国民党军进行“三省会剿”。红四军前委根据中共福建省委的意见，于 7 月 27 日在上杭县蛟洋乡召开第二次前委会议，决定红四军第一纵队、第四纵队留在闽西继续发动和组织民众，开展武装斗争；第二纵队和第三纵队以及军部开赴漳平县等地外线打击敌人，牵制和分散“会剿”的兵力，扩大政治影响。8 月 3 日，二纵、三纵在朱德率领下，集结于上杭白沙，向宁洋县进发，开始出击闽中的行动。4 日攻克宁洋县城，7 日第一次攻下漳平县城。19 日，朱德率部离开漳平县城，经漳平的溪南、象湖、厚德进入大田县，由于当地没有地下党组织和群众基础，加上气候炎热，疟疾、痢疾流行，给养十分困难，在大田县石牌格遭到军阀卢兴邦所属尤赐福部阻击，未能攻克大田县城。朱德率部于 8 月 22 日开抵永春县福鼎乡进行休整，28 日离开福鼎到达永春县一都住宿一夜，29 日离开永春。

福鼎乡位于永春县西部，包括现在横口乡的福中、福联和环峰 3 村，因境内有高耸的鼎山而得名。红军到达福鼎的当天，正值乡间召集“禁邪”会议，商订乡规民约，郭、林二姓族中长辈齐集于林氏祠堂。午后，忽报红军大队人马已过村头，前锋队伍扛着红旗、竹梯，沿途刷写标语，张贴文告。由于这一带屡受兵匪之害，加上国民党的长期反共宣传，人们闻讯惊慌失措，顿时争相逃匿。这时红军队伍已来到村中，大部分群众被挡回到林氏祠堂。红军随即展开宣传工作，队伍中走出操本地方言的人，申明红军宗旨，告慰父老乡亲，红军路过此地休整，不必惊慌。随后，找来当地米行和乡族中有名望的人士商谈，请他们帮助解决军需民食困难，并交给银圆 2000 块，委托他们筹办粮秣。红军的行为，一扫先前大军过境横征强派、搜刮民脂、滥抓挑夫的恶劣作风，在千把人的村庄里争相传颂，逃散的群众又重新聚拢，回到家园。红四军军部和朱德的住居设在美魁堂。美魁堂是一座二进悬山式土木结构的古厝，朱德住在上堂左侧厢房。

福鼎地势十分险峻，历史上是兵家必争之地，如清初追随郑成功抗清义旗的林日胜、林兴珠叔侄，清咸丰年间响应太平天国运动的农民起义领袖林俊，都曾以此为据点。到福鼎的第二、三天的清晨，朱德不顾辛劳，带一名警卫员，由当地群众郭万柽、郭鹜为向导，登上海拔超过 1000 米的鼎山和东尖峰察看地形。朱德用望远镜眺望四周，只见山脉逶迤，茫茫的雾海中一轮红日喷薄而出，林海的涛声，雾霭的翻腾，朝阳喷射出的光芒，山泉的叮咚声，农家袅袅升起的炊烟，这如诗如画的风景让他陶醉。朱德长久默默地凝望远方，情不自禁地说："这地方果然很好！"

福鼎的郭氏家庙，肇建于元代，为两落、双层、两档的闽南古建筑，面积 4000 多平方米，可容纳 700 多人，规模宏大，气势雄伟。红四军驻福鼎期间，在郭氏家庙召开群众大会，朱德两次亲自到会，站在家庙大门前石阶上演讲，号召劳苦大众团结起来，跟着共产党闹革命，打倒土豪分田地，建立"世界大同"的人民政权。他的讲话拨动了穷人盼望翻身得解放的心弦。

朱德注重调查研究，分别召开贫苦农民和各界人士座谈会，请来两位懂方言的大学生做翻译，调查当地风土人情、地势地貌和经济情况，询问老百姓生活状况。朱德与当地人士开诚相见，亲手交给署名帖片，勉励他们为军民效力。他明知红军驻此时间不长，却为这里的百姓深谋远虑。福鼎一位头面人物因为红军到来而躲避他乡，朱德探知他曾有开明之举，三次差人致信，让他解除疑虑，回到家中，当面晓以大义。此人受到朱德和红军感化，在红军走后，面对地方反动当局的压力，办了几件有益的事。

朱德给福鼎群众留下了深刻的印象。他当年 43 岁，体魄魁伟，面部宽阔，身穿苎麻夏衣，头戴斗笠，脚穿草鞋，平易近人，常和老百姓说长道短，因此许多年后当地群众还记得他。

红四军在福鼎，时值酷暑，疟疾、痢疾流行，官兵患病甚多。福鼎群众自发到深山老林里采集野香薷和薪草等土方草药，为红军伤病员精心治疗。郭景云在福鼎行医兼营药铺，经他细心照料治愈的红军伤病员有 42 人，朱德为表示感谢，特地赠送他 50 块银圆和 1 支法兰西铅笔。

在福鼎休整的红军，纪律严明。红军有 3000 多人，而当时福鼎群众只有 1000 多人。刚到时，红军就在街道上铺上门板露天睡觉；部分住到村民家里的，村民们依然睡在房间里，红军战士则睡在厅堂过道。向群众借用门板，临走时放归原处上好。红军不拿群众一针一线，买卖公平。向村民买粮食、鸡蛋、蔬菜等付的都是银圆，村民们找不开不收钱，红军就不肯拿走东西。辣椒在当地多为家用，主人不肯收钱，红军就把东西放回原处，直到主人收下钱，才把东西取走。红军采摘地里的南瓜，一时找不到主人，就把铜板放在南瓜蒂上。红军初到时，有的店铺顾不上关门，东家就逃走了，战士们就代为守护。有位战士从一家货架上取走一盒火柴，留下铜板并压着一张纸条，上写“老板不在店，火柴一盒三分”，店主发现后赞叹不绝，至今仍成为这一带家喻户晓的佳话。对于个别执行纪律不好的现象，红军内部更是一丝不苟地纠正。有位战士买鸡时没有付够价钱，红军领导闻讯便召集全体战士，让卖主逐个辨认，补足价钱。由于大军驻扎，给养十分困难，为打击投机商，即由部队庶务长和士兵委员会及当地的乡绅办了一个米局，设在后洋（今福联村），组织当地群众到永春的一都、下洋、桂洋，以及邻近的德化县、大田县、安溪县等地买谷子，解决部队吃粮问题。由于山路崎岖，转送困难，当时粮食等军需供应都要靠肩挑手提，红军以每挑 50 公斤一块大洋的标准付给村民报酬，而按当时的行情，顶多只需两三角钱而已。

在不到一个星期的时间里，红军与当地群众结下了深厚情谊。郭、林两姓族中长辈，筹办了猪肉、米粉等献送红军，以示慰劳。当时红军生活十分困苦，吃的是糙米、咸菜，而对贫苦百姓，则回赠大米、衣物。有的村民到军营里去玩，红军对他们很友好，拿饭分给他们吃。当地人民曾以顺口溜表达对红军的拥戴："民军一到，祸降三都。红军入境，造福各户。秋毫不犯，大众欢呼。红军宗旨，百姓拥护。"

红四军在福鼎只做短暂停留，但没有放松革命宣传工作。郭氏家庙前的三间房屋设为红四军临时印刷所，住有20多名女战士，负责印发宣传材料，刷写标语，张贴文告，宣传红军宗旨和革命真理。今天在福中、环峰和一都黄柏洋的许多房子外墙上，还保存着当年红军刷写的革命标语，其内容有："共产党是领导无产阶级革命的政党，欢迎勇敢的觉悟的工农分子加入共产党！""红军是工人农民的卫士，白军是土豪劣绅的走狗！""工人组织纠察队，准备武装暴动！""打倒背叛革命的国民党！""设立工人夜校，失业工人免费读书！""农民组织农协会！""成立工农兵代表会议政府！""打倒帝国主义！""革命第一，胜利第一！"等。其中最引人注目的是刷写在郭氏家庙后墙的标语"都市是人类的坟墓，乡村即我们的乐园"，反映了共产党领导下的革命武装经过血的教训，深刻认识到只有农村包围城市、最后夺取城市的战略方针，才是符合中国国情的真理。红军张贴的文告，保存下来的有《反对军阀混战告工农群众书》。

8月28日，朱德率领得到短暂休整的红四军离开福鼎，准备返回闽西，与当地群众依依惜别，留下数支步枪和一匹小马驹（后坠崖而亡），让他们保卫乡里。红军还留下40多名重伤病员和400块银圆，交托当地群众治疗看护。这些重伤病员被安置在郭氏家庙，得到细心医护，不少人很快康复归队。对病故的红军战士，群众按照当地习俗，请来和尚祭奠然后入殓，以示哀念。还有几名红军战士，在当地安全生活数年之后才离去。

红军离开福鼎，到达永春最西部的一都，在黄坂街（仙阳旧街）住宿一夜，8月29日离开永春，30日再次攻克漳平县城。虽然只在一都住宿一夜，但红军严格执行纪律，临走前把住所打扫干净，还请来主人当面清点东西。红军需要的东西，当面给主人付足价钱，不赊不欠。住在尤养生家的红军战士，临走送给他一盏马灯。

朱德率红四军在永春福鼎、一都两地的革命活动，唤醒了这里被压迫的工农群众，对这一带人民的革命斗争产生了深远的影响。当时的永春地下党组织，受到极大鼓舞，1929年9月30日中共福建省委给中央的报告中指出："永春工作过去都偏于东区，最近城区已有工作。西区因受朱毛红军前月经过的影响，也是开始工作。现在永(春)德(化)工作很好进行。东区农民从前消沉，现在也兴奋起来了。"

第五节　吾峰武装抗捐斗争

1926年冬，共产党员张大宣(吾峰镇吾西村人)在吾峰发动组织农会。1927年9月张大宣牺牲后，陈其挥(吾峰镇侯龙村人)继起领导吾峰的农会活动，以侯龙为中心，建立13个村农会。1929年6月，中共永春县委书记陈韵夫发展陈其挥加入中国共产党。同年9月，中共永春县委和德化县委合并为中共永德县委。

1929年5、6月间，地方军阀头目陈国辉(南安九都人)率部在龙岩参加"剿共"，被毛泽东率领的红四军围歼，全军覆灭。陈国辉只身逃回南安后，于同年9月纠集残部占踞永春县城。原驻守永春的民军尤赐福退往大田，尤部营长陈清如(吾峰侯龙人)留守吾峰。

1929年10月16日，中共福建省委在致泉属各县指示信中指出，必须把反对苛捐杂税作为发动广大农民起来斗争的中心口号，举行群众大会，示威游行，捣毁粮柜，取消税局及一切征收捐税的机关，打击粮差、捐吏、税蠹，造成"千百万群众反抗苛捐杂税的伟大运动"。同年11月，中共永德县委书记陈韵夫在五里街儒林蔗铺主持召开县委扩大会议，参加的有林菁、陈微芬、老曹、辜俊英、陈其挥、林昂等人。会议传达贯彻省委关于发动群众、组织武装、准备暴动的指示，决定在吾峰建立革命武装根据地，先以吾峰乡农会为基础，开展抗捐、抗税、抗租、抗粮、抗债斗争。在"五抗"斗争中，争取联络当地民军，重点打击土军阀陈国辉。会后委派林菁(共产党员，莆田人)、陈其挥负责组织民众和争取民军工作。

1930 年 1 月间，中共永德县委听取陈其挥关于建立吾峰农民武装和争取民军的工作汇报。当时农会工作主要通过学校的渠道开展，陈其挥负责吾峰总校董事会，并联系做民军工作。经陈韵夫同意，陈其挥又物色了莆田哲理中学同学方雨耕任总校校长(方雨耕原在陈国辉办的刊物《铁笛》任编辑，因不满陈国辉的统治，脱离陈办的刊物到吾峰教书)。年初，林菁到吾峰，担任总校训育主任，负责总校领导工作，并把各乡村学校改为吾峰分校，以学校为阵地，通过进步教师在各乡村培养农会骨干。总校成为发动群众“五抗”斗争的中心。各村农会迅速发展，在枣岭、剧头铺、东林、溪碧、侯龙、大水路、前山、亭仔口等乡村都有大批农民加入农会，参加“五抗”斗争，农民的斗争情绪十分高涨。

民军头领陈清如曾任过教员，与陈其挥系同宗叔侄。当时，陈国辉急于搜刮军费扩充兵力，捐税之重比尤赐福高出 10 倍，单鸦片捐一项就向吾峰农民派 3000 块银圆，又到处掳人勒赎。陈清如对陈国辉如此敲诈吾峰民众，也表示非常不满。经过党组织的工作，他表示要与农会合作。但顾虑力量单薄，难与陈国辉抗衡，于是提出联络附近民军、民团以牵制陈国辉的后方，同时主动派人去德化、湖洋联络。德化民军徐飞龙辖地靠近吾峰，其地盘因受民军林青龙的侵袭，处于守势。徐飞龙为了自己的利益答应支援吾峰抵抗陈国辉，建立联防，互为后方。湖洋民团黄河书、刘子宽也受陈国辉军队的威胁，表示愿意与吾峰合作。县委又派李子云与陈其挥到德化联络民军张雄南和黄其兰，用“唇亡齿寒，希望互助”这一口号，争取到他们的赞同。

1930 年 2 月 15—20 日，省委第二次党代会在厦门召开，决定在全省举行武装暴动及组织兵变。2 月下旬，中共永德县委在吾峰总校召开有 100 多人参加的工农兵代表会，传达此次大会精神，成立吾峰苏维埃政府，发动群众进行抗捐斗争，准备武装暴动。

1930 年 3 月底，陈国辉派税兵 5 人到吾峰剧头铺催收烟苗捐，气势汹汹，群众飞报吾峰总校。林菁闻报，未加深思，就通知将其 5

人全部缴械扣押起来，经教育后放回。这一举动，过早地暴露了吾峰农民武装抗捐的意图。实际上，吾峰农民武装抗捐斗争的准备工作虽然做了不少，但尚未就绪。不仅农会的骨干薄弱，农民武装队伍亟待壮大并需加强组织训练，而且民军还未完全争取过来，联络外围民军支援尚需时间加以落实。在条件尚未成熟的情况下，对陈国辉宜采用拖延时间的缓兵策略。但事已至此，只好抓紧应战准备。一方面加紧发动农会骨干和群众整修防御工事，修建防守枪楼，加强对敌进犯吾峰必经之地——枣岭的前哨防卫，决定由农会骨干和陈清如的民军主力负责防守；另一方面加强对各村农会的紧急动员，揭露陈国辉的罪恶行径，鼓舞士气。群众对陈国辉无不切齿痛恨，纷纷加入以火药土枪装备起来的农民武装队伍。侯龙、溪碧是吾峰的后卫和右卫，均以农会骨干为主，组织农会群众参加防守。溪碧农民还纷纷捐款，购买制造火药的工具。各家各户自制硝药，修理火药枪，严阵以待。

4月18日深夜2时，陈国辉派兵500多人，分两路偷袭吾峰，其中一路包围了东林枪楼。早有准备的吾峰农民武装和民军士兵，趁黑夜分三路迂回其背后，出其不意地发起突然袭击。陈国辉这一路军队不知虚实，匆忙向溪碧及蓬壶方向溃退，略有伤亡。农民武装追击至界外，破晓始返。

陈国辉部的另一路20C余人由彭棠带领越过枣岭前方，向亭仔口枪楼逼近，农民武装奋起反击。这时，德化湖上的援军，从天马山居高冲杀而下，与守卫在枣岭的农民武装形成夹击之势。顿时，彭棠部阵脚大乱，狼狈逃窜。适遇天降大雨，视线不明，彭棠部得以逃遁，伤亡10多人。农民武装只有1人轻伤。首战告捷，农民武装士气大振。

陈国辉不甘心失败，于5月3日又纠集1000多兵力，分兵三路再次进犯吾峰。此次陈国辉采取新计谋，事先拉拢林青龙，在其进攻吾峰的同时，林青龙进攻德化县城，牵制徐飞龙部，使其无法分兵支援吾峰。同时，改夜袭为白天进攻，并且实行杀光、抢光、烧光的政策，步步为营，边攻打边烧杀。而吾峰农民武装则由于防守战线过长，兵力单薄，缺乏机动力量，处于被动局面。又因湖洋两派民团发生内讧，为保存实力都不肯离开驻地。这样，吾峰农民武装就处于孤军作战的境况，使本来就敌众我寡的态势更加严峻。但是，农民武装仍然同仇敌忾，士气旺盛，顽强抗击，与进犯的敌军相持了一昼夜。

第二天，陈国辉集中优势兵力，全线发起进攻。枣岭前哨设置的前山枪楼利用密林掩护，是侧面牵制从枣岭中路进攻的秘密据点，不料竟被发现，陈国辉先分一路兵力，从吴坑林集中兵力攻陷前山枪楼，烧毁民房后，又下山沿溪连冲向埔尾，直攻吾峰总校，校舍被炮火轰为平地。林菁、方雨耕带领总校教职员工和多数群众向德化转移。中路的敌军也越过枣岭前哨，进攻亭仔口，冲入剧头铺。此时，陈清如寡不敌众，为保存实力率民军且战且走，退往德化。另一路敌军则从苏坑洋坪进犯侯龙，攻破侯龙的白马、仙坪两座枪楼。许多农会骨干和民军士兵，坚守据点，英勇战斗，最后子弹打尽，壮烈牺牲。大多数群众安全转移，退往德化的湖上、徐坑巷等地。

陈国辉部攻占吾峰后，大肆烧杀抢掠，杀害群众 38 人，伤多人，烧毁房屋 57 座（其中吾中 37 座、侯龙 16 座、枣岭 4 座），抢劫牲畜、财产不计其数。许多群众被捕至县城关押勒赎，弄得倾家荡产。

吾峰农民武装抗捐斗争首尾约经历半年时间，迅速发动又很快失败，悲壮而惨烈。吾峰抗捐斗争的经验教训，为此后共产党发动安南永德游击战争提供了可贵的借鉴。

第六节　永春苏区革命斗争

从 1930 年底到 1935 年的安（溪）南（安）永（春）德（化）苏区革命斗争，是这一地区历时最久、规模最大、影响最深远的人民革命战争，沉重打击了反动当局，有力地配合了中央根据地的斗争。1933 年 8 月 25 日，在安溪东溪成立安（溪）南（安）永（春）德（化）苏维埃政府，选举李剑光（永春达埔人）为主席，在各地农村进行土地改革。

安南永德苏区成为中央苏区鼎盛时期向外拓展的新区域，是中央苏区的有机组成部分。永春苏区分布于全县 3/4 区域。2013 年 7 月，中央党史研究室发文认定永春在历史上与中央苏区有密切关系，建议视同中央苏区考虑。2014 年 3 月，经国务院同意，国家发改委印发《赣闽粤原中央苏区振兴发展规划》，明确将永春县纳入规划实施范围。

一、建立苏区

1928 年 9 月召开的中共永春一大明确指出："永春革命的前途，是群众武装暴动推翻现政权、建立工农兵苏维埃政权的前途。"1929 年 8 月，朱德率红四军进驻永春开展革命活动，永春成为闽西苏区的发展范围。1933 年 8 月，安（溪）南（安）永（春）德（化）苏维埃政府成立。永春是安南永德苏区的策源地和重要组成区域，是中央苏区的有机组成部分，为巩固中央苏区和配合中央红军长征做出重要贡献，付出巨大牺牲，在中国革命史上写下了光辉的一页。

安南永德革命根据地主要奠基人和领导人李南金（1907—1932）是永春县达埔镇岩峰村人；1929 年，在上海中华艺术大学加入中国共产党；1930 年 7 月，接受党组织派遣回永春开展工作，担任中共永春县委委员、宣传部长，同年 11 月代理县委书记。他在达埔达新小学（现岩峰小学）任教，以学校为据点，秘密开展宣传发动工作。不到半年时间，在达埔以岩峰为中心先后建立儿童团、农协会、互济会、妇女会等组织；发展党员，建立中共达埔支部。李剑光、李世全、李晓山、李永康、林多奉、郭节等同志由李南金介绍加入中国共产党。

1930 年底，李南金领导开辟安南永三县边界游击根据地。他通过猎户陈体，在安溪东溪建立据点，又与郭节在佛仔格、山后、贞洋、小溪等地建立据点，使安南永边区连成一片，建立了以安溪佛仔格为中心的安南永特支（属永春县委领导），李南金兼任特支书记。李南金在达埔组织农协会进行五抗（租、捐、税、粮、债）斗争的基础上，组织了一支有 40 多人，用火枪、土炮武装起来的游击队。他亲自率领这支游击队，在陈体的配合下，奇袭东溪祠堂，活捉豪绅陈忠晨，首战告捷，人民群众深受鼓舞。为促进武装斗争进一步发展，李南金一方面加强搜集枪支弹药，另一方面先后两批派李剑光、李世全、林绍琼等到漳州游击队学习军事，作为游击队军事骨干。1931年初，军阀陈国辉到处搜查捕人，李南金的家9天被抄11次。为保存刚刚建立的革命力量，李南金由省委调到漳州、石码一带工作，随后任中共同安特支书记。

1931年5月，团省委巡视员翁成金（龙岩人）到永春、德化巡视指导工作。他在达埔院前岩峰小学与李剑光、李准、李世全等见了面，召开会议，传达省委指示，布置今后工作任务，主要是发展党团组织；宣传扩大红军的政治影响；发展以贫雇农为基础的秘密农会，发动群众进行抗捐税、抗租债、抗苛政的斗争。同年10月，中共厦门中心市委派翁成金第二次到永春、安溪开展工作。翁成金在达埔与李剑光、李准、李世全、林多奉、吴国清等召开会议，传达中央关于“保护苏维埃，扩大游击区”的指示，会上一致认为以达埔为中心，向安溪方向发展比较有利，一方面向东溪发展，另一方面向达埔周围扩展。

1931年11月，李南金以中共厦门中心市委特派员身份，回安南永领导开展游击战争。在安溪佛仔格先后数次召开党的会议，建立中共安南永临时中心县委，李南金任书记。派郭节到安溪小溪恢复和发展组织；派李剑光、林绍琼、李世全、李晓山等到安溪的芸尾、东溪、后寮、温泉、龙居，南安的蓬岛、华美、山后，永春的达埔、洋角、圳古、卿园等一带，恢复组织，发展农会，搜集民间武器，发动群众打土豪，扩大政治影响，为开展游击战争打下坚实的基础。

1932年春，中共厦门中心市委派陈凤伍、李实、黄英等到安南永加强领导工作。3月23日，李南金在安溪芸尾为保护陈凤伍突围而不幸被捕，4月24日英勇就义于安溪县城。安南永的革命者，从悲痛中抬起头来，继承先烈的未竟事业。同年5月1日，正式成立了中国工农红军闽南游击队第二支队（简称红二支队）；11月，成立中共安溪中心县委，统一领导安南永德苏区革命斗争。李南金所悉心培养的李剑光、李世全、林多奉、李准等优秀骨干，分别担任了党、团中心县委和红二支队的重要领导职务。

1932 年冬，李剑光、陈凤伍、李世全带领的红二支队主力转入永春达埔一带开展游击活动，清除地方反动势力，扩大活动区域。李世准、李梓桐在达埔岩山主持举办团中心县委青年骨干训练班，培训数十名青年骨干，发展党、团、农会、抗租委员会等组织，形成方圆数十里的游击根据地。这时，安溪游击区遭受国民党十九路军“围剿”，中共安溪中心县委和红二支队机关由安溪佛仔格转移至永春特区。当时的中共永春特区委设在新溪。红二支队以舟山为腹地，开辟猛虎山麓、狮峰山（又名四方山）麓游击根据地，与舟山互为依托，岱山、新溪、圳古为中心县委和红二支队的常驻地。建立了赤竹、岱山、圳古、岩山、顶页等 18 个主要的革命基点村。红二支队在达埔镇压土豪地痞，群众无不拍手称快，称红二支队为“雷公队”，纷纷要求参加游击队。

1933 年 8 月 25 日，中共安溪中心县委在安溪东溪召开由 500 多名代表参加的安南永德工农兵代表大会，选举成立安南永德苏维埃政府，李剑光任主席。此时的安南永德苏区，东起永春湖洋，跨越南安的诗山、金淘、码头，西至安溪的长坑，南至同安的五峰，北达德化的三班、盖德，方圆近 7000 平方公里，成为空前发展的红色区域。红二支队发展到 4 个大队，500 多人枪。在永春境内先后建立了特区（达埔、仙夹）、蓬玉锦区（蓬壶、玉斗、坑仔口、锦斗、桂洋）、北区（苏坑、吾峰、介福）、中区（石鼓、五里街、桃城）、东区（东平、湖洋）、诗山区（岵山）等 6 个区，苏区范围分布于全县现有 22 个乡镇中的 16 个，占全县总面积的 75%。红色政权建立后，人民群众广泛开展抗还租债、抗纳钱粮、抗缴捐税斗争；提倡男女平等，提倡婚姻自由，反对包办婚姻；打土豪劣绅，实行土改分田。

永春为巩固中央苏区和配合中央红军长征做出了重要贡献。在安南永德苏区革命斗争时期，永春是中共安溪中心县委和中国工农红军闽南游击队第二支队的重要活动区域。永春地处中央苏区最前沿，与闽西苏区的革命斗争互相呼应，从 1933 年至 1935 年 10

月先后牵制了国民党中央军宋希濂第三十六师、王敬久第八十七师、李延年第九师以及新编师和安南永德地区的反动民团、保安团等反动武装累计10多万人次，沉重地打击了敌人，削弱了敌人的势力，为配合中央红军胜利实行战略转移起到重要作用。

永春是安南永德苏区的策源地和主战场，为革命做出了重大的贡献，付出了巨大的牺牲。据不完全统计，在土地革命战争时期，永春县被敌人摧毁村庄6个，被绝灭408户，被敌人杀害409人(其中被追认为革命烈士的190人)，被抓走1379人，被迫逃亡2083人，因饥饿疾病死亡8597人，被抢杀耕牛158头，荒芜土地23080亩，被烧毁房屋236座，被迫移民并村而倒塌房屋2287座。永春人民的优秀儿女李南金(中共安南永临时中心县委书记、安南永德苏区创始人)、李剑光(中共安溪中心县委书记、红二支队政委、安南永德苏维埃政府主席)、李世全(红二支队支队长)、李永康(中共安溪县委宣传部长)、李文墨(共青团永春县委书记、中共永春县委西区特支负责人)、吴国清(中共永春特区委书记)、林多奉(中共安溪中心县委宣传部长)、李素明(团安溪中心县委宣传部长、团永春特区委书记)等，将最后一滴鲜血洒在这片热土上，壮烈牺牲。

二、重大战斗

在苏区革命斗争时期，中共永春特区委领导赤卫队和根据地人民配合红二支队在永春进行大小数十次战斗，歼敌数百人，较大的战斗有向泰和堂筹款借枪、夜袭蓬壶三角街、达埔之战、夜袭姑山保安队、仙洞山战斗等。在激烈的武装斗争中，永春人民付出了重大牺牲。

(一)向泰和堂筹款借枪

1934年3月24日，红二支队200多名战士，在支队长尹利东、政委李剑光、政治部主任粘文华和中共安溪中心县委执委翁成金等率领下，奔袭了永春夹际乡的国民党福建省政府咨议郑崇瑞、富商郑崇琬兄弟所雇佣的民团守望队，攻破了守望队盘踞的泰和堂及石碉炮楼，缴获了长短枪20多支，筹得军费白银2万元。

3 月间，红二支队的全体干部、战士，驻扎在永春边界的文章乡和南溪乡一带整训，中共安溪中心县委的部分委员和支队几位领导同志，也聚集在该地开会，讨论如何贯彻执行中央反“围剿”斗争的指示及如何筹措游击队经费等迫切需要解决的问题。会上，诗山区委一个干部汇报说，夹际乡泰和堂郑家兄弟是永春县里数一数二的巨贾富商，家里还雇佣着一支二三十人的民团守望队，有步枪和驳壳枪、短枪 20 多支，是解决枪弹和给养的对象。于是，中心县委和支队领导就做了专题讨论，订出具体行动计划。然后，由尹利东、李剑光做了军事部署：(1)由红二支队战士作为进攻主力，召集一部分农民赤卫队员随军作战，以壮声势。(2)队伍抵达目的地时，分兵三路，一路直奔西埔山，向南安华美方向监视，阻击南安、安溪民团来援；另一路开往格仔山，向仙乡方向警戒，阻击永春民团从后路来犯；大部分游击队员，由李剑光、翁成金亲自带领，包围攻打泰和堂和石碉炮楼。同时，对有关党的政策、行军纪律、对敌宣传工作及其他应注意事项，都一一做了详细的部署。

3 月 24 日(农历二月初十日)是郑崇琬的儿子郑启芬和侄儿郑启锐同时结婚的日子，郑崇琬在家主持婚礼。23 日半夜，游击队从文章、南溪乡集合出发，沿着崎岖山径前进，于 24 日凌晨把泰和堂和石碉炮楼，密密匝匝地包围起来了。已察觉动静的郑崇琬下令将泰和堂的门户关锁。

按原来的进击部署，如果郑崇琬不负隅顽抗，游击队为了节省弹药，并不打算进行强攻。因此，红二支队领导即令游击队的宣传员向泰和堂内喊话，宣传红军政策，叫郑崇琬吩咐他的守望队把枪交出来。经过政治宣传，郑崇琬拒不开门缴枪，游击队员们很气愤，便到附近搬来柴草，堆叠在泰和堂右畔护厝边点起火来，告之如再不开门缴械，便要把整座房屋烧成灰烬。郑崇琬一家惊恐万状，纷纷挤到炮楼上去躲藏。素称直爽勇敢的游击队班长姚水生，在支队领导同意下，扛来一支长竹竿，把竹竿靠在右边门屋檐口，在游击队员火力掩护下，敏捷地爬上屋顶，跳下天井，砸开铁锁，敞开边门，让游击队员们蜂拥而入，在胜利的欢呼声中，把红旗插上大厅，一举占领泰和堂。

躲在炮楼内的郑崇琬见其军心动摇，大势已去，只好把余下的驳壳、曲七、曲九各种枪支如数丢下楼来。由于郑崇琬这座炮楼是用大石碉叠成的，既高且固，乡里一些巨商富侨，为了安全保险，都把贵重值钱的东西寄存在他的炮楼内交守望队看护。郑崇琬担心开了楼门后，别人寄存的东西有失，不好向侨亲们交代，还是拒不开门，他想挨到天明，等待敌军来援或游击队自行撤退。

李剑光识破郑崇琬的阴谋，立即命令游击队员到群众家里借来一个长梯，倚靠在炮楼窗口，自己奋不顾身登梯而上，冲进窗内。接着，几个游击队员也登梯进入炮楼，先把几个守望队员绑了起来，然后打开楼门，把守望队和郑家男女老少驱到厅庭上去。

这时天快亮了，翁成金叫所有宾客退出泰和堂，听候游击队发落。游击队的宣传员抓紧时间对所有宾客进行宣传，讲解共产党的主张和红军的政策，然后让他们安全回家。

队伍撤出泰和堂，到村里一个宫仔前的大丘田里集合，由队长尹利东对队伍逐个进行了纪律检查，做了撤退部署，开拔回根据地。

在根据地里，游击队对待郑崇琬，是按俘虏政策办事的，不但让他与队员们同吃同住，而且当他的鸦片烟瘾发作，要求抽鸦片烟时，就拿缴来的烟膏让他抽个畅快。游击队对他不打不骂，经常对他讲政策，郑崇琬很受感动，表示自愿捐献白银 2 万元，供游击队作军费。郑崇琬交款后，游击队派出一个小分队，把他护送回家。

郑崇琬获释后就到上海经商。不久，他特地在上海买了两只军用望远镜，托人转送到根据地，赠给红二支队，并捎话说："你们红军游击队，待人和气，纪律严明，很有前途，使人佩服！"后来，红二支队用这 2 万元购买 2 万发子弹，添置几支枪械和一部分军用药品，还给队员做了军服、发了津贴，大大充实了游击队的实力，提高了队员的士气和斗志，为以后的战斗创造了有利条件。

（二）夜袭蓬壶三角街

1934 年 4 月 1 日，打入驻扎在蓬壶三角街匪军民团第三中队一个排的游击队员林多昆、吴华等送出情报说，他们已争取敌军 3 人起义，当晚下半夜二时，正好轮到他们放哨，可以内应外合，打匪军民团一个措手不及。红二支队政委李剑光和中共永春特区委书记林多奉接到情报后商量，认为游击队成立以来，最缺乏的是枪支弹药，虽然在几次战斗中缴获不少，但队伍不断发展，怎么也不够用。他们看看天气，满天乌云密布，正是游击队活动的好机会，立即派人送信给住在鹳山的游击队小队长苏玉燕，通知他立即召集队员连夜下山，约定半夜在半山腰雨亭里集合，接受紧急任务。苏玉燕立即集中苏昭梅等12位游击队员做好准备。

夜里，大雨滂沱，山洪奔泻，山路泥泞。游击队员们冒着风雨，带上仅有的一支步枪、两支驳壳枪和几把刺刀，披上棕衣，顶着斗笠，借着闪电的亮光，悄悄地摸下山。12点整到了雨亭，李剑光、林多奉等早已在那里等候了，他们拍了拍大家的肩膀，做了简短的战斗动员，交代了战斗任务。凌晨近2点，雨停了，游击队员们把棕衣、斗笠放在雨亭里，就出发了。摸过鳌山后，到了苏坂，按照预定的信号接上了联系，战士们直奔三角街，布置了岗哨。

根据内线的情报，匪军整个排都睡在驻地楼上，敌排长睡在靠楼梯的第三张床铺上，驳壳枪压在他的枕头下，其余匪兵的枪都挂在墙壁上。在内线的接应下，游击队员从后门悄悄地进入并摸上楼梯。楼上30多个匪兵横七竖八地躺着，睡得正熟，排长在熟睡中突然被碰撞的声音惊醒了，苏玉燕眼疾手快，立即扑上去卡住他的脖子，另一个游击队员按住了他的手脚，一把短刀迅速地刺进他的胸膛。战士们迅速收缴了所有枪支，待所有的匪兵惊醒时，看到排长血淋淋地躺在床上，早已吓得魂飞魄散，脸无血色，来不及穿上长裤，就乖乖地举起了双手。有一个匪兵想跳窗逃走，守在窗下的游击队员喊一声："不许动!"该匪兵慌得又缩了回来。整个战斗只有几分钟就宣告结束，全歼匪军一个排，缴获长短枪40多杆、子弹3000多发。

战斗结束，队员们集合，带上胜利品，押着战俘离开了三角街，途中，由李剑光、林多奉等对俘虏们进行了教育，然后释放。三角街的居民直到天亮后，才知道夜里发生的大事。

(三)达埔之战

达埔镇位于永春县中南部,境内的舟山山脉跨越安溪、南安、永春三县,永德公路沿桃溪北岸横贯其中。这里是安南永德革命根据地主要创始人李南金、李剑光的故乡,是敌人"围剿"的重点,也是红军游击队活动的主要基地。

1934年8月6日,永春《崇道报》在"驻防军突然奉召赴省,民众惊惶万分向团部请愿三次,地方人士大都退避湖洋"的大字标题下报道:"四日,驻达埔之中央军欲退出时,有土共数十名,在东园乡截击,战一日,驻本城之中央军亦有前往助战。共党至晚退去,双方均有伤(亡),枪械被缴数杆,中央军来城,民团退往蓬壶,于是达埔全区均入共党手内。"报道所指,就是红二支队截击国民党中央军、占领达埔镇的"达埔之战"。

第五次反"围剿"后期,国民党50万大军紧缩对中央苏区的包围。为减轻中央苏区的军事压力,推动全国抗日运动,中共中央和中央军委决定将寻淮洲等领导的红七军团改为北上抗日先遣队,向闽浙赣敌后挺进。红七军团于1934年7月6日从江西瑞金出发,经福建长汀、连城直奔闽中。为策应抗日先遣队北上,罗炳辉等领导的红九军团奉命由江西石城东进福建,掩护红七军团行动,两路红军1万多人,沿永安、大田、尤溪疾进。7月下旬,九军团占领了福州、南平之间的军事重镇樟湖坂。8月1日,七军团渡过闽江占领水口,2日向福州攻击。国民党省城防守空虚,连电告急,在泉属各县"剿共"的八十七师二五九旅沈发藻部奉命驰援福州。

沈部五一七团于1934年5月进抵永春,团长刘启雄兼任"永德安边区剿共指挥官"。刘部对游击区施行残暴的烧杀,先后烧毁了白鹳马寺、菜堂和舟山岩等游击队基地房舍,接连成批屠杀被捕人员。但是,红二支队也给凶残的敌人频频有力的打击。6、7月间,游击队截获五一七团军需官;在洑溪、卓口伏击民团;围歼西向、大卿驻敌;将游击活动推进到县城近郊的桃场、五里街。敌我双方正处于胶着状态,敌人疲于招架。8月3日,五一七团突接救援福州的电令,急忙集合所部。8月4日,该团一个营奉命从达埔开拔到县城集结。

8月初,红二支队所属3个大队200多人集结于达埔。中共安溪中心县委和红二支队的领导人正在舟山下的羊角寨举行会议。4日晌午,游击队侦察员报告:敌人武装电话班正沿达埔到县城方向回收军用电话线,已经临近离达埔街约5里的东园村。这些敌人分散在各电线杆之间作业,首尾拉得很远。这时,隔溪约两里处,敌电话兵的行动已清晰可见,战士们求战心切。

中心县委和红二支队领导人判断:回收电话线意味着驻达埔中央军将撤离,电话班之后肯定有大部队跟进。消灭电话班容易,但必须同时准备与大股敌人作战。指挥员进一步分析了敌我情况和可行方案,认为敌正规军撤出后,达埔镇只有民团防守,后方力量薄弱;县城方向有岭头亭山岭阻隔,一两小时内无法增援。游击队以羊角寨山地为阵地,前有桃溪,后有舟山。桃溪两岸是开阔地带,利于阻滞、消灭敌人;万一战局不利,以舟山为依托,便于撤退。而且,达埔是老游击区,有赤卫队支援,群众基础好。针对上述情况,中心县委和红二支队做出决定:中止会议,部署行动,先以小分队袭击敌电话班,然后在东园地段打一场伏击战。

消灭敌电话班任务由第一大队派出一个班执行,班长是达埔羊角人,人地两熟。他带领10多个战士打扮成农民和过客,怀揣驳壳枪,分成几组,踏上公路,每组间隔一定距离,分别盯住正在分散作业的敌人。当大家按部署接近敌人时,班长立即登高挥手,发出预定信号。大家同时拔出驳壳枪,顶住敌人,高喊:“缴枪不杀!”刹那间,五六个敌人惊慌失措,被缴了武器,束手就擒。敌电话班长背着电话机走在最后,未被游击队员发现。当他看见前面的电话兵都已成了俘虏时,慌忙鸣枪报警,拔腿逃进达埔街。战士们完成任务后,按原部署撤回羊角寨。

敌电话班长逃回不久,敌人就全营整装向县城出发,并派出小分队沿途搜索,企图发现游击队踪迹。敌大队人马到达电话班出事地点院前、东园地段,派出约一个连兵力100多人,离开公路向溪边扑来。这时,红二支队在支队长尹利东、政委李剑光、安溪中心县委执委翁成金带领下，在院前、东园对面的羊角(光烈)村小山上设伏，布下了火力圈。这段溪流有数十米宽，架着一座木板搭成的小浮桥。敌前哨在溪边未发现目标，有几个敌人踏上木桥，企图向对岸搜寻。这时，红二支队指挥员一声令下，向木桥打出第一阵排枪，前头的敌人被击倒落水，后面的敌人慌忙退缩回去。听到这一阵枪响，公路上的敌人也停了下来。溪边的敌人退下片刻，又组织队伍涉水，企图强渡过溪。敌人刚涉行到溪流中间，游击队打出了第二阵排枪，又击中了数名敌人。这时，敌人意识到遇到大股游击队的截击，不敢贸然下令攻击，转以公路旁的壕沟为掩体，集中全营二三十挺轻重机枪和步枪，向游击队阵地疯狂扫射。由于游击队居高临下，隐蔽在丛林之中，敌人只能盲目地扫射。游击队挑选一批神枪手，瞄准敌人的火力点射击，弹无虚发，又有一些敌人被打死在公路旁，一顶敌长官乘坐的轿子，也被击中翻倒在地。

激烈的战斗持续了1个多小时。敌人几次变换招数，由于处于暴露挨打的位置，不但无法占到便宜，还不断增加伤亡，战至下午2时，敌已死伤20多人，眼看不能取胜，又急于赶路，无心恋战，遂草草收兵，向岭头亭溃退。

由于敌人的装备和兵力占据明显优势，游击队无法跟踪追击作战。李剑光发出朝西南向达埔进军的号令。游击队的前部举着红旗，一鼓作气冲进达埔街。盘踞在达埔的保安中队颜沧溪部和土豪劣绅，听到东园一带的密集枪声，预感情况不妙，早已匆匆向蓬壶逃窜。

红二支队在达埔休整了3天，印发了大量宣传品，宣传党和红军宗旨；下乡广泛发动群众，开展土地革命；召开了由数百人参加的群众大会，公开处决数名反动分子；没收5家土劣的财产，分配给贫苦民众，还烧毁了建在寨心上、大宫山的2座炮楼。3天后，游击队主动撤离达埔镇。

达埔是永春重镇，又是敌“剿共”的主要军事据点。红二支队把握战机，击溃优势敌人，一举夺取达埔镇的行动，壮大了游击队声威，震慑了敌人。依靠正规军才得以维持的国民党地方当局，听到五一七团撤离的消息，已经乱作一团，加上达埔一战的打击，吓得争相逃窜。据1934年8月11日《崇道报》报道："五一七团开拔，泉永途中三次受截击，可怜随军逃难之民众，因恐慌而逃走，因逃走更受恐慌。"达埔之战正值进入三年游击战争的转折阶段，红二支队丰富了对敌正规军的作战经验，为中央红军长征后安南永德苏区的反"围剿"斗争准备了有利条件。

（四）夜袭姑山保安队

1934年间，十九路军"闽变"失败，国民党中央军三十六师一〇六旅李良荣部、第九师二十六旅谢辅三部和省保安团马鸿兴部先后盘踞永春。他们网罗勾结安溪的林寿、占方珍，南安的陈维金、彭棠，永春的涂飞凤、刘子宽，德化的林青龙、张雄南等民军股匪，狼狈为奸，鱼肉百姓，并对安南永德边区的红色根据地，发动猖狂"围剿"。在白色恐怖下，许多党的组织遭受破坏，不少党员和革命群众遭到逮捕杀害。游击队员潘音，在执行交通运送任务途中，不幸被捕，于1934年12月11日，被敌人严刑拷打，当众砍断其两脚，再劈去双手。残忍的匪兵还把潘音的首级割下，悬挂于树梢，吓唬革命群众。像这样的惨例，不胜枚举。广大工农群众，对反动派如此残忍毒辣，莫不切齿仇恨，纷纷要求红军游击队严惩匪顽，剪除民害。

永春县南部的姑山乡（现岵山镇）一带的反动势力为对抗红军游击队，也凑钱购枪，成立一支保安分队，被编为县保安大队第一中队第二分队，由陈礽欣任分队长。陈礽欣原是姑山乡里的地痞流氓，为人奸险，又善于逢迎，任保安分队长后更加横行霸道，目中无人，调戏妇女，欺压乡邻，包捐设卡，剥削行商，搅得当地群众很不安宁。

陈礽欣依仗数十名匪兵和几十支枪，为霸占地盘，将兵力分驻塘边街、豪仔林、铺尾桥和西向村。这四个地方，是安南永德游击队出入交通必经之地，又是仙夹、诗山、达埔、城关及五里街等地物资交流、行商旅客往来的途径。陈礽欣在此增防设卡，一方面充当反动派的看门狗，另一方面又盘剥客商，填饱私囊，成为一方地霸。更可恶的是，陈礽欣依仗“中央军”之势，利用与中共诗山区委所在地文章乡（现岵山镇文溪村、北溪村）仅一山之隔的便利，时常窜到文章乡烧杀抢掠，成为反动派袭击游击队根据地的前哨。因此，红二支队决定拔掉这颗钉子。

陈礽欣的保安分队部设在塘溪村的前民军团长陈春光宅第护厝炮楼中，楼上有天台。陈礽欣住在中楼，每晚由 1 名队兵在楼顶站岗，另留 3 名队兵在中楼护守，楼下是队兵的宿舍，不值班的队兵都把枪弹放在宿舍内的墙垛上。

经过一番深入细致的侦察和周密的计议，红二支队领导做出决定：红二支队的游击队员和文章乡的部分赤卫队员，兵分三路，联合行动，分别由政治部主任粘文华、大队长颜泗德、诗山区宣委许德树和梧埔山坑园村支部书记陈志平等率领，一路直奔塘边街，包围保安分队部；一路赶到姑山铺尾，一路赶到豪仔林，监视这两处敌兵，防止他们在枪声打响后窜去增援。把曾在敌保安队当过兵的林科，派到陈礽欣的分队部去，以探望他的兄弟林树为由，混进分队部借宿，待游击队包围分队部时，作为内线，替游击队开门接应。

1935 年 2 月 21 日天黑之后，粘文华等按照原定计划，各自带领着队伍，悄悄地沿着熟识的山路出发。夜 12 时，身负“内应”重任的林科打开楼门，游击队员蜂拥而入，把挂在墙上的 12 支步枪摘下来，将正在熟睡的 12 个队兵俘虏。粘文华立即派人把 12 个俘虏和 12 支步枪先带离驻地，回文章乡听候发落。

陈礽欣的护兵听到楼下有动静，窜出房门，正遇上已冲上楼梯的颜泗德等，双方开火。陈礽欣闻声慌忙提枪跑上天台，紧闭楼梯盖，然后同 3 个护兵在天台上负隅顽抗。

战斗相持到凌晨 2 时许，游击队喊话宣传政策，陈礽欣自知民愤极大，感到游击队不会宽恕他，还是不肯下楼投降。大队长颜泗德性急难耐，一个猛冲，头顶梯盖，猝不及防，被陈礽欣的枪弹穿过梯盖击中，身负重伤。游击队员们怒火中烧，一排子弹向天台射去，打伤 2 个护兵。又一排子弹射出，陈礽欣“啊哟”一声，身受重伤，诈死倒地，枪声顿止。由于颜泗德伤势很重，游击队放火焚烧了保安分队部，便抬着颜泗德、陈唱两位负伤的同志，集合队伍向文章开去。两位同志因流血过多，不幸牺牲。驻在豪仔林和铺尾的敌兵，听到塘边街枪响火起，知道事情不妙，加上近处有游击队监视，都龟缩在营房里，不敢声张动弹。

出击的队伍胜利回抵文章乡后，红二支队领导召集俘虏，对他们进行党的政策教育，每人发给 2 块银圆，遣送他们回家。

（五）仙洞山战斗

1935 年 3 月，国民党军二十六旅旅长谢辅三指挥发动对永春游击区的“五路围剿”。据《崇道报》报道：“本周开始围剿永春边区土共，十三日晨开始军事行动，安南永剿匪指挥部（五一团团部）移设仁庄，以便指挥各路军事之进行。”敌人的进攻重点是永春，在安（溪）永（春）、南（安）永（春）边界部署三个支队，在永春部署两个支队，第一支队先期进抵达埔。

这时，红二支队第二、第四大队及列宁队由政委李剑光率领，刚刚结束围攻南安大演民团洪和尚的战斗，转入达埔圳古。圳古是永春特区的主要活动基地，与仁庄相隔 10 余里。自从敌团部驻扎仁庄，这里成了斗争的前哨。为避开劲敌，寻找战机，游击队决定从圳古转移。行前，中共安溪中心县委宣传部长林多奉做了思想动员，队伍士气大振。3 月 16 日傍晚，李剑光做出行动部署，逐一交代任务。队伍中的宣传队由女同志组成，配合游击队做群众工作，李剑光亲手把两名女俘（俘获的洪和尚家眷）交给宣传队员看押，天黑后率游击队先行出发。当夜，队伍沿舟山、大吕山山麓行军到达仙洞山。

仙洞山是猛虎山的支脉，位于达埔、蓬壶、玉坑三乡交界处，背靠蓬壶的八乡、联星等村，东北、东南与狮峰山、舟山相望，是这三块游击区的接合部，利于机动回旋。仙洞山主峰仙公寨筑有坚厚的石墙，寨内的仙峰洞是一座能容纳百人的庙宇。游击队于 16 日夜到达仙洞山后，在山腰的后格（厚德）、学堂（清丰）等村落驻扎。当夜，派出小分队到扶内村打土豪，由驻地群众代购电池等一批必需品。这两件事，被扶内守望队侦悉，密报达埔民团。

3月17日晨，游击队主力撤入山林隐蔽，宣传队员等仍在附近村落活动。日近中午，炊事员正往山上送饭，这时，数名民团团兵向仙洞山搜索，已临近游击队警戒线。哨兵见敌人不过五六人，举枪就打。刚一交火，东北、东南方向的大股敌人，一齐向仙洞山扑来，几处哨所接连告急。原来，达埔民团获悉有小股游击队的活动行踪，遂集合地方反动武装，包围了学堂。敌五一团牛凤山第二营正沿大吕山下搜索，一闻枪声，立即向仙洞山攻击。两路敌人迅速逼近，兵力在千人以上。

敌情十分危急，分散警戒的游击队陆续向仙峰洞靠拢。在村落活动的人员，已被截断了退路。在敌我力量悬殊的情况下，李剑光和林壁、尤夹、汤已土几位负责人简短交换了意见，立即做出战斗部署，以仙峰洞为核心阵地，占领制高点，据险固守，阻击敌人。游击队员顾不上吃一口午饭，立即分头占领阵地。

敌人依仗人多势众，从东、南两面蜂拥而上，逼近山头。红二支队第二、第四大队配备步枪，列宁队则一色使用手枪，他们待敌人进入射击圈后，以猛烈火力压住敌人，仙峰洞周围顿时枪声大作。骄狂的中央军以为游击队一触即溃，企图一鼓作气占领制高点，于是撒开队形冲锋，待到率先露头的士兵接连中弹倒地，他们才明白遇到了游击队主力的顽强抵抗，纷纷伏地而退。敌人重新做出部署，依靠优势装备，组成强大火力，向游击队阵地猛烈扫射。红二支队大队长林壁等人先后中弹负伤。敌人在火力掩护下，以小分队摸索前进。游击队依靠自然掩体，瞄准目标，一枪一个，迫使敌人又缩回原地。敌人眼看从山口故道进攻难以奏效，转而由民团带路，依靠密林的掩护，摸上陡峭的山坡，突然出现在游击队阵地前沿，双方发生了短兵相接的战斗。游击队只有单发步枪，在敌人短距离自动武器扫射之下，接连遭受伤亡，但他们前仆后继，接替牺牲的战友，冲向阵地前沿，一次又一次击退了逼近的敌人。在战斗最紧张的关头，他们每人留下了两颗子弹，做了与阵地共存亡的最后准备。从近午到黄昏，游击队激战6个小时，击退了敌人的连续冲锋。敌人始终无法跨入阵地一步，下午4时许，撂下数十具尸体，退下山去。

敌人素知游击队擅长夜战，在激战整天之后，不敢久留，乘天黑之前撤回驻地。当夜，游击队安葬了牺牲的烈士，就近安置了重伤员，撤离阵地，分两路转移到舟山、狮峰山隐蔽。

留在村内的10多名随队人员，发现敌情后，迅速往村外转移隐蔽。突围时，牺牲了两位女同志。由于分散撤退，宣传员姚金英一人看押着两名女俘，潜入山沟树丛之中，敌人搜山的脚步声上下可闻，姚金英用枪口对准女俘警告说，谁作声就打死谁。她们一直在山上潜伏了数小时。第二天晚上，各路队伍在圳古重新聚合。

在艰苦卓绝的三年游击战争中，红二支队谱下可歌可泣的壮丽篇章，永春人民为革命斗争付出重大牺牲和贡献。仙洞山战斗粉碎了敌人五路“围剿”、妄图一举消灭红二支队主力的阴谋。

三、苏区精神

在革命根据地的创建和发展中，在建立红色政权、探索革命道路的实践中，无数革命先辈用鲜血和生命铸就了以坚定信念、求真务实、一心为民、清正廉洁、艰苦奋斗、争创一流、无私奉献等为主要内涵的苏区精神。

回顾永春及安南永德苏区的诞生和成长过程，都是处在极端恶劣的环境之中，遭遇到许多难以想象的困难，经历过十分残酷曲折的斗争。1928年9月24日，在中共福建省委巡视员吴亚鲁的主持下，永春县委召开中共永春县第一次代表大会，通过《政治报告决议案》，明确指出：“永春革命的前途，是群众武装暴动推翻现政权、建立工农兵苏维埃政权的前途。”“领导永春革命运动的是我们的党——中国共产党。国民党已经是豪绅资产阶级军阀官僚一切最腐化最反动分子的党，它在永春的党就是永春革命的对象。”该决议案不仅为永春县各级党组织和革命斗争的发展指明方向，而且为安(溪)南(安)永(春)德(化)苏区的形成奠定了坚实基础。

在永春苏区革命斗争时期，在中国共产党的坚强领导下，共产党员树立了追求工农大众彻底解放的远大理想，对革命事业无限忠诚，信念坚定，毫不动摇，充满革命英雄主义精神，才能在面对任何艰险时坚韧不拔、百折不挠，面对敌人屠刀烈火，他们昂首挺立，慷慨就义。担任共青团永春县委书记、中共永春县委西区特支负责人的李文墨，被捕后，其父亲探狱时老泪纵横，他仍表现镇定坦然，风趣幽默，借用"过二十年又是一条好汉"的民间俗话来劝慰父亲不要过分伤心。他自知时间不多，让父亲提来酒菜，款款而饮，表现出在敌人面前视死如归的傲然气节。担任中共安溪中心县委常委、宣传部长的林多奉，被捕后，在狱中写下"革命不怕死，怕死不革命。多奉为革命，头断志不移"的铿锵誓言。当敌人以砍头相威胁时，他凛然回答："只要有革命存在，来生我仍然投身革命！"担任共青团安溪中心县委宣传部长和共青团永春特区区委书记的巾帼英雄李素明，面对敌人的酷刑仍"微露笑容，态度安闲，坚不吐实"，牺牲时年仅18岁，被誉为"永春刘胡兰"。革命先烈立场坚定、无限忠诚、威武不屈、视死如归的革命气节，正是安南永德广大共产党员和红二支队指战员坚定革命理想信念的崇高表现。在革命受到严重挫折后，安南永德边区英勇的人民，仍继续隐蔽枪支，秘密联系，惩罚叛徒，顽强斗争，一直坚持到永春解放。

安南永德苏维埃政权及其主要武装中国工农红军闽南游击队第二支队（简称"红二支队"），长期战斗在偏僻的农村山区，从创建之日起就面临着物质生活的极端困难。1933年5月1日，红二支队支队长陈凤伍在总结支队一年来游击战争的讲话中就曾提道："废历元旦，照例是应该杀鸡杀鸭，大吃痛快，然而我们的同志，肚子饿了，无钱吃饭，满身疥疮，无钱买药！"但他们为了革命勇于吃苦，以苦为荣，发扬了艰苦奋斗的革命精神，用高度的革命英雄主义精神和集体智慧，战胜一切艰难困苦，创造了可歌可泣的英雄业绩。

无论生活条件多么艰苦，环境多么恶劣，冒多大危险，安南永德苏区工作人员和红军游击队队员都毫无怨言。传唱于安南永德苏区的《游击歌》正反映了这种积极的革命乐观主义精神："深山野林作营房，蘑菇竹笋当二餐。雨当淋沐风作扇，革命烈火烧遍山。山风呼呼鼾声甜，英雄儿郎枕枪眠。……鸟枪鸟铳背上肩，三山五岭任我转。走哪里，哪里喜，山里穷人心相连。支支小队支支箭，疾疾射到县城边。枪声响，火光起，敌营人仰马又翻。支支小队支支箭，神出鬼没敌胆寒。胜利消息天天有，山里山外笑声扬。”李素明经常发动妇女同志上山打游击，夜晚有的女同志怕虎，要求睡中间，李素明故意说：“不行！虎专咬中间的。”说得大家都笑了。革命战士在政治上、人格上一律平等，在物质生活待遇上，官兵同甘共苦，吃穿一样。生活环境越是艰苦，同志间的阶级情谊越是深厚；革命斗争越是残酷曲折，战友们的革命团结越是牢固。红二支队的团结战斗精神，培育了战士们的革命集体主义精神，所以能在不断的战斗中发展壮大，从起初的10多人发展到鼎盛时期的500多人。

出身于工农和其他劳动阶层的共产党员和红军指战员，对生育抚养自己的广大劳动人民怀着深厚的阶级感情。他们深切体会到，苏维埃政权和游击队要生存发展，要战胜强大的敌人，一刻也离不开人民群众的支持和帮助，因此自觉地关心人民疾苦，为人民服务。在永春党的革命斗争历程中，党组织始终同人民群众保持着血肉的联系，想人民群众之所想，做人民群众革命的组织者和领导者。

在长期的武装战争中，安南永德苏区人民与游击队亲密无间。红二支队无论走到哪里，都同当地群众打成一片，主动帮助驻地群众解决具体困难，同人民群众保持着鱼水关系。红二支队指战员在反“围剿”作战中勇敢战斗，为保护群众的生命安全而甘愿牺牲自己。永春达埔镇新溪村岱山石竹庙的墙壁上，曾书写有红二支队的歌谣：“红军纪律真严明，爱护老百姓，不打白士兵。买卖不相欺，保护小姓民。工农两兄弟，更加要相亲。说话要和气，开口不骂人。无产阶级劳苦群众，人人都欢迎。”广大人民群众也大力支持游击队，“箪食壶浆以迎王师”。游击队到哪里，哪里的群众就自动让出房间、食物、用具等，妇女帮助洗衣服、煮饭，赤卫队、儿童团帮助站岗放哨。群众还协助购买东西，为游击队传递信件等。区乡农会、妇女会还经常开展拥护红军游击队的活动，通过募捐购买药品、袜子、背心、牙刷、面巾等物品慰劳游击队。烈士李世全的继母李健婶，四次变卖田产，所得一千多元用来购买武器和粮食，支持游击斗争。不少群众为掩护红军伤病员、保守军事机密而惨遭敌人杀害。

这些事实充分说明我们党来自人民、植根人民、服务人民。

第七节　抗日反顽斗争

在永春县达埔镇新溪村的一座民房外墙上，至今仍保存着1933、1934年中国工农红军闽南游击队第二支队刷写的革命标语，除了号召群众起来开展抗租抗税斗争外，还有“反对帝国主义搞第二次世界大战”“抗日士兵与抗日的红军胜日本；援助艰苦血战的东北抗日义勇军”“组织抗日义勇军实行统一战线，扩大游击战争来消灭日本”“白军士兵兄弟团结起来，服从红军的命令，自动北上抗日”等抗日内容，当时正值安（溪）南（安）永（春）德（化）苏区革命斗争时期，可以看出中国共产党在反抗国民党统治的艰苦环境中还积极承担起抗日的任务。

1937年抗日战争全面爆发后，国共两党实现第二次合作，形成抗日民族统一战线。但在整个福建革命力量相对减弱的情况下，永春也处于国民党军政警特的严密控制之下。在险恶的环境中，共产党在永春重建组织，坚持艰苦顽强的隐蔽斗争，组织进步力量开展抗日救亡活动。主要分为三个阶段：一是1938年至1941年中共永春支部在县城一带的活动；二是1941年至1945年中共德永特支在永春、德化边界和中共闽中工委在一都黄沙的活动；三是1944年起闽中特委所属组织和武装在永春、仙游、南安边界的活动。

早在1935年冬，安（溪）南（安）永（春）德（化）苏区革命斗争失利后，共产党员林士带（永春县蓬壶镇美中村人）被迫南渡马来亚。抗战爆发后，林士带几经辗转投奔革命圣地延安，进入抗日军政大学学习。1938年春，林士带从抗大结业，遵照上级决定，回泉州地区开展工作，担任中共泉州中心县委委员。为发动和领导永春广大民众迅速掀起抗日救亡运动高潮，泉州中心县委又指派林士带回永春重建党组织。林士带与桃场鲁国小学校长颜江淮（化名颜泗，1926年在厦门加入共产党，参加工人运动，大革命失败后去南洋，

1937 年回永春)取得联系后,于 1938 年 7 月在桃场建立中共永春支部,党员 3 人,隶属泉州中心县委领导。永春支部在城关、儒林一带秘密组织中华民族解放先锋队(简称“民先队”),组织学习《论持久战》等文件;创办《萤光》刊物,手工刻印,秘密散发,宣传抗日救亡;对当地武器情况进行调查,到湖洋、德化等边界山区察看地形,准备开展敌后抗日武装斗争;同时团结文化界和青年学生等进步力量,以公开合法的形式,推动群众性抗日救亡宣传,产生了广泛的影响。

1938 年底,林士带在永春的活动引起了国民党当局的注意,为保存力量,泉州中心县委将他调出,派吴雪痕(厦门人)接任书记(公开身份是桃场鲁国小学教员)。支部发展洪遂明和养正小学教员连月城(又名连城)等入党,党员人数增至 6 人,在鲁国小学和养正小学建立活动据点。

永春国民党当局对中共永春支部的活动有所察觉,派特务侦查盯梢,派军警抓捕颜江淮,支部被迫暂停活动。1941 年 5 月,永春支部遭受破坏,除洪遂明先期转回安溪开展工作、颜江淮转到永安隐蔽外,支部党员均被捕送三元梅列集中营。

中共永春支部被破坏后,中共闽中特委指派林士带为永德特派员,与林金榜到永春、德化边界恢复党的组织活动。1941 年 11 月,在德化戴云山麓的长基村建立中共德(化)永(春)特支,党员 3 人,隶属闽中特委。特支在永春的介福、湖洋,德化的长基、毛厝等地串联发动群众,建立活动据点,坚持抗日救亡斗争,党员人数逐年增加,永春有一个支部,党员 5 人。特支活动坚持到抗战胜利。林士带于 1942 年下半年在大田桃源开展工作时被捕,1943 年春惨遭毒刑而牺牲。

1939 年底,中共大田县委(1941 年底改称中共闽中工委)领导的武装工作队到永春一都开展抗日宣传活动。1942 年 10 月,中共闽中工委书记林大蕃、青年部长林志群在一都黄沙村建立革命据点,创建黄沙游击中队。1943 年建立中共黄沙支部。1944 年 1 月,永(安)大(田)游击队到一都黄沙活动,同年 2 月攻打安溪感德失利,黄沙支部和游击中队遭到破坏。

1944年2月，中共闽中特委派洪瑞英到永（春）南（安）仙（游）边界，打通从仙游北山、坑内经永春云峰、石城到南安九都的交通线。同年4月，闽中游击队小分队30多人在闽中特委委员蔡文焕带领下，从仙游进入靠近白鸽岭的永春县湖洋镇石厝村石城角落、外山乡云峰村一带，建立了活动据点。同年8月，中共闽中特委委员翁鸿镗在莆田黄瓜屿被国民党特务逮捕。闽中游击队接到紧急情报，得知翁鸿镗将被押送到当时的省会永安，途中要经过白鸽岭。闽中特委指示游击队“一定要把老翁救下来”，游击队立即选派8名精干队员，分成两组，一组设伏在半岭，另一组直上白鸽岭顶。到达岭顶时，恰好敌兵一行人押解翁鸿镗也到了岭顶。当时翁鸿镗身患重病，是被绑在轿上抬着走的。游击队员一人把守路口，三人同时开枪，出其不意，打倒敌兵，割断绳索，背起翁鸿镗撤退。这次战斗干脆利落，游击小分队无人伤亡。1945年3月，永春云峰、石城游击队应中共泉州中心县委号召，到莆田参加解放南日岛的战斗，将南日岛建成海上抗日根据地。

此外，原籍台湾的著名烈士林伯祥，1938年5月任厦门青年战时服务团（简称厦青团）干事会干事，1939年任中共泉州中心县委青委委员、中共官桥区委书记、中共养正中学支部书记。后与上级党组织失去联系，于1942年到永春崇贤中学任教，1943年受聘为永春毓斌中学（现永春三中）教务主任，积极向学生宣传抗战，直到1945年10月与上级党组织取得联系，同年12月被捕，1946年2月在莆田被秘密杀害。现永春三中校园内有纪念林伯祥烈士的“伯祥亭”。

在艰苦卓绝的抗日战争期间，永春华侨一方面与侨居地人民一道坚持英勇顽强的抗日斗争，另一方面不遗余力地组织人力、物力和财力支持国内人民开展抗日救国运动，为世界反法西斯战争及抗日战争取得伟大胜利做出了不可磨灭的贡献和牺牲。马来亚麻坡永春会馆征集汽车机工数十名回到广西、云南，在新开辟的滇缅公路上抢运军用物资，在这条运输战线上坚持至抗战胜利。不少永春籍华侨青年在中国共产党的号召下，冲破重重封锁，投奔延安和苏北，参加八路军和新四军，成长为坚强的共产主义者和反法西斯战士，其中较著者有梁灵光、陈明、李金发、陈沫、林刚中、林天国、许寒冰等。梁灵光参加新四军，担任苏中第四分区专员兼军分区司令员，身先士卒，浴血奋战，战功赫赫。1937 年 11 月，南洋华侨战地记者通讯团回国采访、慰问，永春华侨辜俊英为领队。1938 年 2 月记者团抵达延安。毛泽东同志两次单独接见辜俊英。同年 3 月 18 日，毛泽东亲笔为《南国日报》题词："马来亚的侨胞用一切力量援助祖国，为中华民族的独立解放而斗争。"辜俊英将马来亚革命情况和马共中央的请求做了口头报告，毛泽东对华侨抗日做了指示，挥毫题词："全体华侨同志应该好好团结起来，援助祖国，战胜日寇。共产党是关心海外侨胞的，愿意与全体侨胞建立抗日统一战线。"（毛泽东两件题词一直由辜俊英保存，1977 年捐献给中共中央办公厅）

第八节　胜利解放

1949 年，当黎明的曙光渐渐照亮闽南大地的时候，永春，这个拥有光荣革命传统的山区县城，在经历了一波三折的奋战之后，于当年的 8 月 23 日宣告全境解放。如今，永春城区的主干街道——八二三路，便是这段激情岁月的历史见证。

解放战争时期，永春党组织分属闽浙赣边区和闽粤赣边区两个组织系统，习惯称为闽中和闽西南党组织。

闽中党组织主要活动区域在外山云峰、达埔桂地和湖洋等地。1947 年 2 月，闽中游击支队由高祖武带领，攻打云赤乡（现外山乡）公所，把乡长刘鸿声、原任乡长林化明、乡丁刘煎 3 人抓到云峰祖厝，将为非作歹、奸宿妇女的乡丁刘煎执行枪决。1947 年 8 月，国民党省保安团胡季宽部进驻云峰村，"围剿"永南仙边游击区，团部驻云峰林氏祖厝，由一个姓黄的团副指挥，大肆抓捕群众，敲诈勒索，云峰群众深受其害。1946 年 12 月，中共泉州中心县委派林金妙（永春县达埔镇达山村桂地角落人）为特派员，和中共安南永工委委员史爱珠、李淑英到桂地小学，以任教为掩护，开辟安南永边区游击根据地。1947 年 2 月，安南永工委干部会议在桂地小学召开，安南永工委书记施能鹤主持会议，泉州中心县委书记许集美传达闽中地委会议精神，研究开展游击战争的计划。同年 3 月，林金妙等在桂地组建一支 30 多人枪的武工队。5 月，许集美、朱义斌等带领泉州游击队 30 多人与桂地武工队会合。7 月 9 日，闽中游击队戴云纵队直属支队 130 多人从南安突围至桂地，休整四天三夜，桂地武工队还配合直属支队攻打安溪待御潭粮仓，解决军需民食。戴云纵队直属支队开拔后，桂地两次遭受国民党反动派“围剿”，损失惨重。1949 年春夏，在湖洋镇的力行中学（现永春四中）和五里街镇埔头村建立泉州中心县委所属的党支部。同年 7 月在介福乡成立永春区工委。力行中学支部在湖洋发动进步师生和群众，举行反“三征”游行示威，建立武装中队，编入中国人民解放军闽浙赣边纵队晋南永游击大队，为第四中队。

闽西南党组织活动区域以永春坑仔口为中心，包括永春大部和德化、大田一部分地区。1948 年冬，泉厦临工委负责人和中共华中分局派往敌后工作的干部在安溪长坑会合，双方确定开辟永春玉坑武装斗争根据地。1949 年 2 月，从厦门抽调一批党员到达坑仔口，建立党的组织，发动群众反“三征”，成立“抗征会”，并在永春、德化、大田三县争取联络一批国民党军政人员，相机发动武装起义。

1949 年 5 月 16 日，中共安溪中心县委副书记张连率一批军政干部到达永春坑仔口，成立中共永德大工委，领导永春、德化、大田三县的斗争。5 月 18 日，在坑仔口魁斗土楼组建了以抗征会员为骨干的永春人民游击队。

5 月 25 日晚 11 时，永春人民游击队从魁斗土楼出发，参加人数 350 多人。次日天亮时，队伍刚到达埔村口，就被敌人哨兵察觉，敌人从碉堡里向游击队开枪。游击队独立排立即抢占山头，用重机枪扫射敌人碉堡，封锁路口，使其无法抵抗。同时，前面的部队在政工人员带领下，勇敢地冲进街道，占领乡公所，包围一家少数顽固分子踞守的布店。由于事先已做了统战工作，警备联队分队长潘孝东和乡民代表郑绍基做内应，率数十人起义，自卫中队长林世桑也率领一中队起义。中午时分，达埔即告解放。蓬壶也随即解放。

这次攻占达埔缴获枪支90多支，起义有90多人。游击队在达埔稍作整休，将起义人员编为两个中队。游击队扩大为永春人民游击大队，大队长康明深，政委张连，政治处主任方庆实。战斗力增强了，康明深和张连立即部署攻打县城的战斗。

5月27日，游击大队在达埔召开群众大会，开仓济贫。略作整训后，游击队决定分兵几路，乘胜进攻永春县城：一路从姑山到桃溪，在南面堵截敌人退路；一路由大羽绕环翠，从县城北面包抄；一路由西面从石鼓、五里街直逼县城；同时由石益到湖洋，召集刘炯光所部武装，从东路赶到永春、南安边界设伏，阻击南安九都援敌。

各路人马准时出发，西部主攻部队于5月28日天明时分到达五里街，西安镇镇长李仁实率镇警人员30多人起义，并加入进攻县城的战斗队伍。三路游击队数百人按预定计划同时向县城发起进攻，鸣枪28响，永春县县长李逸云率县自卫团的两个中队起义，国民党永春县党部代理书记长许逸民、县参议会副议长林曼辉、永春电台台长黄文辉、县田粮处科长苏民彝等也同时起义，只有永春县警察局督察长许樵农、巡官宋廷尉带数十个警察逃窜，也被南路游击队郑成分队截获。此役计缴机枪8挺、长短枪300多支，子弹万余发，电台1部，以及大批器械、药品。

游击队进城后，工作人员接管国民党县党部、县政府、银行、仓库；打开监狱，释放政治犯及无辜民众；发放被拖欠的中小学教员“薪谷”，筹措军需；召开群众大会、知识分子座谈会，发布《闽粤赣边纵队十大行动纲领》《入城纪律》《约法八章》，宣传党的政策，安抚民众，各项工作井然有序。

县城一战告捷，一都、荣义、桂洋、常安、蓬壶、西安、姑山、仙夹、东平、湖洋等乡镇宣告起义，接受共产党领导。这是继安溪之后，游击队在闽南占领的第二个县城，消息震动了国民党当局，当时《中央日报》《江声报》均详加报道。厦门《江声报》报道：“举事时，各方响应，毫不费力，而全县变色。”

1949年5月31日，即县城解放后第四天，群众正在备办端午节的食品。当天下午4时左右，国民党九十六军残部数千人分三路包围五里街及县城。永春人民游击大队两个中队在五里街霞陵和牛头山与敌人发生遭遇战，但因力量悬殊，寡不敌众。所幸当时雷电交加，大雨倾盆，使游击队得以安全转移。当敌人逼近县城时，驻城部队、政工人员向姑山撤退。队伍熟悉山路，撤退时没有受到重大损失。次日，游击队集结于达埔。

国民党九十六军进入县城后，四处抢劫掳掠，群众稍加抗拒就会被毒打枪杀。6月1日是农历端午节，永春县城却是一片凄凉的景象。国民党九十六军在永春盘踞四天，给县城居民带来深重灾难。

6月2日，国民党九十六军副军长兼师长萧续武，见国民党大势已去，率亲信28人，携带轻重机枪各1挺，长短步枪30余支，战马1匹，步行到石鼓与达埔交界处的岭头亭，向永春人民游击大队投诚。游击大队在达埔开欢迎会，肯定他弃暗投明的义举，委任他为游击大队军事顾问。

6月2日下午，国民党九十六军残部途经南安诗山向安溪方面逃窜。6月3日，游击大队第二次解放永春县城。群众纷纷从乡下回来，游击队政治处工作人员即在街头进行宣传，声讨国民党军队的罪行，发动大家自救互助，重建家园。游击队正准备重新接管县政府各部门，不料6月5日，国民党陆军三二五师黄星辉团的2个营约900人进犯永春县城。为保存力量，游击大队再度撤出县城，驻守达埔一带。

6月9日，永春人民游击大队会同苏玉英所部攻占大田县城；6月17日，永春人民游击大队潘孝东中队攻占德化县城。至此，永春游击区扩展至德化、大田，形成永春、德化、大田三县连片的游击区域。6月下旬，在永春蓬壶召开的永春、德化、大田三县干部会议上，永德大游击武装统一整编为永德大人民游击总队，下辖8个中队，500多人枪。8月1日，在坑仔口举行建军节纪念大会，永德大人民游击总队正式整编为中国人民解放军闽粤赣边纵队第八支队第四团第三营，授予“八一”军旗，辖 5 个连。

从 1949 年 8 月上旬到中旬，闽西南地下党领导的安溪、永春、德化、大田、漳平、宁洋等县解放区，先后遭到国民党军队的大肆进犯。在永春方面，除敌三二五师一部进犯达埔、蓬壶外，还有德化陈伟彬及土匪林青龙先后进犯常安和桂洋。

永春地下党组织根据上级指示，对形势进行详细研究：南下解放大军已到闽北，全省、全国已接近全面解放，黎明前的黑暗即将过去，曙光就在前头。八支四团副政委张连先后派方庆实、郑坚、力伯昌、胡华等前往闽北，联系南下解放大军及闽浙赣省委带回许多学习文件。四团三营教导员石益、副教导员王浩领导部队与敌人迂回周旋。县区乡地方工作人员除留少数坚持原地工作，其余均奉命暂时撤退一都，集中学习政策，准备迎接全面解放。

8 月 11—12 日，县、区、乡地方工作人员奉命集中到玉斗、坑仔口，13—14 日到达一都仙阳。永春县政工作团与同时撤退过来的漳平县政工作团，共同组织学习会议。在张连直接领导下，组成主席团，主持会议活动，参加学习的同志有 122 名。学习会议持续一星期。会议后期，结合酝酿调整与加强政权机构组织，为迎接会师、接管城市，做了思想准备和组织准备工作。

8 月 17 日，叶飞、韦国清率领人民解放军第三野战军第十兵团攻克省会福州，之后随即挥师闽南，极大地鼓舞了永春党组织和人民武装。

8 月 20 日，张永年率四团三营二十四连从永春仙夹方向攻占南安县诗山街，下午撤回仙夹。此举促使南安不少国民党士兵倒戈起义，更极大地动摇了在永春的国民党三二五师几千名驻军。他们恐怕诗山被占，自己成为瓮中之鳖。当晚，其上层人物召开紧急会议，部署全面撤军计划。

8 月 21 日，闽西南城关情报组秘密分工监视敌人动向，并派交通员向游击区汇报。这一天，五里街至城关街上，国民党政府人员和军官及家属慌成一团，有的准备干粮，有的变卖家当、衣着，有的投靠亲友。上午，进占达埔、蓬壶的国民党军三五〇师一〇四八团陈维金部撤回永春，下午连同国民党党政人员、部队家属分水陆两路，往东平逃走。

8 月 22 日凌晨，国民党军三二五师九七四团、九七五团及党政人员全部撤离永春，向南安、泉州方向溃逃。

清晨，闽中游击队第四中队 150 余人（包括政工人员在内）在湖洋仙溪集中，动员后向县城进发。上午 11 时左右，在国民党军队撤出永春县城几个小时之后，第四中队没有直接进城，而暂住在县城东郊，等候闽西南兄弟部队的到来。

中午，尚有几个国民党便衣探警在县城探头探脑地游走。傍晚，闽西南前哨人员到达县城。县城国民党政府及军队住处已是人去楼空，一片狼藉。

1949 年 8 月 23 日上午 9 时多，石益率领闽西南部队十五、十六两连以及独立排民兵等 300 多名战士，军威雄壮，队伍整齐进入县城，分别驻扎县府、文庙、武庙等，县城西路口、交通桥、云龙桥、东岳桥等处派小分队站岗。10 时左右，闽中游击队、湖洋护路队与东平的闽西南地下同志，一同驻扎东岳。张连、李仁实等在午后赶到县城，闽中地下党领导人入县城商议后，由闽中游击队和闽西南警卫队带张震南、颜超高等国民党警察五六十人枪至县府大厅台阶上缴械。他们是 22 日凌晨撤往岭头庵欲投闽中地下党，因约不遇，撤驻仑山，等候至 23 日上午再回山仔寨，晌午入城的。队伍集中后，由石益训话，李仁实接收枪支。接着闽西南召开党政军干部会，布置接管事宜。驻扎东岳的闽中游击队，傍晚分批撤回湖洋。晚上，张连还在城隍庙门口大街路旁向群众演说。这一天，永春宣告全境解放。

第二章 探索前行

1949 年 8 月 23 日，永春全境解放。从 1949 年到 1978 年，党领导永春人民沿着社会主义革命和建设的道路不断探索，曲折前行。

第一节 人民民主政权的建立和巩固

一、接管旧政权

1949 年 6 月，闽粤赣区党委所属组织领导的游击武装，在永春、德化、大田发展了大片游击区域，国民党地方政权土崩瓦解。6 月 6 日，在达埔成立永春县人民民主政府，由起义人员李仁实任代县长，下设民政、财粮、治安 3 个科。永春县人民民主政府下设 2 个区，辖 8 个乡：一区（锦斗）辖一都、荣义、锦斗、玉坑、桂洋 5 个乡；二区（蓬壶）辖蓬壶、达埔、常安 3 个乡。任命了各区、乡长以及待解放的三区、四区区长。6 月下旬，在蓬壶召开的永德大党政军干部会议宣布任命李逸云为永德大专员，林曼辉为副专员兼大田县人民民主政府县长，徐志荣为德化县人民民主政府县长。6 月以后，游击武装控制了永春西半部，直至 8 月全境解放。在游击区，进行了区乡政权建设，成立永春县政工作团，建立村农民协会和民兵组织，颁布实行《永春县减租减息办法》及补充办法，并组织大批人力和物资，坚持游击战争，准备迎接南下大军，支援前线。7 月 1 日，由于国民党军队向游击区大举进犯，永春县人民民主政府从达埔迁驻桂洋土楼。

1949年8月11、12日，县、区、乡地方工作人员大部分奉命集中到玉坑，13、14日全部到达一都。永春县政工作团与同时撤退过来的漳平县政工作团，共同组织学习会议。在张连直接领导下，由郑坚、邹永贤、王平、郑民、萧汉光、林敏等（两个县政工作团正、副团长及训练班主任）组成主席团，主持会议活动，参加学习的同志有122名。会议主要内容是学习城市政策和新区农村政策，迎接会师，准备全面接管。学习文件包括《论人民民主专政》《目前形势和我们的任务》《关于城市政策——山东兵团谭政委在某纵营以上干部会议上的报告》《不要打乱原来的企业机构》《华东局关于江南新区农村工作的指示（草案）》，以及重学《毛主席、朱总司令向全国约法八章》《反对自由主义》等。学习会议从8月15日正式开始，预定时间较长，因形势发展迅猛，很快就接到入城任务，即于8月21日结束，共一个星期。会议后期，结合酝酿调整与加强政权机构组织，为迎接会师、接管城市，做了思想准备和组织准备工作。

为了组织力量，有计划、有步骤地接管城镇及开展各项工作，在一都会议期间及入城进军途中，县政工作团都在酝酿调整加强县区乡政权机构。在加强县民主政府机构方面，决定调任石益为秘书主任并任政府党组书记，调任萧汉光为财粮科长并任县直机关党支部书记；任命颜章票为县公安局长，郑民为民运（建设）科长；调任张永年为民政科长，徐凤仪为教育科长，王平为永春中学校长，徐志荣为司法科长。考虑到财粮科在接管、建立新的财经制度和借粮支前等工作中任务较重，决定抽调较多人力加强，分设接管股、财政股、公粮股、税务股、清理股、会计室，股长和主任由相当乡长一级的干部担任。

在加强区乡政权机构方面，因工作地区已扩展至全县范围，决定建立第三、第四区人民民主政府。第三区辖西安、桃源二镇，调任刘汉光为第三区区长；第四区辖福阳、湖洋、东平三乡，任命林恭镜为第四区区长；还有岵山、仙夹二乡暂未设区。这样连同原已建立的第一区5个乡、第二区3个乡，全县共15个乡镇，都已设立了政府机构，先后派任乡镇长和指导员（民运工作队长）。

1949 年 8 月 23 日，永春县全境解放后，立即按部门按系统有秩序地进行接管工作。漳平县政工作团的大部分同志也参加了永春县人民民主政府及县委群团、医院、学校及区乡政府的接管工作。由于永春县城经过国民党九十六军流窜洗劫及三二五师的反扑，原有财产物资、档案资料已损失严重，有的单位原有人员多半逃跑。县政工作团尽可能找回一部分旧人员了解情况。1949 年 12 月，在五里街成立五里街工商业联合会筹备处。1950 年 1 月，召开了第一次全县各界人民代表会议，协商促进恢复发展农工商及交通运输各项生产建设事业，争取各界支持，尽快建立各项新制度、新秩序，尤其是建立新的财经制度，开展借粮支前。

改组后的财粮科，接管了旧政府的财政科、田赋粮食管理处、税务局等几个单位，实行《福建省暂行供给制度标准》（闽浙赣省委根据二野 6 月份规定的中原军区暂行供给标准制定），建立了正规的供给制度，统一了全县财政收支。

国民党九十六军残部自前次溃逃闽南，绕了一圈后调守福州，在福州解放后又溃逃永泰、德化，于 1949 年 8 月 25 日再次从德化县窜扰永春县，沿途经苏坑、蓬壶、达埔等乡镇，烧杀抢掠，拉夫抓丁。闽粤赣边纵队八支四团三营沿路进行截击，国民党九十六军残部遂向安溪县方向逃窜而去。

1949 年 8 月底，县人民民主政府接管原《永春日报》印刷所和美化印务馆，成立永春光明印刷所，出版《解放快报》。对邮电部门（包括永春邮政局、电话所、电报局）实行“接管下来，进行改造”的政策（1951 年 9 月，邮政局与电信局合并成立永春邮电局）。

接管工作有序进行，社会秩序很快得到稳定。1949 年 9 月 8 日《解放快报》报道了解放前后永春新旧社会两重天的情况：“人民解放军还没有到永春城里以前，那时城里及城郊的人民，整日整夜都在恐怖之中，商人碰到匪军更是怕得发抖，深怕这些匪军会作揩油式的买卖。人烟僻静的地方，大家一吃过晚饭后，就把门户拴得牢牢睡觉了。现在的情形则是两样。商业已经繁盛起来，深夜里仍能听到歌唱的声音，逃散的人也复员了，尤其是泉州解放后，永春的人民，都可高枕无忧了。”

二、建立人民民主政权

（一）中共永春县委及基层区委的建立

1949年9月上旬，成立中共永春县委，驻地城关，隶属于中共安溪中心县委。书记方庆实，党员92人。县委领导全县的支前和会师准备工作。下辖3个区委：一区（锦斗）指导员方庆实（兼），二区（蓬壶）指导员李勇，三区（城关）指导员张永年。

1949年9月9日，中共福建省第五地委（后改称为泉州地委、晋江地委）在泉州成立，永春县委归属第五地委领导。9月15日，第五地委召开第二次扩大会，进一步讨论会师问题。闽中、闽西南两系统党组织向地委移交了党团员、干部、游击队员名册、文书档案和物资，圆满地完成其历史使命。9月18日，从原永春闽西南地下党干部中抽调组成漳厦工作队，由叶森玉率领，离开永春，奔赴漳州、厦门前线参加解放斗争。9月20日，第五地委任命的干部到永春就职，组建新的县委领导机构。刘岗任县委副书记，主持县委工作。县委委员7名，其中南下干部3人（刘岗、时进路、刘玉群），原地下党干部4人（方庆实、张连、王浩、林风）。1952年10月，设中共永春县委常务委员会，在县委全委会闭会期间，行使县委职权。

1949年至1958年3月，县以下设区，作为县委派出机构，区以下辖乡。1949年8月23日，永春全境解放，全县设4个序列区。同年11月，全县由4个区改为6个区。1950年7月又增设第七区和第八区。1950年开始，陆续配备区委书记、组委、宣委，但除第二区（锦斗）、第四区（五里街）外，各区班子尚未健全。1952年7月，全县划为12个序列区，县委派出各区区委书记、副书记，同年9月正式办公。1955年10月，撤销第七区、十二区，其余各区均改为地名区，并建立党的委员会。十二区所辖4个乡（镇）和七区4个乡作为直辖乡，包括华岩、儒林、西安（镇）、桃城（镇）、环翠、仰贤、桃东、桃溪8个乡（镇）党支部，由县派出直辖乡工作队管理；七区其余各乡分别划归东平区、岵山区。1956年6月，全县10个区和8个直辖乡（镇）

并为6个区。

(二)永春县人民政府及区人民政府的建立

1949年8月23日永春全境解放时，永春县人民民主政府进驻城关，接管县政，工作机构设有秘书室、民政科、公安局、财粮科、交建科、司法科、文教科、民运科。同年9月20日，正式成立永春县人民政府，县长张连，副县长时进路。设有8个科室，原文教科改为教育科，增设工商科，撤销民运科。此后到1956年期间，根据经济和社会事业的发展需要，永春县人民政府的工作机构几经调整、充实、完善，相继设立监察委员会、人事局、侨务科、统计局、工业科、交通科、手工业科、税务局、商业科、供销合作社、农业科、林业科、水利科、卫生科等，政府工作逐步走上正规化，人民民主专政不断巩固和加强，为完成社会主义改造和进行社会主义全面建设发挥了积极而重要的作用。1956年1月召开的县首届人大第三次会议决定，永春县人民政府改为永春县人民委员会。

1949年9月20日永春县人民政府成立后，全县辖区仍按原永春县人民民主政府所划4个序列区，各区设立区政府，下辖15个乡，144个保。同年11月，全县划为6个序列区，各区设区公所。开始称“永春县第×区公所”，1951年改称“永春县人民政府第×区公所”。1950年7月，增设七、八两个区，原辖15个乡撤销。144个保在1949年11月至1950年上半年逐步撤销，先改为村，后改为乡。区是县的派出机构，乡为基层政权。乡的主要干部均不脱产，只领一定的误工补贴。1951年并为121个乡，下半年土改后为129个乡、2个镇。1952年7月，全县重新调整为11个序列区和1个镇(后改为第十二区)，并于7月下旬派出各区正、副区长进行筹备工作。各区设立区公所，镇设政府，自1952年9月1日开始按新划区域建立机构正式办公，并启用公章。1955年10月，各序列区改为地名区，同时撤掉第七区和第十二区，改为直辖乡。各区仍设区公所，直辖乡派工作队。全县有10个地名区(一都区、锦斗区、玉坑区、蓬壶区、达埔区、卿园区、岵山区、东平区、霞陵区)，158个乡(镇)，其中华岩乡、儒林乡、西安镇、桃城镇、环翠乡、仰贤乡、桃东乡、桃溪乡

8个为直辖乡(镇)。1956年6月,全县10个地名区和8个直辖乡(镇)并为6个地名区(一都区、锦斗区、蓬壶区、城关区、岵山区、湖洋区),各区仍设区公所;原辖158个乡(镇)并为76个乡(其中3个镇)。

(三)永春县各界人民代表会议的召开和各人民团体的建立

随着基层区党委、区乡人民民主政权的建立,永春县的人民民主制度建设也在快步推进。

新中国成立初期,还没有具备召开人民代表大会的条件,以县、乡各界人民代表会议代行县、乡人民代表大会职权。其代表由各界人民选举产生,其中有一部分是由人民政府特别邀请的。第一届代表邀请的比例较大,以后直接选举的代表比例逐届增多。

1950年1月4—8日,召开永春县第一届第一次各界人民代表会议。有工人、农民、党派、机关、部队、青年、妇女、学生、文教界、工商界、开明绅士及其他民主人士的代表计130人,其中工农代表占60.77%。会议听取县长张连的政府工作报告,做出剿匪反霸、减租减息和实行合理负担等决议。到1952年7月18日,第一届各界人民代表会议共召开10次会议,代表的名额由130名增加到240名。代表们根据人民的要求和建议,在每次会议上都提出数百件的建设性提案,包括农业、林业、水利建设、互助合作、民政、财政、公安、文教卫生、工商、自由借贷等各方面的内容,经提案审查委员会审查、整理,大会讨论通过,交由县人民政府办理。

1952年12月6—11日,召开永春县第二届第一次各界人民代表会议,出席会议的各界人民代表240人。中心议题是开展生产运动。会议代行县人民代表大会职权,选举康金树为永春县人民政府县长,刘书文为副县长。这是永春人民一次具有重大历史意义的会议。县第二届各界人民代表会议先后召开4次。

在建立人民政权的同时,各人民群众团体组织也相应成立。1949年11月县委扩大干部会上,成立永春县群众团体委员会(简称"群团委"),正式配备县、区人民群众团体干部,任命代理主席和委员，县群团委代理主席洪涛（辜俊英）。随后在县各界人民代表会议召开前后，农、工、青、妇等人民群众团体相继建立，县群团委自然消失。这些人民群众团体的建立，动员和团结了全县各界各阶层的人民，为党和政府联系群众、发动群众，完成党和政府在各个时期的各项工作任务起到了十分重大的作用。

1949 年 9 月 12 日，为加强与海外华侨的联系，招待和介绍回国侨胞参加革命工作，县人民民主政府委派徐志荣、张庆光负责筹备组建永春民主华侨联合会。同年 10 月 23 日，正式成立永春县归侨民主联合会，主席徐志荣。这是新中国成立后全国第一家县级侨联组织，也是永春县最早建立的群团组织。1950 年 7 月，根据省人民政府指令，改为永春县归国华侨联谊会。1953 年 2 月，召开第一次会员代表大会。

1950 年 1 月 30 日，成立永春县总工会筹备委员会，主任陈锦华。此后在印刷、建筑、附城商店等 8 个行业建立基层工会筹委会，下设 67 个筹备小组。工会筹委会成立后，首先是保障工人权益，不准资方随意解雇工人。其次是培养骨干，先后在永春中学和桃城小学开办职工业余学校（1953 年改为职工业余中学），吸收职工中的积极分子 138 人参加学习，接着举办工会干部短期训练班，培养工会小组长以上干部 60 人，并正式成立邮电基层工会。在建筑和码头搬运等行业中，开展反对封建把头和包工头的斗争。根据调查，1950 年 12 月，全县职工有 3584 人。1952 年 1 月，基层工会发展到 39 个（其中 15 个是正式的）。同月，结合“五反”运动，进行民主改革，清洗了混进工会的不纯分子和封建把头，纯洁了工会组织。同年 2 月，正式成立县教育工会委员会。1953 年 5 月 27 日，召开永春县工会首次会员代表大会，正式成立永春县总工会，并选举产生首届执委会，副主席汤亚明。会员 2081 人，占职工总数的 82.64%。1954 年 2 月，永春县总工会改称为永春县工会联合会。

1949 年 10 月，成立永春县农民协会，主席洪涛，主要领导全县农民开展减租减息运动。至 1950 年 10 月底，全县共建立乡农民协会 126 个，会员 25158 人（其中男 20889 人、女 4269 人）。土地改革结束时，全县农会会员增加到67022人。1953年，撤销县农民协会。

1949年11月，中共永春县委会工作机构中配备青委工作队。1950年1月1日，成立新民主主义青年团永春县工作委员会，书记林风，开始在机关和附城开展建团工作。到1952年底，全县建立12个区(镇)团工委会，2个团总支，123个团支部，团员2818人。1953年1月31日，召开新民主主义青年团永春县首届代表大会。1954年3月、1956年7月，分别召开第二次、第三次团员代表大会。各次大会均选举产生新民主主义青年团永春县委员会。

1949年9月，成立永春县妇女运动委员会。1950年8月，成立永春县妇女联合会筹备委员会，主席黄八西。至1950年底，全县有7个区组织成立区妇女会，会员1027人；在四区成立妇联筹备会，有3个妇代会，都是通过秋征运动建立起来的；未建立妇代会的地区，妇女组织形式都是参加农会，另成立妇女小组。全县各级妇女组织共有会员4530人，工会有女会员96人，女青年团员181人。1951年7月1日，召开永春县第一次妇女代表大会，成立永春县民主妇女联合会，选举李廷妮为主席。会后，各区成立民主妇联会办事处，各乡成立妇女代表会。

（四）永春县武装队伍和民兵组织的建立

1949年11月初，成立永春县人民武装委员会。1952年6月，组建中国人民解放军福建省永春县人民武装部，隶属晋江军分区，同时接受中共永春县委的政治领导，既是党委的军事部门，又是政府的兵役机关。内设政工股、军事股。全县12个区均设区人民武装部。1954年9月，县人民武装部改为县兵役局，下设征集、动员、预备役军官、民兵、预备役登记5个科。各区仍设置人民武装部，但随着区、乡的变动而增减，1956年6月并区并乡，设6个区人武部。

中华人民共和国成立到1956年这段时期，县武委会(县人武部、县兵役局)在剿匪反霸、镇压反革命、土地改革、生产建设等运动中发挥了重要作用。

1949年10月，闽粤赣边纵队第八支队第四团第三营整编为永春县常备大队，下辖4个中队，共有500多人；6个区也各有1个中队。1950年3月，改称永春县警备大队，下辖3个中队、6个区中队。1950年9月进行整编，部分编入军分区警备团，县大队剩下2个中队和8个区中队。1951年5月，县警备大队改编为晋江军分区独立第五营，下辖2个连和5个区中队，共338人。1952年6月底，撤销独立营和区中队的编制，部分指战员上升主力部队，同时建立县公安中队，部分干部转入县人民武装部，并成立各区人民武装部，以加强对民兵组织的领导和建设，绝大部分指战员转入生产建设。

新中国成立后，各区先后组织民兵。1952年11月8日，县建立民兵基干团，区设民兵中队。1953年，凡18岁至40岁的男性，都编入民兵组织。1956年全县有民兵9233人。新中国成立初期，民兵每年冬季集中训练3至4天，训练内容为武器使用和保管、实弹射击等。1955年以后，以退伍军人为骨干，县、区、乡分别集中训练，每年6至8天。

（五）永春县公检法机构的建立

1949年9月2日，成立闽粤赣边永春县公安局，9月20日改为永春县人民政府公安局。新中国成立初期，公安机关配合剿匪部队和民兵，开展剿匪反霸、镇压反革命、土地改革等；同时加强社会治安管理，维护社会秩序，保卫永春经济建设；积极开展侦查破案，处理一批严重犯罪分子。1951年全县重新进行户口登记，建立管理制度，统一发放户口簿册。

1955年3月1日，成立永春县人民检察院，负责刑事、经济、法纪的侦查、批捕、起诉以及监所检察和司法监督。设有正、副检察长各1人，检察员4人，秘书1人，书记员及干事若干人。县检察院建立后，依法对危害社会主义、社会治安、经济建设等犯罪分子及时批捕、起诉，打击现行犯罪活动。

新中国成立之初，刑事、民事案件的审判权由县人民政府司法科行使。1952年12月30日，成立永春县人民法院，建立临时性的特别法庭，同时撤销县人民政府司法科。1954年，在蓬壶、湖洋设置两个巡回人民法庭。随后，全县8个区都设立了分庭。

新中国成立初的刑事审判活动主要是为保护人民和巩固人民

政权服务。1950 年间，在镇压反革命运动中，审判了一批反革命案件，镇压了一批土匪、特务、恶霸和反革命分子，保证土地改革和抗美援朝的顺利进行。1953 年，刑事审判主要是打击反革命和刑事犯罪分子以及投机奸商，不法的地主、富农。此后法院刑事审判重点是保障永春的社会主义建设。

三、支援前线工作

1949 年 8 月 17 日，入闽的人民解放军第三野战军第十兵团解放了福建省会福州，又乘胜向闽南进军，于 8 月 31 日解放泉州，9 月 19 日解放漳州，10 月 17 日解放厦门。当时经过泉州的解放军部队有第十兵团的二十八军、二十九军和三十一军，二十五军也驻过一段时间。计从 1949 年 9 月至 1950 年 8 月，常驻泉州地区的部队达 12 万至 16 万人，每天约需米 13 万公斤，柴草近 25 万公斤。因此在泉州解放前后，以借粮借草供应部队，组织船工船只支援解放厦门、金门，以及后来动员民工修建机场等为主要内容的支前工作，成为泉属各县包括永春的首要任务。

1949 年 9 月 5 日，永春县人民民主政府接到第三野战军第十兵团的通知，本县应立即筹借粮谷 15 万公斤，在一星期内运到南安溪尾。当天县政府召开征借军粮紧急会议，一致决议成立永春县支援前线委员会，推选李仁实(代县长)兼任主委，设立劝募、宣传、征借、运输、保管等 5 股，并在各乡成立分会，各村设评议会。9 月 6 日，永春县支前委员会正式成立，自动筹划支前工作。

1949 年 9 月 9 日，第五军分区支前司令部在泉州正式成立，统一领导晋江、南安、莆田、仙游、永春、安溪、南安、金门等县支前工作。9 月 12 日，第五军分区支前司令部和二十九军派出民运科长严干成和两位同志到永春开展支前工作。9 月 13 日，永春支前办事处正式成立，严干成任主任，石益(县政府主任秘书)兼副主任，县支前委员会即行撤销。9 月 14 日，在县政府召开各级干部扩大会议，讨论支前工作计划，学习掌握政策。9 月中旬，第五地委派一批南下干部到永春与本地干部会师，20 日成立中共永春县委和永春县人民政府，同时抽调一批闽西南党组织所属的干部去漳州、厦门等地支援前线。调离的同志在筹粮、组织船工、民工和船只支援南下大军解放厦门的战斗中做出了贡献。

解放初期，永春境内土匪猖獗，烧杀掳掠，派黑单，公然枪杀干部和群众，严重阻碍筹粮支前工作的开展。德化县城直到 1949 年 11 月 24 日才解放，在此之前，永春靠近德化边境地带的群众受到盘踞德化土匪的威胁，思想顾虑大，征借粮草工作受阻。1949 年 10 月中旬，德化林青龙股匪窜到永春常安乡（苏坑）一带拦路行劫。经严干城和石益商量，并征得解放军三十一军前来运粮的侦察排长同意，由石益等率领一个侦察班和二十六连一个加强排共 40 多人，携带迫击炮、掷弹筒和轻重机枪，挺进到德化三班等地，股匪溃逃，永春边境的威胁得到解除，借粮工作的局面迅速打开。1949 年 10 月 25 日，匪闽中纵队刘子宽率郑扬宝、郑光昌、刘木簪等 100 多名匪徒，偷袭湖洋区公所，杀害解放军二十九军筹粮干部唐顺芝（江苏如皋人，1949 年 8 月任解放军二十九军政治部民运部党小组长，9 月奉派到永春湖洋任区指导员）、区干部陈国梓。同月，征粮队 10 多人在东平马洋遭蔡昆股匪 50 多人伏击，被抓走 2 人，抢去步枪、曲九短枪各 1 支。11 月 13 日，永春开往泉州的支前粮船 3 艘，在东关鱼目隘遭匪第二纵队独立团截劫，护船战士和干部 5 人牺牲。为配合支前运动，永春地方武装在加强运粮人员、武器配备的同时，发动人民群众，组织民兵投入剿匪斗争，历时两年多，至 1951 年 11 月肃清永春境内的政治武装匪特和散匪。

运粮任务与借粮任务同样艰巨。当时因公路没有通车，永春的支前粮柴草除一部分送安溪湖头转运外，大部分靠为数有限的民船直接运往泉州，交给南下解放大军。因此运粮工作是日夜兼程，风雨无阻，限时往返，十分艰苦。

妇女们在支前运动中初显身手。解放初期，永春县的妇女由于长期受封建礼教和旧传统习俗的束缚和影响，不敢参加社会活动。根据上级关于要认真贯彻执行“男女一齐发动”的方针，工作队和妇女干部积极地深入群众中宣传贯彻党的方针政策，使一部分接受宣传教育较快的妇女参加了妇代会、农会和工会。在妇女干部和女会员的带动下，许多妇女响应政府的号召，积极参加支前运动，包括挑支前粮、柴草，运送木料、修建公路、搬运战备物资等。一区（现一都、横口、下洋）的妇女，与男人一起扛支前木料翻山越岭走7.5公里山路到支前站。二区（现锦斗、桂洋、玉斗、坑仔口）的妇女，在寒冬腊月中与男人一起扎木排，下溪放运到安溪县剑斗支援部队。城关附近各乡每天都发动1000多名妇女，挑运支前粮到城关和东平交支前站装船运往泉州。

永春的支前运动，废除了国民党统治时期的田赋"征实""征借"及其他苛杂附征，只向富户和部分有存粮的农民征借支前粮食和柴草，负担面不超过农业人口的50%。所借的粮食，除地主、富农外，其他于1949、1950年公粮项下还清。

由于全县各级干部工作深入，群众的觉悟提高，较好地完成了紧迫的借粮支前任务。据统计，1949年至1950年，全县支前粮食130万公斤，木柴20多万公斤，发动民工3820人参加挑运、装卸，组织民工188人到同安县参加修建莲塘飞机场。

四、巩固人民民主政权

（一）减租反霸斗争

中华人民共和国成立前，不法地主和恶霸一贯横行乡里、鱼肉百姓，成为封建宗族把头，不时制造事端，挑起宗派械斗，有的犯下人命血债，杀害长工和奴婢，占人妻女，夺人田地。新中国成立初期，他们破坏减租减息、支前、剿匪和土改等运动。

1949年11月26日，永春县召开干部扩大会议，号召"彻底完成剿匪、反霸、减租、合理负担的伟大任务"。会议强调了肃匪反霸的中心任务，批判了干部中对反霸的一些糊涂思想，特别是右倾思想，强调要为人民群众撑腰做主。此后县里组织积极分子开办2期训练班。同年12月，在第四区霞陵乡（现五里街镇埔头村、高垅村）进行反霸试点工作。1950年1月3日，召开永春县第一届各界人民代表第一次会议，做出剿匪反霸、减租减息和实行合理负担等决议。

经过3个多月的斗争，全县一共反了11个恶霸。在反霸过程中成立了一批村农会，改造了部分村政权，培养了一批积极分子。其中霞陵乡与仰贤乡清理恶霸田产67.5亩，屋3间，谷子77847斤。

同时，结合反霸斗争，永春县农会根据《永春县减租减息办法》，对封建公田中出租的土地和较大量出租土地者实行“二五”减租（按原租额减租25%），农民向地主、富农借的债务，年利率一律减至3分。据不完全统计，1950年，全县减租113万多斤，受益农民4028户。

（二）剿匪斗争

晚清至民国年间，永春人民遭受军阀、官匪的劫掠，家无宁日，民不聊生。永春虽于1949年8月23日全境解放，但境内的国民党残余势力在台湾国民党特务机关的操纵下，大肆组织反革命武装，公开打出反攻复辟旗号，企图颠覆刚诞生的人民民主政权。其匪特人数之多、武器之精良是近百年来前所未有的，永春成为福建省匪患最为突出、最为严重的地区之一。永春境内的匪患主要分东、西两大股，东部以刘子宽为首，活动于湖洋一带；西部以康明深为首，活动于玉坑（玉斗、坑仔口）一带。

刘子宽是永春湖洋人，1928年任湖洋民团团长时参加镇压共产党领导的东区农民运动。此后先后任国民党福建省保安处少校总务股长、省保安第四旅少校副官股主任、省保安处仙游纵队司令部副官股股长、省保安处泉州纵队司令部少校副官股长兼东石华侨办事处主任等。1949年8月，国民党军统头子毛森在厦门召开所谓“六十一君子”会议（即应变会），永春有王盛传、刘子宽、林道德等人参加。会后由王盛传组建“东南人民反共救国军闽南军区”，王盛传任司令，刘子宽任副司令，纠集国民党遗留的残兵散匪、社会流氓地痞等参加。9月中旬，刘子宽、林道德潜返永春。刘子宽回湖洋到德化组织200多人枪的“白云纵队”，以后继续在永春的湖洋、介福、东平、城关、德化的葛坑、霞碧、南安的九都等地发展匪特武装；林道德在桂洋、锦斗、呈祥、德化的阳山等地活动。二匪首组织的反革命武装统归“东南人民反共救国军闽南军区”管辖。1950年1月，刘子宽在德化下山屯成立“东南人民反共救国军闽南军区兴泉永军分区”，指挥刘子宽、政委林道德，管辖永春、德化、南安、仙游、安溪、大田、漳平、永安、尤溪、晋江等10个县的残余势力，计发展组织4个纵队和1个特务团的反共武装，并先后3次派其部下潘春枝等到金门国民党占领区领取武器，进行反革命活动。

康明深是永春坑仔口人，曾任玉斗壮丁队长，在土地革命战争时期参与“围剿”共产党领导的红二支队，后任玉斗联保联队附、民军连长，成为玉斗、坑仔口一带的土霸王。抗日战争期间到国民党军统贵州息烽训练班受训，取得少校军衔。1944年秋，任军统第六特训班（在华安县，简称“华安班”）第一教导营第一连少校副连长。1945年任该营行动组组长，从事特务活动。1949年初，在全国革命胜利形势震慑和共产党政策感召下，康明深与盘踞下洋涂山的苏玉英接受共产党的改编，康明深先后担任永春人民游击队队长、永春人民游击大队大队长、永德大人民游击总队总队长、中国人民解放军闽粤赣边纵队八支四团副团长兼三营营长；苏玉英手下的2个中队先后参加解放永春达埔、大田县城、德化县城的战斗。1949年11月，康明深被调任晋江军分区参谋，心怀不满，借故请假前往厦门，接受国民党特务康仲华（永春玉坑人）的策反，潜回永春。与此同时，国民党特务、匪“东南人民反共救国军闽南军区”副司令涂达德（大田人）回大田县济阳乡，策反了苏玉英。1950年1月，涂达德在大田县济阳乡主持召开反革命会议，参加的有康明深、苏玉英、康仲华、苏辅德等20多人。会上成立匪“东南人民反共救国军闽南军区先锋纵队”，司令苏辅德，副司令康明深、曾文光，政委康仲华，顾问苏玉英。1950年4月，康明深偷渡金门，于5月上旬从金门带回匪特56人和大量枪支弹药，又在永春横口苦竹头成立匪“永安纵队”，自任纵队司令，流窜于永春、德化、大田、漳平、安溪五县交界处进行反革命活动。

在永春境内的匪特武装活动嚣张，手段毒辣，烧杀掠夺，破坏交通，先后攻打湖洋、岵山、一都区公所及桂洋、玉坑办事处，抢劫武器、弹药、物资等，杀害解放军、地方干部、民兵、群众数十人。1949

年10月25日，刘子宽率匪徒袭击湖洋区公所，杀害干部唐顺芝、陈国梓。11月13日晨，匪“第二纵队独立团”在永春和南安交界处的鱼目隘伏劫3船支前粮1.5万多斤及押运军粮的一个班的武器、弹药等，支前部队当场牺牲5人，被抓6人。土匪还扬言“三天内要攻打永春县城”，但阴谋未得逞。同日，匪“东南人民反共救国军闽南军区”政工处处长林道德伙同德化匪首林荣春，率匪徒突袭二区公所桂洋办事处，枪伤区干部3人。1950年1月26日，匪“东南人民反共救国军闽南军区先锋纵队”顾问苏玉英在下洋涂山用活埋的手段杀害区干部涂良愈。同年2月26日，匪“东南人民反共救国军闽南军区先锋纵队”副司令康明深率匪徒300多人，在永春玉坑乡（现玉斗镇、坑仔口镇）进行反革命武装暴动，占领玉坑乡办事处，劫走枪支167杆，抓走郑联春、周景阳、白鹭洲（郭先演）、林尚渭、王兴士、郑学万、赵习、康明取、康国新、康明春（康兴贤）、陈玉明（黄春生）、陈土等12名区乡干部，分两批于2月27日和3月1日深夜活埋于坑仔口镇洋头村山上。康明深反革命暴动后，各地股匪骚动，机关处于备战状态。同年5月，县警备大队第四中队庶务长陈光华携带驳壳枪1支、手榴弹3枚上山为匪，被刘子宽委任为匪“闽中纵队突击大队长”。陈光华先后强派群众郑山、郑清培等143户大米4.9万多斤，白银6723元；抢劫陈明车等104户的耕牛、自行车、缝纫机、白银、黄金、衣服、棉被、毛毡等，价值2万元以上；杀害南石农会主席陈赵山和群众陈才、戴文德、郑地、陈添才等5人。同年6月12日，匪首苏玉英率领匪徒窜扰一区，杀害税务干部徐维新，并围攻区公所，抢走民兵的枪支、棉被以及税款，抓捆区干部多人。驻在涂山爱门街的剿匪部队获讯后及时赶到，匪徒仓皇逃跑，被捆绑的区干部得救。同年7月2日，匪“东南人民反共救国军闽南军区兴泉永军分区”政委兼特务团团长林道德再次袭击二区桂洋办事处，枪伤区干部和群众6人。同年10月12日，康明深率匪徒在坑仔口杀害回家探亲的县公安局秘书康鹤年及其爱人涂亮、通讯员杨查。

面对严重的匪情，党和政府领导人民积极开展剿匪斗争。1949年11月26日，永春县召开干部扩大会议，号召“彻底完成剿匪、反霸、减租、合理负担的伟大任务”。同月，县委贯彻专署指示，部署剿匪工作，成立永春县人民武装委员会。各区委派专职武装委员，组建区警卫班。

1950年初开始，中国人民解放军二六〇团、五九〇团，永春县常备大队（警备大队）、区中队、民兵组成剿匪武装部队，在全县范围内开展剿匪斗争。剿匪斗争根据“全面围剿、重点进剿并举”的方针和“军事追剿和政治瓦解相结合”的政策，在广大人民群众支持配合下，经过两年多的时间，进行了上百次大小战斗。

1950年3月20日，永春县公安局秘书康鹤年带队在坑仔口智擒匪“先锋纵队”政委康仲华。同年5月间，匪“白云纵队”代司令戴天眷及“闽中纵队”突击大队长陈光华，奉刘子宽之命令，前往湖洋，策划于端午节前攻打永春县城。戴天眷回南安时，在永春东平区马洋村歇脚，被永春县警备大队一中队捕获，匪“白云纵队”随即瓦解，其攻打永春县城的阴谋破产。同年8月底，桂洋乡民兵配合剿匪部队，在桂洋重岐村狮头岩捕获匪“东南人民反共救国军闽南军区兴泉永军分区”政委兼特务团团长林道德，后押解到泉州审判枪决。同年10月19日，剿匪部队在湖洋庵坑岭捕获匪“东南人民反共救国军闽南军区”副司令、“兴泉永军分区”司令刘子宽，12月15日在湖洋将其公审枪决。同年11月，县委为加强剿匪工作，强调各区剿匪委员会应由区指导员、区长、区中队长、武委会主任、公安干部、农会主席等组成，下设武装、情报、政宣、后勤4个股。这一年，在惩办与宽大相结合的政策感召下，匪徒纷纷向政府投案自首，包括资匪、通匪者计5000多人。

1951年1月10日，匪首康明深在漳平县新桥镇召开八县匪首联席会，成立“福建反共统一行动委员会”，所属股匪1400多人枪，并建立所谓“新桥县”，恢复国民党保甲制度，公然与人民政府对抗。人民解放军福建军区决定以解放军第二十九军第二五三团第三营和第二六〇团第五连，以及大田县大队、安溪县大队、永春县大队各一部，集中进剿新桥地区股匪。1月18日，各部队分别由驻地出发，对以新桥为中心的土匪巢穴实施包围。永春县警备大队两个连奉命参加新桥战斗，到达大田县武陵垵时，急接当地干部报告，称“康明深、苏玉英、曾文光等股匪已从新桥撤出，现集中在漳平浮德曾文光老家”，部队即向漳平浮德逼进，在兄弟部队配合下，经过激烈战斗，击毙匪营长曾文光，歼灭匪徒数十名。新桥战斗于1月19日黎明打响，股匪溃逃。各路剿匪部队密切协作，对溃散之匪展开清剿搜捕。至1月20日晚战斗结束，共毙伤俘匪450人。

新桥之役是闽中、闽南剿匪斗争的决定性胜利，此后康明深、苏玉英等匪首潜回永春西部，化整为零，分散活动。1951年3月30日，桂洋重岐民兵在双尖山石洞击毙流窜至此的匪“闽南军区第二支队”司令林荣春，活捉其子林仁太，缴获手枪1支、子弹100多发。同年3月31日，永春县与大田县的警备大队在大田县上峰与济阳交界处(即林垵尾)，击毙匪“先锋纵队”顾问、“福建反共统一行动委员会”军法部主任苏玉英和“先锋纵队”政委涂瑞芳，缴获驳壳枪4支、短枪2支等。同年4月19日，剿匪部队在永春县一都尾岭头山上击毙匪“永安纵队”司令、“福建反共统一行动委员会”主任康明深，缴获左轮手枪1支。同年4月21日，独立五营侦察班在永春坑仔口蛇头击毙匪“永安纵队”代司令康明水。同年5月30日，在独立五营和一区民兵围剿下，匪“永安纵队”参谋长章先鹏缴械(汤姆枪、驳壳枪、左轮枪、步枪各1支，子弹116发)投降，后被公审枪决。同年6月4日，匪“闽中纵队”代司令刘汉苟在永春湖洋玉柱被群众抓获；副司令张雪明走投无路，在德化霞山自尽。同年8月，剿匪部队在一都龙山搜山时，击伤捕获匪“永安纵队”政治处主任郑治温，后公审枪决。同年11月4日，一区区中队和仙阳乡民兵搜山，在一都和介寨击毙匪“永安纵队”第二大队长郭国煌，活捕其子郭连生，缴获驳壳枪、曲七手枪各1支，以及子弹、物资等。

在剿匪过程中，广大民兵、群众密切配合剿匪部队，站岗放哨，报告匪情。1951年2月，达埔达山乡农民林奈、林模，上山割山苇，碰见匪“兴泉永军分区”特派员姚义涉，当机立断，一起冲过去，活抓姚义涉，缴得驳壳枪1支。匪首许晋琴，因群众到处搜山，逃窜无路，只得主动下山自首。同年6月，被围困的匪“闽中纵队”代司令刘汉荀，因饥饿下山讨饭，湖洋玉柱村村民陈协乘其不备，将热粥泼到他脸上，夺下冲锋枪1支，将其押给政府。据统计，全县人民先后慰劳剿匪部队计800多万元(旧人民币)，毛巾1190条，牙刷356支，慰问袋902个，锦旗21面，慰问信数百封，其他生活用品70多件。

至1951年底，永春境内的匪特武装被肃清。先后消灭匪特组织49股1199人，地方散匪18股146人，缴获电台1部、重机枪1挺、轻机枪18挺、冲锋枪23支、长短枪1000多杆、子弹1万多发。全县胜利完成剿匪任务，除匪首陈光华逃亡外，其余无一漏网。陈光华在大围剿中改名换姓，潜逃漳平、龙岩等地活动，也于1956年5月5日被永春县公安局逮捕归案，1958年公审枪决。

(三)镇压反革命运动

永春全境解放后，外来的国民党残余势力借取永春的地理环境，与本境的残存分子勾结在一起，进行反共复辟活动。根据社会调查，不到20万人口的永春，有国民党区分部书记以上人员281人，三青团骨干分子92人，军统特务258人，中统特务377人，地主分子610人，恶霸地主407人，武装土匪1199人，通匪、窝匪、藏匪者1066人，国民党尉军官以上者178人，国民党公务人员373人，会道门骨干分子634人，一般国民党员、三青团员3490人。不少人是多位一体的，如刘子宽既是军统特务、党团骨干分子和少将军官，又是恶霸地主和匪首。他们不甘心失败，散布谣言，从事破坏和捣乱，杀害干部群众，制造紧张局势。对于这些人的破坏活动，不采用人民民主专政的手段进行镇压，革命的胜利果实将不能保住，人民当家做主的政权难以巩固。

1950年3月18日，中共中央发出《关于严厉镇压反革命分子活动的指示》。同年7月23日，政务院和最高人民法院又发布了《关于镇压反革命活动的指示》，要求各地迅速开展一场镇压反革命的运动。1951年2月21日，中央人民政府颁布了《中华人民共和国惩治反革命条例》。

1950年10月，中共永春县委根据省委的指示，贯彻中共中央关于开展镇压反革命的指示。10月17日，在县人民体育场召开万人公审大会，宣判匪首康仲华（匪“东南人民反共救国军先锋纵队”政委）和贪污盗窃犯余植壁死刑，立即执行。这是中华人民共和国成立后永春为巩固新生的人民政权，开展大规模镇压反革命运动的序幕。同年12月和1951年2月两次接地委指示，县委召开扩大会研究，逮捕了两批反革命分子，参加逮捕的乡干部、群众1300多人。

至1951年6月，县委组织了80多次人民法庭及控诉大会，参加的有10万人以上；通过乡代表会100多次，参加代表1万多人；受害户登台诉苦的400多人。通过捕一批，杀一批，关一批，管一批，引起反革命阵营内部极大恐慌和混乱，在民主专政铁拳下，不少反革命分子投案自首，悔过自新，交出证件和武器，向人民低头认罪。至1951年11月，永春境内的所有土匪除叛匪陈光华一人漏网外（1956年捕获归案），其余全部被歼。

1951年8月至1952年底，全县开展检查镇反、继续镇反和清理积案工作，以及开展劳动改造罪犯和管制坏分子工作。

镇压反革命运动肃清了公开和暗藏的大量反革命分子，彻底消灭了土匪，全部取缔反动会道门。镇压反革命运动的胜利，巩固了新生的人民民主政权，安定了社会秩序，保障了人民生命财产的安全。

（四）土地改革运动

1950年6月30日，中央人民政府颁布《中华人民共和国土地改革法》。同年12月，在剿匪斗争取得决定性胜利的基础上，永春开始在仰贤乡搞土改工作试点，摸索经验。1951年1月4日，成立永春县土改委员会，县委书记刘岗为主任，县长时进路、县农会主席洪涛为副主任。当天召开全县扩干会，全面部署土改工作，会上做了《放手发动群众，提早完成土地改革》的动员报告。会后，省、地、县抽调大批干部，组成土改工作队，深入基层，组织和领导各区、乡土改工作。经过一年半时间，分4批全面展开，完成全县131个乡镇的土改。

土地改革是一场激烈的阶级斗争，永春土改是在剿匪反霸等一系列重大政治运动中进行的。为了土改工作顺利进行，采取武装保护土改，剿匪部队、军分区警备团、区干队、县武委会抽调人员、各区武装委员参加土改。土改工作队深入各乡，发动农民对地主进行说理斗争，并在各区设人民法庭，及时制裁有破坏活动的地主，然后按《中华人民共和国土地改革法》的规定划定成分，没收、征收和分配土地。

1952 年 7 月，全县土地改革结束。据统计，全县在土地改革中没收 1081 户地主财产，其中土地 15261.25 亩、房屋 5034 间、耕牛 580 头、农具 18750 件、余粮 117 万斤；征收全部封建公田和富农出租的土地，消灭封建土地制度。全县无地少地的农民分得土地 12 万多亩，加上自有耕地，农民占有的土地近 26 万亩，约占总耕地的 95%，实现了耕者有其田。

通过土地改革，摧毁了几千年来的封建土地所有制和剥削阶级赖以生存的经济基础，劳动人民第一次真正成为土地的主人。特别是处在封建压迫最底层的劳动妇女，从苦海中被拯救出来，第一次获得了表达自己愿望和要求的权利，5700 多名妇女要求单独划成分，独自领取土地证书，100 多名奴婢、1300 多名童养媳获得新生，回到亲生父母身边。通过土地改革，纯洁并巩固了基层政权，激发了广大农民群众的政治热情和生产的积极性。1952 年全县粮食总产量首次上亿斤，比 1951 年增产 22%，比 1949 年增产 47%。

（五）抗美援朝运动

1950 年 11 月，永春人民响应全国抗美援朝总会的号召，成立永春县抗美援朝分会，各区也相应成立抗美援朝领导机构。

1951 年 4 月 20 日，永春县召开第一次抗美援朝各界代表会议，对抗美援朝工作做了专题讨论和布置，特别强调大力宣传与实际行动相结合，使抗美援朝成为一切工作的原动力。“五一”节前后运动达到高潮。5 月 1 日，永春各界在县人民体育场召开万人大会，庆祝五一国际劳动节，来县视察的中央华侨事务委员会副主任庄希泉和福建省华侨事务委员会主任王宣化参加了大会，会后举行声势浩大的抗美援朝示威游行。全县以区或几个乡为单位，也同时举行示威游行。参加游行示威人数达到 8 万多人。各区乡还通过控诉会、座谈会、讲座等形式，举行拥护缔结和平公约签名及反对美帝武装日本投票，有 133603 人参加和平签名运动，125700 人参加投票反对美帝国主义重新武装日本。此后，永春县还多次组织规模盛大的群众性示威游行，参加示威游行的包括机关干部、人民解放军驻永部队，以及各行各业群众，包括广大工人、农民、市民和学生。永春到处高唱《中国人民志愿军军歌》《美国鬼子从朝鲜滚出去》等抗美援朝歌曲，各行各业开展丰富多彩的抗美援朝街头宣传活动，如街头文艺表演、活报剧、墙报漫画、时装戏等。中小学组织文艺宣传队，乡里组织回乡学生成立回乡宣传队，深入田间、角落、街头，开展宣传活动。

1951 年 6 月 1 日，中国人民抗美援朝总会发出《关于推行爱国公约，捐献飞机大炮和优待烈属军属的号召》，得到永春人民的热烈响应。全县机关团体、文教卫生、工矿企业等单位和广大农村的农民群众踊跃参加爱国公约签名，并捐款献金购买飞机大炮支援前线。同年 10 月 25 日，全县各地农民以集体献粮献金献银献现金来纪念志愿军出国入朝作战一周年。其中二区（现锦斗、玉斗、桂洋、坑仔口）在区乡党政发动下，深入到各家各户，有计划、有组织地完成 1.7 亿多元（旧人民币，下同）献金，超出原定计划 5000 多万元。

有数百名永春青年投身到抗美援朝保家卫国战争中去。苏其灶、李涉柿、梁文章、林清津、周良枝、陈金训、吴泽诗、郑文汉、林日场、李文琼、黄金水、郑锦扎、李桂林、邓志龙、徐国理、林荣华、郑顺、李光武、李天佑、陈章捷等 20 人壮烈牺牲于朝鲜战场上。其中，陈金训在朝鲜战场上荣立二等功一次、三等战功一次，陈章捷荣立战功三次、小功三次，郑顺荣立四等功一次。

在抗美援朝运动中还相应开展了基督教革新运动。1950 年 11 月 27 日，成立“永春县基督教三自革新运动委员会”（后改为“永春县基督教三自爱国运动委员会”），提倡独立自主自办教会，实行自传、自治、自养方针，宣布和实行宗教信仰自由的政策，领导各教会订立爱国爱教公约，敦促教徒自觉遵守国家法令。这一年，主持泉州和永春基督教会的黎德渊(英国人)、蔡为恩(美国人)被人民政府驱逐出境,永春教会组织完全脱离外国传教士的直接控制。

在三年抗美援朝运动中,永春县人民在极端困难情况下,勒紧裤腰带,在物质上、道义上全力以赴投入运动中去,普遍地受到一次深刻的爱国主义和支持、热爱和平,反对侵略战争的教育。全县人民捐献购买飞机大炮金额达 12 亿多元,慰问金 6135 万元,慰问品 1320 件,慰问书刊 30126 本,慰问信 5000 多件。

五、国民经济的恢复和初步发展

新中国成立初期,面对一穷二白、民生凋敝的县情,永春县委、县政府领导全县人民围绕恢复和发展生产这一中心工作,开展了包括经济、政治、思想文化等方面的新民主主义建设。通过土地改革,解放了农村生产力,广大农民收入增加,大大地提高了社会购买力;通过建立国营经济和调整工商业,农村市场经济得到恢复和初步繁荣。这些使永春财政状况得到了根本的好转,国民经济也得到了全面恢复和初步发展。

(一)农林业的恢复和初步发展

县人民政府在财力十分有限的情况下,贯彻“深入农村,帮助农民,解决困难,发展生产”的方针,发放农业生产的贷款,提倡自由借贷和国家贷款相结合,既贷实物又贷现款。1951 年,发放 6.4 万元。1952 年以后,根据“深入农村,组织游资,支持合作化”的精神,在合作化高潮中,银行发放贫农合作基金 17.3 万元。

在农业技术方面,大力提倡单改双、推广间作早稻和矮秆良种、穗选种子等技术。1949 年全县单季稻 13 万亩,占水稻田 21.5 万亩的 60.47%,1950 年以后单季稻逐步改为双季稻。1950 年 7 月,县设临时种子站和选种委员会,发动选种和调剂种子。土地改革期间,发动农民在原有水稻品种的基础上进行穗选复壮,1952 年全县有 60%农户穗选部分种子。

在兴修水利方面,1951 年 10 月建成一都南阳村官埔圳,有效灌溉面积 600 亩;1952 年 9 月在五里街埔头原永阳陂旧址上游约 1 公里处重建五里圳，翌年3月竣工，主灌区埔头、西安、华岩、仰贤、儒林、桃东等村，干渠长5公里，有效灌溉面积810亩。

领导和组织群众与各种自然灾难做斗争。1950年春荒严重（断粮户占全县总户数20%），4月15日县成立生产救灾委员会，各区成立分会，号召全县人民生产自救，互相支援，干部每人每天节约米1两，同时拨出大批粮款进行救济。据统计，全县开垦生熟荒地4000多亩。1951年4月，早稻插完发现虫害，县成立治虫指挥所，动员群众除虫。1951年冬，在全县范围内开展挖毁稻根运动，第二年水稻枯心、白穗、螟害减少，此后每年冬天挖毁稻根常在七八万亩以上。1952年5月12—22日，连续两次大暴雨，全县倒塌房屋337座，冲毁水碓32个、桥梁46座、大小水利工程1125处，受灾田地4607亩，五区铺下受灾最严重。县组织机关干部深入灾区慰问，帮助灾民开展抗灾自救活动。是月，上级拨给永春老苏区救济粮代金2800万元（旧人民币）。1952年7月，连续发生暴风雨，全月降水量达799.8毫米。由于干部、群众共同努力，事先采取防涝措施，没有造成重大损失。为解决部分受灾严重的农民生产度荒，县每年都拨出专款进行社会救济。1949年9月至1950年间，拨出大批粮款实行“以工代赈”。1951年至1952年发放春夏救济款54.8亿元（旧人民币），救济粮92万斤，贷粮15万斤。

由于农田水利基本建设的发展和农业技术的改造，加上土地改革和变工互助等激发了农民生产的积极性，农业生产连年上升。党和人民政府又及时引导农民组织起来，实行劳动互助，发展生产。3年中，全县农业生产逐年增加。1949年，全县粮食耕种面积32.95万亩，亩产210斤，总产6837万斤。1950年，全县粮食耕种面积33.51万亩，亩产214斤，总产7173万斤。1951年，全县粮食耕种面积35.55万亩，亩产226斤，总产8045万斤。1952年，全县粮食耕种面积39.17万亩，亩产258斤，总产10118万斤。

在林业方面，1950年，全县开展“普遍护林、重点造林”活动，当年造林1500亩。1951年3月，全县种树624808株，育苗12亩。1952年春，全县种树1188440株，其中以马尾松、杉木、油茶、桉树、果树为多;11 个区封山 661 处,树木 1.5 万多株。1952 年 12 月,县成立护林委员会,各乡成立 72 个分会,243 个护林小组,参加人数 4254 人。同时县设防火指挥所,区设防火指挥站,乡设防火大队,并培养护林骨干 137 人。

(二)工业的恢复和初步发展

中华人民共和国成立后,县委、县政府紧紧依靠工人阶级,带领全县人民克服种种困难,逐步恢复和发展工业生产。

1949 年 8 月底,永春县人民民主政府接管原《永春日报》印刷所和美化印务馆,成立永春光明印刷所,1951 年改为永春人民印刷所,1952 年又改为永春人民印刷厂,1953 年改为地方国营永春印刷厂,为永春县首家国营工业。

永春的食品饮料制造加工业,有食糖、酒、粮食加工等,历史悠久。1949 年后,永春生产食糖开始用柴油机动力带动机械压榨,日榨量增至 15 吨,但煮糖工艺沿用旧法。1952 年,全县产糖 40 吨。1954 年,永春 7 家酒店联合组成永春酒厂,厂址设在五里街阔庭巷。1955 年,归侨尤扬祖、邱清秀等投资该厂,更名侨新酒厂。1956 年,该厂迁至县城北门,扩建新厂,同年 2 月经公私合营后改名为永春酒厂。1951 年,县开办永春县人民加工厂,1952 年更名为国营永春粮食加工厂。1956 年对私改造后,实行全行业合并,设县粮食加工总厂,统一领导全县国营、公私合营的加工厂,并调整布局。

1955 年,全县有 28 户 35 人经营印染业,年总产值 7.6 万元。1956 年,裕昇织布厂公私合营后改为永春染织厂,统一经营全县印染业,厂址由达埔迁至五里街吴厝桥头。全厂有员工 38 人,主要生产五一呢、时美格布等,年产量 7.7 万米,产值 5.5 万元。1954—1958 年,城关、五里街、湖洋的裁缝个体户,先后成立缝纫生产合作社(组),接受县百货公司来料加工,批量生产大、中、小号规格的男女劳保工作服。

1949 年,城关、五里街有数家鞋店经营皮鞋业务。1955—1956 年,个体皮鞋匠成立生产合作社(组),后更名为皮革厂。

（三）商业的初步发展

新中国成立后，国营商业和供销合作商业兴起。1950 年 2 月，在五里街设立福建省贸易总公司泉州分公司永春营业处（同年 5 月改称福建省贸易总公司泉州分公司永春支公司），是永春第一家国营商业，经营粮油、棉布、食盐、糖烟酒、化肥、煤油、火柴、肥皂等主要商品，并逐步扩大到日用百货和副食品。1952 年 6 月，贸易公司撤销，在五里街设立中国百货公司福建省永春县公司，经营百货、纺织品、针织品、文化用品和五金类商品。

1951 年 3 月，达埔狮峰首创供销合作社。继后，玉斗、锦斗改公营店为供销合作社，县总工会也创办职工消费合作社。到 1952 年春，全县有 50717 人参加供销合作社，资金 7.83 亿元。同年 6 月成立永春县供销合作总社，并在黄坂、锦斗、蓬壶、达埔、桥头铺、五里街、城关、大路头、岵山、东平、湖洋等地设基层供销合作社，原各地合作社并入。主营商品为化肥、农药、中小农具、毛竹、柴炭、黄麻、日用陶瓷、柑、茶、笋干、香菇、食盐等，兼营糖、烟、酒、纺织品、针织品、日用品、缝纫机、自行车、手表、家用电器、煤炭等。供销社实行民主管理，独立核算，自负盈亏。

1952 年 8 月 23—26 日，在县、区人民政府领导下，县工商联筹委会、五里街工商联联系全县供销社，动员全县工商界积极组织物资，在五里街隆重举行全县首次城乡物资交流大会，参加的有 82977 人次，营业额 591584 万元（旧人民币，下同），其中工业产品 253545 万元，农业产品 338039 万元。随后，9 月 23、27、30 日，又分别在蓬壶、湖洋、一都开物资交流大会，参加的有 106179 人次，贸易额工业产品 244791373 元，农业产品 719665240 元。12 月 15—17 日，举行永春县秋季物资交流大会，交易总额 294504 万元，其中工业产品 126054 万元、手工业产品 12284 万元、农土特产品 156166 万元。1952 年，全县社会商品零售总额为 1007 亿元，其中国营商业、供销社销售商品总额 586 亿元，占全县零售总额 58.2%。

（四）交通运输业的初步发展

1951 年，发动群众用 7.65 万工日，修复晋永公路（晋江田头到永安)的长潭桥至英山格路段,全长55公里,1952年底通车。路基5～6米,沙土路面。1953年,国家拨款145亿元(旧人民币)进行扩建整修,路基拓宽为7.5～8.5米。

1953年,国家拨款68亿元(旧人民币),投250多万个工日,修建郊同线公路(原永仙公路)永春段(城关至惠格岭),全长32.2公里,1954年通车。

1952年,成立福建省运输公司永春汽车运输站,站址设在城关八角亭边,有职工5人,仅发永春至泉州客车1班。1953年拥有客货车30辆。

1950年,成立城关搬运工会,1952年改为国营城关搬运站,县政府拨给公产房屋一座(在交通桥边)作站址,有专业搬运装卸工人124人。

1952年底,晋江地区公路养路段在永春成立永春公路工区,地址设在城关西门边,有干部、职工61人。工区配备区长、主办工程技术员、材料、财务等人员。根据公路线路里程、等级情况,配备若干养路工人,成立6个公路养路班(组),负责南安大桥至德化英山格(晋永线的一段)96公里的公路维修养护工作,属公路维修养护的专业队伍。

(五)文教卫生事业的改造与发展

新中国成立后,由于旧的教育、文化、卫生事业不适应新社会的需要,县委、县政府决定在恢复社会经济的同时有步骤地对教育、文化、卫生事业进行接管改造。

1949年8月永春全境解放后,接管了中心国民学校20所、国民学校91所,共计111校,328班,教职员447人。此外,还有公私立中学5所、私立小学29所、幼儿园1所。全县合计在校中小学生22100多人,平均每万人口中有中小学生1150名,但学龄儿童入学率不到40%。

1949年9月中旬,各所学校均恢复办理。新中国成立后,对原有学校采取“维持和改造”政策,强调面向工农,增办中、小学,逐步发展幼儿园,同时注重社会教育和扫盲教育工作,村村办冬学、民校，出现办学热潮。1951年3月，根据晋江专署的部署，对本县接受外国津贴的文化教育救济机关（除天主教外）进行登记，并组织学习，同时贯彻初等教育“公办民助、民办公助”的新方针。同时重视提高教师队伍的素质，采取短期培训、业余进修、办师范学校和举行各种教学研究活动等形式，提高教师的政治觉悟和文化业务水平。从1949年到1959年，有80名小学教师和15名中学教师被选送华东师大、福建师范、省教育学院等深造；县教育局和中学7名行政干部参加中央、省教育学院学习；160名小学行政干部参加地区教育干校学习。1950年1月，举办全县中、小学教师训练班，学习《新民主主义革命论》。1952年暑假，中共晋江地委集中各中学教师进行思想改造。此后，中、小学每周都有固定的政治、业务学习和教研活动时间，教师学习、教学研究活动制度化。还通过各科教研活动，组织参观，出版《永春教育》，交流经验。1952年4月至1953年8月，举办师资训练班，培训150名小学教师和扫盲教师。

1949年，永春只有崇贤小学附设幼稚园1个班，36人。新中国成立后，幼儿教育逐步发展。幼儿园开设语言、计算、图画、手工、音乐、体操、游戏等课程。1953年，鹏翔小学附设幼儿班大小各一班，入学幼儿120人，县派2名幼师毕业生任教养员，自聘助理员2名。1956年，桃城、华岩、桃溪、和林等地办幼儿班8班，入园幼儿380人。以后公办、民办并举。

1949年，全县有小学140所，教师672人，学生19481人。同年秋，永春县人民政府接管小学140所，其中私立小学29所（至1970年全部收为公办）。新中国成立以后，学制沿用“四·二制”，取消训导制，实行教导合一。废除公民课程，开设政治课，对学生进行“五爱”教育，颁发《小学生守则》。改革旧教材，小学基础知识课比重由原来的47%增加到64.8%。记分方法除沿用百分制外，有的学校采用苏联五级分制记分法。部分学校实行五年一贯制。1954年提出劳动教育，1955年后增设手工劳动课。1952年，全县有学校130所，班级712个，教职工人数826人，在校学生2.55万人。

1949年，全县有中学5所（省立永春中学，私立崇贤中学、毓斌中学、力行中学、达理中学)，教职工 127 人，在校学生 1834 人。其中高中学生 432 人，初中学生 1402 人，平均每万人口中有中学生 105 人。1949 年 8 月永春全境解放后，县接管会派王平、邓泗侯接管省立永春中学。同年 9 月 8 日，闽粤赣边纵队八支四团政治处正式派王平代理永春中学校长。1951 年秋，岵山乡华侨倡办私立新星中学。同年 12 月，永春中学改名为福建省永春第一中学。1952 年，县人民政府接管私立崇贤中学，改名为永春第二中学。1952 年，全县有中学 6 所，教职工 130 人，在校学生 3040 人。其中高中学生 541 人，初中学生 2499 人。1953 年 12 月，县人民政府接办私立毓斌、力行、达理中学，分别改名为永春第三中学、永春第四中学、永春第五中学。1954 年 2 月，县人民政府接办私立新星中学，改名为永春第六中学。为使侨生和归侨、侨属子女有较多的就学机会，1954 年秋，侨胞和港澳同胞创办永春华侨子女补习学校(1955 年改名永春华侨子女中级文化学校，1957 年定名永春县华侨中学)。

新中国成立后，工农群众迫切要求学习文化科学知识，全县到处开办“以民教民”的冬学、民校。1951 年 1 月，县成立社会教育委员会。至年底，全县有冬学 223 所，学员 28294 人；常年民校 168 所，学员 16145 人。冬学、民校教师共 3523 人。1952 年 10 月，县社会教育委员会改为县识字运动委员会，由县长任主任委员，下设扫盲办公室，配备专职干部管理日常工作。各区、乡配有专职干部和专任民师，负责领导冬学、民校工作，小学教师负责民师业务指导。同年 11 月，县举办速成识字训练班，培训 300 多名专职速成识字教师，开办速成识字班。经过一年多的学习，一批文盲脱盲，成为农业战线的骨干。1955 年冬，为培养农业生产合作社财会人员和适应科学种田的需要，以扫盲为主的农民业余教育开办了高小班、初中班，有学员 4.2 万人。

1951 年 4 月，成立永春县人民文化馆，馆址设在文昌庙(即原图书馆旧址)，配备干部 4 人。文化馆开展书报阅览、时事宣传等活动。1952 年春，成立蓬壶文化站，开展时事政策宣传，组织文娱和体育活动，辅导农村俱乐部、业余剧团和文艺创作。1952 年，建立全县第一个农村俱乐部——美中俱乐部。该俱乐部设立剧团和歌咏、图书、体育、文娱、武术等组，利用旷地建篮球场和露天剧场。至1957年底，全县农村有文化室(俱乐部)64个(其中俱乐部中心13个)。1955年底，全县有图书流通站41个，基层图书室148个。永春其他企事业单位大多数有图书阅览设施，规模较大的设图书馆，一般的设图书室，小的设图书角。

新中国成立前，永春图书销售由私人书店、书摊经营。1950年3月，在城关筹建国营新华书店，负责全县图书、课本发行。1953年建综合楼(包括门市、仓库、办公)1座。该店在做好城镇图书发行的同时，经常到农村、学校、厂矿巡回供应图书，并配合、协助供销社在农村基层社建立售书点。新华书店的综合门市部、图书经销点，加上中小学的图书代发点以及集体、个体的书店、书摊，初步形成一个遍布全县城乡的图书发行网。

1950年10月，设立永春收音站，职工2人。1951年，一都、锦斗、湖洋、西安和吾峰等地设收音分站，各配备收音机一部。1952年，旅居上海的几位永春同乡，赠送县文化馆一部25瓦收音广播两用机。县组织收音小组和附城中学、小学、民校、业余剧团播送新闻和文艺节目。当年底，又添置交直流两用30瓦扩音机一部，高音喇叭8只。1953年，成立县人民广播收音站。1954年，添置250瓦国产扩音机一部。1955年改为县人民广播站，有专业人员6人，添置300瓦扩音机一部。从城关至五里街及附城的桃东、环翠、吾峰等地架设广播线路13公里，安装喇叭83只。1956年，在蓬壶设立中心放大站(邮电所代开机)，增设100瓦扩大机一部，利用电话线进行有线广播，范围达30个乡村。同时，架设广播专线25公里，装喇叭350只。1957年，县广播站增添500瓦扩音机一部，人员增至13人，线路达650公里，通达73个乡村，全县喇叭达2300只。在12个区设立广播放大站，装设扩音机14部，功率达1850瓦，人员16人。

1951年12月，县文化馆召开永春县文学艺术工作者座谈会。有机关干部、中小学师生、工人、农民和民间艺人等100多人参加。

会后成立永春县文学艺术工作者联合会(简称永春文联),下设文学、戏剧、音乐、美术4组,但由于人事变迁,组织机构流于形式而逐渐消失。从1952年起开始举办全县性的文艺会演或调演。1955年,县文化馆组织文艺创作组,翌年成立永春县群众业余文艺创作研究社,通过创办文艺刊物和举办学习班等形式,开展业余文艺创作活动与辅导工作。

1955年10月,成立永春县南音研究社,蓬壶、五里街设分社,有的乡设小组。南音社整理并油印不少资料和教材。1951—1962年间,永春南音多次参加专区及省民间音乐观摩会唱。1956年,林庶烟的琵琶独奏获省二等奖,并由省广播电台录音广播。

1949年9月,县人民民主政府接管县卫生院,增设手术室,有职工32人,病床15张,分内、外、妇3科。1951年,基督教永春医院进行改组,成立医务委员会。1952年10月,县人民政府接办基督教永春医院,并改名为永春医院,当时有医务人员27人。随后由县政府拨款、华侨捐资扩建院舍,增添药品、器械和病床。同年12月,县人民政府接管达埔卫生所,改名为五区卫生所。同时,成立二区(锦斗)、十区(湖洋)卫生所,均隶属县卫生院。1956年7月,永春医院与县卫生院合并为永春人民医院,后仍称永春医院,从五里街迁入县城西北角新建的院址。合并后的永春医院人员增至64人,病床100张,设内、外、儿、妇、五官、中医、放射、理疗、检验、护理等科室。医务人员大部分是高、中等医学院毕业生。此后,医务人员、病床数量逐年增加。

1950年7月,成立永春县防疫委员会,以防为主,防治鼠疫、霍乱、天花等传染病。同时区、乡均设立防疫组织。曾一度对几种传染病实行医药费减免。1951年,开展以反对细菌战为中心的爱国卫生运动,成立鼠疫防治队,普查疫情,扩大预防注射。以后每年发动卫生大扫除3～4次,并组织检查评比。1952年,成立永春县防疫站(1956年7月改为永春县卫生防疫站)。经过几年努力,较快地消灭了鼠疫、霍乱、天花3种烈性传染病,其他传染病的发病率也大大下降。1956年,成立县防治血吸虫病、血丝虫病、除“四害”委员会,下设办公室，发动群众除“四害”。同时，在干部职工中实行公费医疗制度。人民群众的健康水平普遍提高，长寿的人增多，人均寿命也逐渐增长。

1950—1952年，全县共培训新法接生员101人，她们中大部分是各乡的妇代会主席和妇女代表。1953年，由县民主妇联会牵头，组织一支妇幼卫生保健常识宣传队，携样品、模具、挂图、幻灯片等到各区乡巡回宣传展览，受教育人数3万多人次。1953年12月，设立永春县妇幼保健站和接生站，编制5名，负责培训接生员、妇幼保健员，开展妇幼卫生保健工作，1954年撤销，其业务分别并入县防疫站和永春医院。

第二节　向社会主义的过渡

一、宣传贯彻总路线和实施“一五”计划

中华人民共和国成立后，党领导全国各族人民迅速恢复了旧中国遭到严重破坏的国民经济，开始了从新民主主义向社会主义转变的伟大征程。1953年下半年，中共中央向全国正式公布了党在过渡时期的总路线，基本内容是：从中华人民共和国成立，到社会主义改造基本完成，这是一个过渡时期。党在这个过渡时期的总路线和总任务，是要在一个相当长的时期内，逐步实现国家的社会主义工业化，并逐步实现国家对农业、对手工业和对资本主义工商业的社会主义改造。过渡时期总路线的基本内容和基本方向是正确的，它指导我国顺利地完成了从新民主主义社会向社会主义社会的过渡，指导了社会主义制度在我国的胜利建立。

1953年11月15日起至12月7日，永春县连续22天召开了县、区、乡扩大干部会议和一系列的系统会议，层层传达贯彻党在过渡时期的总路线和粮食统购统销的意义、政策以及具体做法，确定了“以宣传总路线为动力，以生产为中心，以粮食统购统销为重点”

的工作方针。开展学习和宣传过渡时期总路线,是永春县解放以后在全县人民中进行普及社会主义观念的一次空前规模的学习活动。通过学习宣传,切实解决了由新民主主义过渡到社会主义的思想转变问题,明确了中国走社会主义道路是历史的必然选择,切实把党内外的思想认识基本统一到过渡时期总路线上来,坚定了人民群众沿着社会主义道路,实现国家工业化的信心。在统一思想的基础上,过渡时期总路线成为团结广大党员干部群众为建设社会主义而奋斗的行动指南。

制定国家发展计划,是实现科学快速发展的必然要求,是民富国强的重要条件。从1953年起,中央制定执行国家建设第一个五年计划,是实现过渡时期总路线和总任务的一个重大步骤。"一五"计划主要提出两个方面的任务:一是集中力量进行工业建设,为社会主义工业化和国防现代化打下基础;二是继续发展农业、手工业的合作化,建立对农业、手工业社会主义改造的初步基础,继续对资本主义工商业进行改造,将其分别纳入国家资本主义的轨道。1956年3月,福建省人民政府下达了《福建省关于1953年—1957年国民经济五年计划(草案)》。

1955年5月10日,永春县政府计划委员会制定《永春县第一个五年计划经济建设计划(草案)》,分别对粮食作物、生产互助合作组织、畜产水产、茶果、林业、工商业、文教卫生等方面制定第一个五年计划草案。

"一五"期间,在过渡时期总路线指引下,永春县人民积极投身于社会主义建设之中,经济和社会各项事业取得了显著成绩。1958年1月1日,永春县计划委员会在《永春简报》上发表《完成第一个五年计划公报》,指出:"我县的国民经济在一九五六年大发展的基础上,一九五七年又有了新的发展,这样就保证了第一个五年计划的胜利实现。根据初步统计,我县已经全面超额完成了第一个五年建设计划。"

"一五"期间,永春县大力兴修农田水利,连续经受和战胜了4年的旱灾,保证农业生产计划的实现。计新建水利工程2170处(其中中型水库6个），修建和改建工程9085处，设置抽水机7部，增加灌溉面积29319亩，改善灌溉面积近30万亩（水毁后修建重复计算）。

中华人民共和国成立初期，在党和人民政府的领导下，永春人民对旧社会留下来的4座小水电站进行改造。1951年，永春水电股份公司实行公私合营，改为晋江专署公私合营永春水电公司（1955年5月改为公私合营永春电厂）。1954年，永春县达埔、蓬壶的群众用“土洋结合”的办法，分别建成华丰电站（40千瓦）和万能电站（18千瓦），揭开了新中国成立后永春农村办电的序幕。“土洋结合”就是利用水车的原理，制造木制水轮机和木质水管，兴建一座又一座水力发电站，用以带动水碓、水磨进行粮副产品加工，进而又用以带动发电机发电。1955年6月，永春县人民政府成立水利科，组织人员初步调查了本县的水力资源，编写《永春县农村电气化初步规划》，报送时任全国人大常委会委员长、中央人民政府副主席刘少奇。中央办公厅批复认为，这个规划订得好，转水利部审查。水利部随即派员到永春调查，了解到当时永春已有6座小型水电站。从1956年开始，永春县进一步加强对小水电建设的领导，提出“以小型为主，土洋结合，自力更生”的办电方针，调动了社队办电积极性。到1957年，永春共建水电站、水利站37处，一半以上的乡可以使用水力、电力进行粮食、木材加工，抽水和照明。

农业生产有了较大发展。1957年全县农业总产值1773.5万元，比1952年1179.8万元增长50.3％，年均增长9.4％。1957年永春向国家提供商品粮4813.4万斤，是1952年的4.1倍。耕地面积，“一五”期间开垦荒地3万亩，比1952年净增加6.52％，完成五年计划的106.39％；种植面积489678亩，比1952年增加93569亩，增长23.6％，完成五年计划的106％；复种指数由1952年的154.8％提高到1957年的180％。

粮食产量、牲畜数量、茶叶、果树、林业等方面都在不断增长。1957年全县粮食总产量15925万斤，比1952年增长52.8％。粮食生产完成五年计划的535.6％，平均每年增长8.9％。工业原料作物除油菜籽没有完成计划外，其余均完成或超额完成计划指标，从而保证了市场供需的平衡。1957年全县毛猪总头数达到67999头，比1952年增长31706头，增长87.4%，完成五年计划的101.2%。耕牛总头数达到19866头，比1952年增加1213头，增长6.5%。1957年茶园垦植面积比1952年扩大4倍多，增加3542亩，总产量比1952年提高193.9%，完成计划指标的103%。“一五”期间全县种植各种果树2000多亩，1957年总产量1万担左右，其中柑橘150担。1954年，猛虎华侨垦殖场和国营北硿华侨茶果场，引进漳州柑橘苗木在山地试种，为使栽培成功，归侨尤扬祖特地从漳州、福州聘请技术能手来永春指导。至1957年，所种柑橘大多结果，获得成功。这一年，北硿场又扩种100亩。在猛虎、北硿场试种的同时，天马华侨垦植场和一些公社、大队办的果林场也相继试种。“一五”期间，共造林103332亩，育苗421亩，采种118678斤，完成造林指标的167.36%。采伐各种木材14万立方米(不包括薪炭材)，毛竹160万多支，保证了国家建设和人民群众物质生活提高的需要，同时各种林副产品如茶籽、桐籽、香菇、笋干、土纸等，都超额完成计划指标，年产量接近或超过中华人民共和国成立前的最高年产量水平。

工业、手工业也在极其薄弱的基础上得到长足发展。1952年，全县的工业基础是13个单位，职工人数102人，总产值82万元。“一五”期间，新建了天湖山煤矿、仙溪硫磺矿、农具厂、东平和卿园联合加工厂等5个厂矿；改建和扩建电厂、酒厂、铁厂、印刷厂和联合加工厂等5个工业企业。其中，1956年3月，中共晋江地委工交部抽调干部、工人150人到天湖山创办煤矿，在铅坑建平硐一对，为吸收华侨投资，定名公私合营永春煤矿，同时成立中共永春煤矿支部委员会，矿长郝文年，支部书记宋忠义。这是闽南第一个小煤矿，在极其艰苦的条件下开始了天湖山煤炭事业的创业阶段。由于缺乏地质资料，缺少装备和技术，生产条件落后，生产工具简陋，因而产量低，当年生产原煤0.54万吨。到1957年，全县的工业单位有38个，职工人数有648人，总产值438.5万元，比1952年扩大5.4倍。在手工业方面，1952年只有产值79.2万元，到1957年发展到产值99.9万元，比1952年增长26.1%。

“一五”期间，新建永(春)仙(游)、蓬(壶)天(湖山)2条公路，共长80多公里。永春的道路可以直接通往福州、厦门、泉州、大田、德化、仙游、南安等大小市、县，每天对开的客车班次达到12次，同时开辟了区间车，从根本上改变了山区交通不便的落后面貌。

至1957年，全县共有在校小学生26409人，比1952年增加938人；在校中学生4373人，比1952年增加1333人；幼儿园9所393人，实现了从无到有的突破。“一五”期间共扫除文盲16580人，入学的最高人数达43000多人。

“一五”期间，全县建立2个电影放映队，2个专业剧团，101个业余俱乐部(其中农村俱乐部67个)，2个有线广播站，463个有线广播喇叭，1个文化馆，1个文化站，76个图书馆，极大丰富了人民的文化娱乐生活。

“一五”期间，消灭了鼠疫、天花、霍乱等流行性传染疫病。五年中进行各种预防注射达70多万人次。新建综合医院1个，病床位60张。1957年全县有医疗保健所(站)21个，中、西医诊所20个，中、西医师人员共有287人。训练了大批的农业社保健员和新法接生员，大力开展除“四害”和群众性爱国卫生大扫除等一系列运动，对促进人民身体健康、服务生产起到很大作用。

“一五”期间，人民生活水平有了很大提高。1957年，全县人均粮食产量686斤，比1952年504斤增加182斤。城镇存款余款442.3万元，比1952年135.1万元增加307.2万元，增长227.4%；农村存款余额142.3万元，比1953年的0.2万元增加142.1万元，增长710倍。全县社会商品零售总额1439.4万元，比1952年949万元增长490.4万元，增长51.7%，人民群众购买力显著提高。1957年，全县财政收入260.5万元，比1952年190.5万元增加70万元，增长36.8%。工业企业职工人数648人，年人均工资481元，比1952年313元增加168元，增长53.7%。

永春县第一个五年计划任务的顺利完成，为永春的社会主义建设打下了坚实的基础，为第二个五年计划的制订和实施创造了良好的开端。

二、农业合作化运动

早在1950年，晋江地委就号召组织互助组。此时还没有进行土地改革，但随着剿匪、反霸、减租减息斗争的深入开展，结合季节农忙的需要，永春县第一区黄沙乡吴姓村民组织帮工队，有的区、乡组织优抚代耕队，这是永春县出现互助组的雏形。

土地改革后，农村生产力解放了。1951年春，永春县在玉西、桃源、鳌西、鳌中、仙阳、霞陵、塘溪等28个乡首批开展土地改革，至3月底胜利完成，开始出现自发性以工换工的农业生产互助组。这种互助组，结合季节性临时轮流帮工。此后，随着土地改革的分批深入开展，互助组也进一步发展。当年秋，各区党组织都抓了自己的生产基点乡、村，并专门下派干部到基点乡，从领导生产入手，结合土地改革、爱国增产运动和其他中心任务，宣传广泛组织互助组。至1951年6月初，据当时5个区又3个乡的统计，已有730个互助代耕组，参加人数7789人(缺2个组的数字)。其中，第十区清白乡郑进国互助组成绩最为显著，成为全县互助组的典范。

从1951年12月开始，党中央颁发了一系列的决议，规定了我国的农业社会主义改造的路线、方针和政策。1952年春，永春县委深入宣传互助组的好处，号召全县农村广泛组织互助组，以缓和农忙季节劳力紧张的矛盾，解决部分农民的生产困难。按照“积极发展，稳妥前进”的方针，以自愿互利、等价交换、民主管理为组织的三大原则，以典型为示范的方法，精心部署，逐步推广。据统计，至1954年上半年，全县组织起来的占总农户数80%以上的有7个乡，占50%～80%的有87个乡，占30%～50%的有45个乡，占30%以下的只有2个乡。至1954年底，全县的互助组发展到4696个，参加互助组的农户38597户，占总农户的83%。

从1953年1月开始，在互助组的基础上，县委又及时地把合作化运动推向以发展初级农业生产合作社为中心环节的新阶段。

1953年2月，县委试办郑进国初级农业生产合作社。1954年1月1日，县委设立生产合作部，组织专门工作队，加强对农业合作化运动的领导。至同年底，全县初级农业生产合作社253个，5100户，占总农户的11.19%，再加上2946个互助组，全县组织起来的农民已占农户总数的61.1%。全县12个区都已办社，158个乡办社的已有80%。完全合作化的乡1个，合作化的村12个。1955年秋收前后，永春县委贯彻执行毛主席和全会关于农业合作化问题的指示、决议，全县掀起合作运动的高潮，老社纷纷扩大，新社纷纷建立。至同年底，全县已建立1063个初级社，参加户数24925户，占全县农户总数的54.56%；互助组1300个，参加户数10844户，占全县农户总数的23.74%。社、组组织起来的已占全县农户总数的78.3%。

1956年初，全县试办20个高级农业生产合作社（简称高级社）。下半年，按县制定的规划，大量初级社转办高级社。至同年底，全县有高级社152个，初级社217个，入社总农户达42234户，占农户总数的92.02%，其中入高级社的农户35068户，占农户总数的76.45%。

在农业生产互助合作运动中，除了农业生产合作社外，还有农村供销合作社、农村信用合作社，并称“三大合作”。

永春县最早创办农村供销合作社的是1951年3月达埔狮峰乡。继后，玉斗、锦斗改公营店为供销合作社。至1952年春，全县有50717人参加供销社，募集股金7.83亿元（旧人民币）。同年6月，成立永春县供销合作总社。这时，全县各乡普遍设基层供销合作社。随着农村合作化运动的发展，供销社也随之发展。1953年，全县供销社员56798人，1954年增加到82321人，占全县总人口的29%。至1956年，参加人数占全县总人口的44.62%。1954年，资金增加到15.6亿元（旧人民币），增设分销处3个，代销处11个。供销管理制度不断完善，按照城乡分工，经营分工，供销社负责农村市场，和农副产品收购，网点遍布各乡镇。

农民群众的另一个经济组织——农村信用合作社，是农民资金的互助组织。全县最早的农村信用合作社由湖洋清白乡创办于1953年。当时入社社员有815人，股金2000多万元（旧人民币）。以后各乡镇相继建立信用合作社。到1954年底，全县普遍建立。

到1956年初，全县有信用合作社151个，社员44506人，股金7.72万元，存款40.06万元。到1956年底，入社的农户发展到占全县农户总数的90%。

三、手工业的社会主义改造

1953年党在过渡时期总路线中，提出了对手工业进行社会主义改造的任务。第一个五年计划中规定："采用说服、示范和国家援助的方法，逐步地把手工业者引向合作化的道路，使手工业生产合作社成为国营工业的得力助手。""手工业生产的合作化，应该根据手工业者的自愿和可能的接受程度，经过各种低级的形式，逐步地过渡到较高级的形式。"

1953年，由永春县供销合作总社组织城关和五里街的铁、木行业手工业者，成立永春手工业生产合作社和2个手工业生产合作小组。

1954年，成立永春县手工业管理科和永春县手工业联合社（简称手联社），两块牌子、一套人员，手工业管理科是行政领导，手工业联合社是业务管理，具体领导手工业企业的工作。同年，蓬壶、达埔、仙夹、东平等乡的木、竹、缝纫、砖瓦、建筑、漆篮等7个行业，成立21个生产合作社（组），社（组）员共476人。

1955年，根据中央第四次手工业生产合作会议的精神，永春县认真贯彻落实"统筹兼顾、全面安排，积极领导，稳步前进"的改造方针，手工业者的生产资料折价入股，成为集体所有制企业。至同年底，全县共成立34个合作社（组），分别是：生产社5个，社员106人；供销生产社2个，社员127人；生产小组27个，组员391人。其中包括食品行业的糕饼和粮食复制品，还有3家公私合营的工厂：岵山成兴砖瓦厂、达埔裕昇织布厂、五里街铸造厂（铸鼎）。已组织起来的手工业从业人员624人，占全部的42%。

1956年，在合作化高潮中，全县划归手工业部门改造的从业人员有2564人。后来陆续划归给农业部门803人，商业部门258人，粮食部门280人，工业部门26人，合计1367人。至1957年底，手工业部门领导的还有26个合作社939人,6个合作小组60人,1个联社工厂5人,2个公私合营厂55人,个体手工业138人,合计1197人,其中改造的1059人,占总人数87.6%。1958年以后,手工业体制经过反复演变、合并调整,有的升格为地方国营企业,有的下放社办企业。

四、资本主义工商业的社会主义改造

1949年12月10日,在县、区人民政府领导下,在五里街成立五里街工商业联合会筹备处。1950年9月26日,正式成立五里街工商业联合会。紧接着,按行业分别组织10多个同业会,开展工商行业登记工作。随后,城关、达埔、蓬壶、岵山、湖洋等重要集镇也陆续筹备成立工商联。

1951年7月8日,在县委、县政府领导下,筹备组织县工商业联合会,有国营企业、供销合作社、公私合营水电公司和银行等单位参加。筹委会设在五里街,配备1名专职工作人员。筹委会和五里街工商联一套人马两个牌子,主要工作是协助县政府工商科办理全县私营工商业户、摊贩、行商等开、转、歇业登记和发放营业执照;参加市场管理,汇报私营工商业逐月经营情况,反映私商的思想情况和意见、要求;进行全县会员登记,广泛联系工商界会员。当时全县会员有3610户。

1953年3月初,县委统战部和有关部门抽调干部11人,组成工作组,具体领导成立全县工商联整顿委员会,并布置各地区工商界在当地政府领导下进行学习,内容为工商联组织通则,毛主席在"五反"后对民建、工商联工作的批示要点,共同纲领,工商政策等文件。方法采取大会报告、小组讨论的形式,重点集镇(五里街、城关、达埔)由工作组直接领导,其他集镇由当地政府和合作社领导,参加学习的工商界人士情绪很好,学习人数达工商界人士的90%。

1953年4月13—16日,在五里街召开永春县工商界第一次代表会议,正式成立永春县工商业联合会(简称工商联)。县工商联成立后,会址设在五里街,直接领导五里街工商联的工作,原五里街工商联已无存在必要，即行撤销，从而精简了机构。在整顿委员会指导下，县工商联继续整顿城关、达埔、蓬壶、岵山、湖洋等集镇工商业联合会，改为县工商联所属分会。全县共有 14 个基层分会和工商业联合小组，会员 3610 多人。1953 年，县工商联还成立了直属的 11 个同业委员会（粮什业、食品业、制造修理业、服务业、国药土产业、木器业、绵织纺纫业、纱布百货业、竹木什商业、摊贩业、加工业）。

在总路线总任务的指引下，不少私营工商业者以不同形式被纳入国家资本主义轨道。据统计，1953 年底，五里街私营工商业户有 517 户，至 1954 年 7 月降为 390 户。

1954 年 11 月，为对工业企业执行公私合营政策，县委统战部召开工业企业资方代表和工商联执委联席会议，传达县工业企业公私合营会议精神，有步骤地把有利于国计民生的资本主义工业逐步改为公私合营工业。当时，五里街的酱联、城关的合联是全县酱油业中最大的两个企业，资产 19230 元，占同行业资产总值的 97.34%。采取的措施是：第一步，以城关合联、五里街酱联为主体，进行私私合并；第二步，进行公私合营，私人由尤扬祖和邱清秀联合投资，创办侨新酒厂，使企业不论在经营管理方面，还是在产品开发方面，都得到很大发展。

1956 年底，永春县生产资料私有制社会主义改造取得了决定性的胜利。农民、手工业者、劳动群众个体所有的私有制，基本上转变成为劳动群众集体所有的公有制。全县农民和大多数其他个体劳动者，已基本成为社会主义集体劳动者。国营经济在有计划经济建设中迅速发展，全民所有制和劳动群众集体所有制这两种形式的社会主义公有制经济，已经占据绝对主导的地位。这表明，社会主义性质的国营经济、合作经济和基本上属于社会主义性质的公私合营经济占绝对优势，占到了全县国民经济的绝大多数。

在党和政府的正确领导下，永春县农村已基本实现土地公有制，实现生产资料私有制向集体所有制过渡，建立了社会主义集体经济。1957 年，全县有 287 个农业合作社，涵盖 42907 户，占全县总农户的92.3%，其中高级社217个、41290户，占全县总农户的88.38%。据当年5月统计，全县折价入社的耕牛19441头，大农具80692件，筹集股份基金188.9万元。手工业改造方面，全县绝大多数手工业者加入手工业集体经济组织。到1956年底，全县对资本工商业的改造工作完成90%以上，基本完成党的对私改造任务。14家私营企业成为公私合营企业；私营商业中有109人参加公私合营，143人过渡到国营商业，667户847人组成46个合作商店（小组），其中商业30个，饮食业5个，服务业11个。1957年，私营工业全部完成社会主义改造，私营商业完成社会主义改造的有1125户，占总户数94%，人数占95.5%，资金占98.2%，基本上完成了社会主义改造。

农业、手工业、资本主义工商业的社会主义改造，标志着永春县生产资料私有制的社会主义改造已基本完成，永春县社会主义经济制度已经建立。

五、扶持老区生产建设

永春县22个乡镇236个村（居）中，老区乡镇14个，老区村121个，老区人口约30万人，占全县人口的一半。中华人民共和国成立以来，党和政府没有忘记老区人民，积极落实老区政策，关心老区群众，支持老区建设。

1952年12月14日，成立永春县人民政府老革命根据地建设委员会，时任县长康金树任主任，委员18人，由各区区长、指导员及政府有关部门领导担任，专职干部2人。

每年县委和县人民政府拨出专款扶持老区人民医治战争的创伤和恢复生产、重建家园。1953年，发放棉被538条、棉衣240件和一批旧衣服。

1954年，减免老区公粮29万斤。各区、乡选派技工，提供建筑材料，支持老区恢复生产；卫生部门多次派出巡回医疗队到老区医治病人4000多人次，供给免费药品达1亿多元；银行发放低利贷款和长期贷款3亿多元；各乡为老区人民购买耕牛116头，犁、耙等农具1600多件，并提供大量肥田粉。全县共修建房屋110间，使71户339个流离失所的老区人民安了家。还修建小学校舍9间，建立卫生室4个，修建桥梁6座，雨亭6座，兴修水利工程55处。

1955年，县制定了老区生产补助金标准，支持老区创办生产合作社，帮助革命烈军属和困难户发展生产。对老区的文教卫生费、修建房屋补助金、老区人民代表会议经费、老区特殊救济费、烈士纪念碑建筑费都规定了具体的使用方法和范围。

从1955年开始至1967年，每年在春节期间均召开一次老区人民代表会议。

第三节 社会主义建设在探索中曲折前进

一、"大跃进"运动

1958年1月8日，永春县委召开了一万五千人的广播大会，22个乡镇也先后召开千人誓师大会，从而拉开了永春"大跃进"运动的序幕。

1958年1月下旬，永春县委召开了四级扩干会(1132人参加)，发动了农业生产"大跃进"，会议通过1958年粮食生产指标，亩产为394.5公斤，全县粮食总产量要比1957年的7480万公斤增长45.6%；10天后，《永春县1958年全面发展生产计划》出台，县委、县人委修改了指标，把亩产提到428公斤，粮食总产量要比1957年增长50.9%。

1958年3月4日，永春县第一届第二次党的代表大会再一次修改了《永春县1958年全面发展生产计划》和《永春县第二个五年计划的规划》，县委提出"农业'大跃进'，拼命赶龙溪，确保飞跃赶安溪，苦战一年，实现千斤县"的号召，要求1958年粮食总产量达到1.4亿公斤，比1957年增长83.74%，亩产达到504公斤，每人养一头猪，每户养一头母猪。第二个五年计划提出以粮食作物为主，全面发展的方针，粮食总产量五年翻两番，还要求大力发展畜牧业、林业、果业、副业生产；两年实现绿化，三年实现食油自给。工业方面提出采取优先发展重工业、工农业并举方针，1958 年要建成 10 个工厂，扩建 6 个；新建水力水电站 130 座，实现电气化和农副产品加工机械化。工业总产值三年翻四番，赶上农业总产值，五年翻二十六番。在第二个五年计划中还提出，要修建下洋到泉州的铁路，扩建 10 条公路，全面实现车子化；文教事业要服务于“大跃进”，大力发展勤俭办学，勤工俭学，半工半读，一年内实现小学普及教育，两年内基本实现无盲县，三年内普及初中。此次大会导致全面到处推行“瞎指挥”“高指标”“高征购”，“浮夸风”“共产风”“行政命令风”开始泛滥。

1958 年 3 月，根据省委提出的六个“全民”运动(即全民积肥、造林、“双反”、办厂、办学、除“四害”讲卫生)，在春收春种中，县委主要抓积肥、密植和单季改双季。4 月 18 日，全县发动群众大种甘薯，提出“亩施千担肥，亩产万斤薯”的口号，19 日县委召开扩大会传达中央指示，提出“跃进再跃进”，必须有“十分指标，十二分措施，二十四分干劲”，劳力实行“三包四定”。6 月 20 日全县开展积肥活动，提出“一斤粮一担肥”，下达积肥任务 2.6 亿担。为了完成每亩下万担肥的硬任务，全县掀起了大积肥运动。

1958 年 5 月，党的八大二次会议提出了“鼓足干劲，力争上游，多快好省地建设社会主义”的总路线。以片面追求工农业生产和建设高速度，不断地大幅度提高和修改计划指标为特征的“大跃进”运动，在全县范围内全面展开。过高的指标，急于求成，并靠大批判开路的刮风式的领导方式，引发全县各级干部的浮夸风。全县流行了“大跃进”式的口号，如“一天等于二十年”“人有多大胆，地有多大产”“没有万斤的思想，就没有万斤的收获”。

1958 年 6 月下旬，县委接到上级关于开展大炼钢铁运动的指示，时值农村“五夏”，生产上不去，抢收抢种至 8 月上旬才完成任务，只好布置各乡镇发动群众交缴烂铜废铁，中小学生洗铁沙。仅蓬壶汤城、美中两社的群众捐献废铜废铁就达 1 万斤。8 月下旬，中央再次发出全民大炼钢铁的指示，永春各行各业分别召开“大跃进”誓师大会，为了保证“钢铁元帅”升帐，县委在坑仔口成立“永春钢铁生产指挥部”，计划分成三个战役，大打钢铁翻身仗，在坑仔口成立永春钢铁厂，下设6个分厂，县直机关和附近中小学师生在人民体育场搞“百炉炼铁群”，全县先后建成10万个小高炉，机关停止办公，工厂停止上班，商店关门，学校停课，抽调劳力15万人上钢铁前线。由于永春矿产资源和森林资源比较丰富，省公安劳改队、省地交通部门及晋江、南安、惠安、仙游等邻县组织几万名民工开进永春，大搞“炼铁大会战”。由于炼铁技术落后，产品质量低劣，成本高、亏损严重，才不得不先后下马。

1959年4月25日，县委发动群众开展生产自救，恢复5%自留地，可适当留饲料地，房前屋后种瓜菜。6月，全县开展多种多收、“千斤稻万斤薯”大生产活动。9月，县委要求完成和超额完成粮食生产指标2.4亿斤，钢铁1万吨，力争全专区19项第一。

1959年11月2—13日，县委召开四级扩干会，开展“反右倾”运动，会上提出1960年“大跃进”初步计划：粮食亩产1500斤，总产量4亿斤，钢5000吨，铁2万吨。12月，县委召开1300多人参加的群英会，号召在1960年搞“特大跃进”。

在农业“大跃进”中，水利建设取得较好成绩。1958年，兴建大小引水工程60个，如胜天圳、万工圳等，建成较大引水工程6处，灌溉面积1584亩；建成蓄水工程54个，库容235.14万立方米，灌溉面积12776亩，其中小(二)型水库4个。

在工业“大跃进”中，永春小水电和煤炭行业取得较好成绩。

1958年3月4日至4月4日，永春县和省水电厅联合举办了为期一个月的永春县农村电气化训练班。这期训练班由省水电厅农电处童多基工程师和干部陈居福以及县水电局负责人共同主持，学员662人，其中永春县学员322人，其他各县学员340人。这期训练班又为永春县小水电建设培养了一大批技术力量。训练班结束后，大部分学员返回本乡参加水利水电建设，县里留下21人，分两队到全县各地的水利水电工地进行测量、设计，经过长期的实践锻炼，许多人后来成为永春县小水电建设的技术骨干。从1956年起至“文化大革命”期间，全县所有水电工程（包括卿园、东关、清溪坂、溪夏等1000千瓦以上骨干电站），从勘测设计到安装调试，都是由本县自行完成的。1959年3月，永春县还准备成立福建省永春县农业电气学校，为全省农村机械化、电气化培养中等技术人员，后因条件不成熟而未成立。

1958年，爱国侨领尤扬祖先生（时任全国侨联副主席、福建省副省长）资助永春县农具厂港币20万元，从香港购来各种车床14台，开始制造铁质水轮机和小型发电机，使该厂逐渐发展成为专业的水电设备厂，改名为永春县通用机器厂。县通用机器厂规模不断扩大，设备制造能力不断提高，能自行设计制造水轮机，初期建设起来的水电站换上了铁质水轮机，压力水管也换上了钢管或水泥管。此后新建的电站就比较现代化了。

1958年，公私合营永春电厂改为地方国营永春电厂，负责县办电站、联网电站和联网乡（镇）村的发、供、用电的统一管理。当年全县电站增至28座，装机677千瓦，发电量23.64万千瓦时，总产值78.4万元，实现利润5.53万元，拥有固定资产37.12万元。到1959年底，全县共建成小水电站34座，装机容量919千瓦，年发电量64万千瓦时。其中，1959年建成投运第一座装机百千瓦的小水电——县办卧龙电站，装机2台/125千瓦，标志着永春县对100千瓦以上电站的设计和建设日益成熟。

永春县以“小型为主”的办电方针为主导，促进了小水电较快地发展，虽然装机偏小，都在100千瓦以下，但具有“土法上马，小型为主，群众办电”的鲜明特色，被誉为“山村夜明珠”，引起了中央、省、地各级的广泛关注和大力支持。1958年3月13日，最高人民检察院检察长张鼎丞到永春视察，参观了桃溪大队周妙春农业社5千瓦水力站，称赞其为“一蕊小红花”，因此取名“小红花水力站”。同年4月8日，福建省委书记江一真、伍洪祥带领全省市、地、县委书记123人到永春现场参观小水电。同年4月24日，福建省委在永春召开“全民办电现场会”，推广永春县兴建农村水力站、水电站的经验，出席会议的有全省各地(市)地(市)委书记,省委第一书记叶飞亲自主持,会后掀起了全省性建设小水电的热潮。同年5月,永春县委副书记张振珠作为小水电先进单位代表,到北京列席中国共产党第八届代表大会第二次会议,中共晋江地委第一书记张桂如在会上做了关于永春兴建农村小水电站的发言。同年5月5日,全国农具展览会在北京开幕,展览会专门开辟一个电力馆,大部分内容是介绍永春县电气化建设成就,展出模型、图纸、照片、加工样品、机械设备、水轮机等20多件展品,共展出3个月。同年6月16日,中共中央机关刊物《红旗》杂志第二期刊登了张桂如的文章《水力和电力结合,乡社工业遍地开花》,专门介绍永春发展农村小水电和地方工业的经验。同年12月,上海人民美术出版社出版《向电气化进军的永春县》画册,刊载永春水力水电站及地方工业照片61幅,发行全国。1959年1月,永春县小水电建设成就模型以"农村办电,大放光明"为题在北京全国农业展览馆展出,中共中央副主席刘少奇亲临观看。从1958年至1961年,全国各地来永春参观小水电的代表团有50多批1500多人次。

永春小水电不但享誉全国,还开始走出国门。1958年5月,永春县小水电建设模型在北京展出,而后又被送往柬埔寨展出,西哈努克亲王亲临观看。同年8月、10月,苏联农林水院副院长巴尔科夫、苏联农林水部代表米尔诺夫先后到永春考察小水电。

1958年6月1日,中共晋江地委工交部在天湖山创办的公私合营永春煤矿改名地方国营永春煤矿(属晋江专署企业),党组织改称中共永春煤矿委员会,矿长郝文年,党委书记张德成。土法上马,遍地开花,大办煤矿,在矿区形成挖煤热潮。同年,南安、晋江、惠安、永春、仙游、德化等县以及中国人民解放军有关单位都参与了矿区的掘硐挖煤,当年原煤产量7.59万吨。1959年6月20日,福建省人民委员会下文,同意将永春煤矿划归永春县人民委员会领导,矿长赵富林,党委书记张德成。1961年11月,改名为地方国营永春天湖山煤矿,党组织改称中共永春天湖山煤矿委员会,矿长赵富林,党委书记王政法。1962年4月1日,天湖山煤矿上调省直属企业,改名为福建省天湖山煤矿，党组织改称中共福建省天湖山委员会，矿长赵富林，党委书记王政法。

在“大跃进”中建设和扩建的较大工业企业有：

永春化肥厂　1958 年初，我国自己设计、制造的 13 套年产 2000 吨合成氨碳化流程生产工艺及设备（主要用于生产化肥）在上海问世，其中 1 套放到永春，是福建省首家化肥厂，得到省、地、县各级领导的关心和重视，特别是时任福建省副省长梁灵光给予大力支持。同年 3 月，永春化肥厂筹建指挥部正式成立。首先筹建化肥厂先行配套工程——750 千瓦的卿园水电站，于 7 月 1 日动工。其次是成立永春化肥厂筹建处，主任由副县长吕学骞兼任，开展工程前期工作。7 月下旬，省化工厅派出由电气、土建、化工、机械等方面工程技术人员组成的因地制宜设计组到永春，随后与县委共同确定选择石鼓社山墩作为厂址。10 月，省设计组完成土建工程、设备安装设计。此外，为试产投产准备技术力量，6 月上旬派出首批由 43 人组成的培训队赴上海化工研究院实验厂培训，学习生产操作技术和企业管理。10 月 1 日，永春化肥厂正式动工。筹建处的干部、工人忘我劳动，艰苦创业。1959 年的正月初二日，为工程急需，干部、工人冒着严寒，赤脚涉水到溪中捞沙。此次上马，完成了气柜、大烟囱、厂房等基础建设，沉淀池、水泵房土方的挖掘，以及造气车间厂房的基建。1959 年 2 月，根据上级指示，工程暂时下马，筹建处留守，但仍组织一批人员赴江苏省六合化肥厂协助开展工作，增加练兵机会。同时，继续招收部分学徒工，进行厂内培训。同年 8 月，在反“右倾”和中央强调农业要大干快上的新形势下，工程再次上马。机器设备陆续大批进厂，厂房土建工程全面铺开。当时没有专业起重工和装卸工，干部、工人凭借经验，依靠“土办法”，硬是把数吨甚至 10 多吨重的设备、机器，一件件安全完好地卸下，还自己动手制作土坯，兴建办公楼和职工宿舍楼各 1 座，建筑面积 1160 平方米。1960 年 1 月，工程再次下马。部分人员下放或离厂，但多数骨干坚持下来。筹建处带领全体职工开荒种地，兴办农场，养猪、鸡、鸭，顺利克服暂时困难，积极为再次上马做准备。同年 5 月，划属晋江专署企业，归县管理。同年8月，筹建处再次派出一批人员赴浙江省萧山支农化肥厂培训学习。同年12月，永春化工厂、硫磺厂并入永春化肥厂，职工队伍得到扩大。

永春化工厂　1958年，在石鼓建化工厂，生产硫酸，有职工51人。1959年，以土法生产硫酸19.6吨。1960年，因原料问题而停产，转产磷钾混合肥，同年12月因原料供应不足而停产，人员合并到永春化肥厂。

永春钢铁厂　1958年，撤销黄沙铁厂，成立永春钢铁厂，总厂设在坑仔口。1960年有职工2800多人，全县生铁产量达1.07万吨，因是土法炼铁，质量多不合格。

永春工艺厂　1958年，成立国营永春工艺厂，组织手工艺人生产漆篮、纸织画等永春著名工艺品。同年4月，中共永春县委副书记张振珠赴北京列席中共八大二次会议，永春工艺厂的纸织画老艺人黄永源夫妇制作一幅反映农村新气象的纸织画，制篮师傅吕吉豹制作一只“梁山伯祝英台”图案的漆篮，由张振珠携去北京，送给毛主席。

永春酿造厂　1959年，公私合营的永春酒厂合并永春酱油厂，改为地方国营永春酿造厂，开始出口试销永春老醋。1960年正式命名“水仙花牌永春老醋”，畅销欧、亚等40多个国家和地区。

永春织布厂　1959年，裕昇织布厂更名为国营永春织布厂。1962年棉布产量0.51万米，1965年产量7.26万米。

二、人民公社化运动

1958年3月，为了加强对“大跃进”的领导，永春县撤销6个地名区的编制，县直接管辖乡，原有76个乡（镇）并为30个乡（镇）。根据各乡（镇）党员人数多少，成立乡（镇）党委会的有一都、桂洋、玉坑、玉斗、锦斗、苏坑、蓬壶、达埔、汉口、光烈、石鼓、吾峰、城关、桃东、化龙、小岵、仙夹、太平、湖洋19个乡（镇）；成立党的总支委员会的有曲斗、南幢、壶南、达山、吾边、洋上、东关、外山8个乡；成立党的支部委员会的有龙山、福鼎、南石3个乡。同时成立各乡（镇）的人民委员会。

4月8日，中共中央发出《关于把小型的农业合作社适当地合并为大社的意见》，认为生产发展上的“大跃进”，推动了生产关系向更高级的形式过渡，农业合作社规模越大，越能促进生产发展。4月中旬，福建省委召开地市县委书记会议，传达贯彻中央指示，提出苦战100天，在农村实现农业社、供销社、信用社、手工业社、运输社“五社合一”。会后，并乡联社和五社合一工作在各地迅速展开。

根据省、地委的指示精神，永春县委开展“五社合一”的试点工作。1958年春，将全县高级农业生产合作社合并成191个。4月，仅用几天时间，全县的高级农业生产合作社、供销合作社、信用合作社、手工业合作社、运输合作社合为一体，实行“五社合一”。

9月8日，永春县第一个人民公社——桃东人民公社成立，由5个高级社1496户6172人组成。9月中旬，县委发出《关于建立人民公社的方案》。9月30日，县委在蓬壶宣布：全县30个乡镇合并为6乡2镇，以乡（镇）成立人民公社，分别为一都人民公社（乡）、锦斗人民公社（乡）、蓬壶人民公社（镇）、达埔人民公社（乡）、城关人民公社（镇）、岵山人民公社（乡）、东平人民公社（乡）、湖洋人民公社（乡）。人民公社实行“政社合一”的体制，各公社（乡镇）设党委会、管理委员会。1959年2—12月，县委为加强对各公社的领导，派出一批县委领导干部兼任公社第一书记，在此期间原各公社第一书记为第二书记。

全县8个公社下辖148个生产大队，参加公社的共有49442户220246人，其中劳动力88821人。全县公社化后，农村只剩下179个单干户。

公社化过程中搞“一大二公”，对原高级社的公有财产、劳动积累，一律无代价地收归公社所有，并对生产队的公有财产，属于劳动积累的，无偿收归公社，属社员投资购置的转为个人投资，社员的家禽、家畜、果树等也被无偿地收归公社所有。部分社员怕生活资料归公，杀掉不少猪、羊、鸡、鸭。同时，对生产队的土地、劳力、物资甚至社员的房屋、家具等个人财产也实行任意无偿平调。强调公社内部生产自给，实行内部产品分配，取缔农村小商小贩、集市贸易和家庭副业，从而使“一平二调”“穷富拉平”的“共产风”在全县泛滥起来。据不完全统计，全县被平调物资折价款达2000多万元。

公社化以后，实行“三统”(统一计划、统一收支、统一分配)、“三化”(组织军事化、生活集体化、行动战斗化)、“五大调动”(干部、劳力、土地、粮食、物资统一调动)。公社化生产劳动一般由生产队统一组织派工，部分队领导能力强的可以做到合理分工，但大部分生产队分工不明确，几十个劳动力集中劳动，耗时、窝工、迟出、早归时有发生；此外还有临时作业组和固定作业组，只包工，不包产，组与组之间产量悬殊。对劳动力进行评工计分，初期的分配实行供给制加工资(或补贴)的形式。粮食分配先完成国家征购，而后进行口粮分配，公社采用基本口粮加工分粮，比例一般为8∶2。公积金通常按总收入的5%左右提取(1958年10.3%，1962年1.75%)，除了向公社或生产大队上交小部分外，主要用于购买耕牛、大农具和生产队集体建设。还有按总收入提2%左右的公益金(1958年3.06%，1960年0.78%)，全部由生产大队统一使用，主要用于“一包(五保户)二照顾(优待军烈属和照顾困难户)”和公共福利开支，其中“二照顾”开支占公益金总额的66%。

农业合作社时期，实行按劳动日分配的“一年两次预支，年终结算”的按劳分配制度。公社化以后，由于公社规模大，经营范围广，工程复杂，部门众多，评工记分成了大问题。过去按劳动日分红的分配方法已经不能适应人民公社“一大二公”的要求，从而相应地实行供给制的分配形式。10月29日，县委、县人委发出通知，11月1—7日为农村实行粮食供给制实验周。实验取得经验后，在全县正式实行粮食供给制。对社员实行10包供给制，即吃饭、穿衣、住房、看病、生育、教育、差旅、职业、养老、喜丧10个不要钱。桃东人民公社创造性地实行“15包”的供给制加劳动补贴的分配制度，即：衣、食、住、婚、丧、病、生育、教育、养老、养小、文娱、洗衣、缝纫、理发、职业等全部由公社包下来。

1958年8月，为加速六抢(即精耕细作、加工、加肥、抢收、抢种、密植），提出“吃饭不要钱”，搞“大吃周”。经过5昼夜苦战，全县突击凑办农村公共食堂1605个，幼儿园709所，托儿所1056个。城乡居民一律在食堂免费吃饭，基本实现了食堂化。

三、在调整中战胜经济困难

1958—1960年的“大跃进”运动，偏离了党的八大路线，违反经济发展客观规律，使社会生产力遭受很大破坏，群众积极性受到严重挫伤，加上频繁的自然灾害，造成工农业生产和国民经济的大滑坡。1960年，永春县经济陷入极度困难的境地。

1958—1961年，永春县遭受一系列自然灾害，对本已出现困难局面的国民经济无疑是雪上加霜。主要有：1958年7月19日，强台风袭击永春，暴风雨连续3天，降水量达348.9毫米，全县倒塌民房690间，死8人，水稻绝收1790亩。1959年9月11日，台风暴雨袭击永春，一都、下洋、达埔受灾严重。1960年春旱，3月至4月连续36天不雨，秧苗多数出节，早稻歉收。6月8—10日，受台风暴雨袭击，全县死亡12人，伤11人，房屋倒塌690间，淹没农作物7700多亩。10月，遭受百年未有的秋旱，受灾水稻18525亩，地瓜16853亩。1961年2月，倒春寒，全月有17天日平均温度低于摄氏12度，早稻烂秧严重。5月17日，台风暴雨，伤6人，受灾田地4200多亩。9月11、12日，台风暴雨，降水量292.4毫米，洪水涌入县城，全县死1人，伤22人，农作物受灾27500多亩，留安文峰石塔倒塌。这一年，全县暴风雨成灾达11次，是有气象记载以来灾害最多的一年，粮食歉收。

面对国民经济困难局面，县委积极发动各行各业支援农业第一线，大办农业，大办粮食。1960年9月25日，成立县委工业支援农业委员会，组织各行各业支援农业。当年夏收夏种，县委为解决劳力问题，把县一级60个单位合并为18个单位合署办公，抽调231名干部，加强农业生产领导；又从地、县、社、大队、工厂企业抽调13118个劳力，机关、学校抽调40762人支援“五夏”。同年10月13日，县委制定精简方案，撤销52个单位，分批下放5776人。

为应对饥荒局面，县委、县人委采取了一系列措施。1960年5月26日，在城关公社桃东大队动工兴建永春县温泉浴室，用于治疗水肿病。6月1日，县委为暂时解决群众生活问题，决定拨出1200万斤粮食，平均每人60斤。7月20日，县召开菜农会议，提倡大力种植蔬菜，以菜代粮。8月3日，县布置突击套种高粱、芝麻等杂粮。11月，中共晋江地委向全区各县(市)推广永春县委开展利用地瓜藤加工成精细粮食的经验。12月，县委成立以县委第一书记张子玉为组长的代食品领导小组，下设办公室、宣传发动组、加工制造组、质量检验组4个部门，各公社大队相应建立领导机构，具体领导开展大规模采集、制造代食品运动。地瓜、藤粉、米糠、野菜、野果、树叶、苎叶、蕨菜、香蕉头、蕉芋梗成了充饥的代食品。

1961年1月14—18日，中共中央在北京召开八届九中全会，正式批准对国民经济实行"调整、巩固、充实、提高"的八字方针。永春县委先后召开常委会，县委扩大会，三、四级扩干会，宣传、学习、贯彻中央关于国民经济调整的八字方针和"农业六十条"规定。

1958年，兴起人民公社化运动，实行以公社为基本核算单位的半供给制(工资＋粮食供给)。1959年县委贯彻执行郑州会议精神，把基本核算单位下放到生产大队，仍然实行半供给制。1961年3月，全县通过贯彻"农业六十条"和中央《关于改变农村人民公社基本核算单位问题的指示》，继续下放体制，明确生产队是人民公社组织生产、管理社员生活的基础单位，是改变生产大队内部生产队与生产队和生产队内部社员与社员之间的平均主义问题的合理组织，较能调动广大社员的生产积极性。据1962年10月统计，全县分为22个公社、219个大队、2723个生产队，分别为2777个生产单位(其中54个耕地队)，分为2695个核算单位(其中以生产大队为基本核算单位11个，分为93个生产单位，耕地队核算单位51个)，绝大多数都实行以生产队为基本核算单位。

根据中央的指示和省地委的部署，县委认真贯彻以调整为中心的八字方针和"以农业为基础、工业为主导、工业支援农业"的方针，把53个国营工业企业"关、停、并、转"25个，剩28个；人员由1960

年的5929人压缩为1961年的2409人、1962年的1210人、1963年的1027人，其中永春钢铁厂由1959年的24987人压缩为1960年的2831人、1961年的306人。社办企业压缩为23个，队办企业压缩为110个。

1962年1月11日至2月7日，党中央在北京召开扩大的工作会议，参加会议的有中央和省、地、县委四级主要负责人和部分大厂矿和部队的负责干部7000多人(因此又称“七千人大会”)。中共永春县委书记朱坤三参加了这次大会。同年2月16日，中共永春县委召开常委扩大会，县委书记朱坤三传达了“七千人大会”的主要精神。4月，县委召开扩大会，采取传达和分组学习讨论的方法进行。到会的同志在认真学习、深刻领会“七千人大会”精神的基础上，联系永春县实际进行热烈的讨论。会后，各公社分别召开党委委员和大队支部书记会议，传达贯彻会议精神，统一了全县党员干部的思想认识，增强了团结，齐心协力地执行经济调整方针。

根据“七千人大会”精神，永春县加大了经济调整力度，尤其对农业采取了放宽政策，使农业生产得到恢复和发展。县委贯彻八字方针，调整发展过快的工业和文教事业，精简机构，保证农业生产不缺劳动力，减轻农业负担。县、社在财政十分困难的情况下，挤出资金投入农业，银行大力放贷支援农业，1961年发放农贷124万元，1962年发放38万元和28万元长期无息贷款，1963年发放54万元，1964年发放79.22万元，解决农业生产资金问题；农村信用社发挥作用，及时解决部分社员的实际困难；各级供销社千方百计组织货源，在化肥、农药、农具及其他农用物资方面给予及时调拨供应，做好禽畜、蛋品、木薯粉等农副产品收购，使农业资金得到补充。

根据“七千人大会”精神，进一步精简机构，压缩城镇人口。1962年3月17日，县委撤销原压缩城镇人口领导组，成立县委精简领导组。将县委9个部、会、室合并保留6个，撤销工交部、财贸部，县委秘书室并入办公室；县人委21个科局，合并保留17个，撤销科委，劳动科并入计委，工商局并入商业科，水电局并入农业科，工业局、交通局合并为工交科；手管科和手联社合署办公。同年5、6月，县委成立回乡下放职工安置委员会，下设接待办公室，动员家属回乡参加农业生产，做好回乡职工安置工作；各公社相应成立回乡人员安置办公室。同年8月，裁撤“大跃进”期间开办的工厂59个；原有97个社办企业只保留25个，收归县营3个，下放32个；原有243个队办企业只保留91个，转化4个，下放133个，其他处理15个；全民所有制企业停办4个，转化5个。

为了解决因此产生的城镇闲散劳力骤增的问题，除了动员一部分城镇青年上山下乡，还开辟生产服务行业，举办各种技术培训班，鼓励个人开业和自谋职业。至1962年底，全县国营工业企业由原有70个减少到28个，全县共精简6462人(其中全民所有制单位职工5875人)，下放回乡参加生产劳动。其中回农村参加农副业生产6140人，从事服务行业41人、手工业24人，小商贩75人，自谋生活7人，各种临时工110人，从事运输业10人，基层工作23人，支前民工32人。1964年6月，县首次组织城镇青年和高中毕业生63人到曲斗公社新村大队插队落户。通过精简压缩工作，减少了国家商品粮和工资支出，减轻了财政负担，充实加强了农业第一线。

从1961年到1965年，历经5年的国民经济调整，永春县坚决贯彻“以农业为基础、以工业为主导”和“以粮为纲、全面发展”方针，大力恢复发展农业生产，压缩基本建设投资规模，精减城镇人口，纠正了一系列违反经济规律的“左”的做法，逐步扭转了严重的困难局面，使国民经济得到恢复和发展。1965年，全县工农业总产值3748万元，比1961年的2782万元增长了34.72%，城乡呈现了物价稳定、市场繁荣、人民生活得到改善提高的可喜变化，全县经济调整任务基本完成。

1965年，全县农业总产值2891万元，比1961年1978万元增长46.15%；粮食总产量13009万斤，比1961年8761万斤增长48.5%；1965年粮食单产565斤，比1961年382斤增长47.9%；茶叶、水果、甘蔗、花生等经济作物也有大幅的增长。畜牧业有更大发展，1965年底生猪存栏64424头，比1961年21262头增长203%；牛存栏15349头，比1961年13866头增长10.7%；山羊23325只，比1965

年3445只增长577%;禽畜养殖大幅增长。林业生产有较大发展,新建大荣茶场,扩建碧卿林场,设立牛牳林经营所,落实林权政策,公社、大队、生产队、社员造林积极性空前提高,1965年全县造林21351亩,比1961年2054亩增长939%。

虽然压缩了基本建设投资规模,1963年全县基本建设投资155.55万元,1964年193.77万元,1965年260.81万元,但工业生产也在逐年回升。1965年,全县工业总产值857万元,比1961年的804万元增长6.6%;煤产量逐年增加,1965年达3.34万吨(不包括天湖山矿务局产量);1963—1965年新建水电22座,增加装机容量502.5瓦;1963年发电568万度,1964年608万度,1965年达827万度。社队企业经过整顿,各项规章制度逐步完善,经营管理水平逐步提高,产量增加,质量提高,经济效益逐步提高。农、林、牧、果生产的恢复和发展,大大增加了农副产品的收购量。1963年收购农副产品653万元,比1962年445万元增长46.7%;1964年688万元;1965年643万元(该年减少原因是物价下降)。1963年至1965年,商业、供销超额完成各种购销计划,保证了工业生产的发展,基本满足了群众生产、生活需要。1965年,社会商品零售额1986万元,商品销售数量大幅增加,如猪肉上市量1963年比1962年增加4倍,1964年比1963年增加8%,卷烟增加24%,棉布增加25%,化肥增加98%,小农具增加20%,物价指数比1964年下降6%。1963年财政收入291.67万元,支出223.04万元;1964年收入294.58万元,支出233.15万元;1965年收入279.86万元,支出257.92万元,收支平衡,略有节余。

在文教方面,全日制小学1963年128所,1964年149所,1965年169所,教职员工1965年1475人。在校生数由1963年的33407人增至1964年的35649人,1965年的37214人。1965年在读小学731班学生12584人,比1964年增加45%,小学普及率达91.9%。1965年普通中学9所,教职工299人。在校中学生,1963年4770人,其中高中1248人;1964年5079人,其中高中1127人;1965年5673人,其中高中1138人。中学毕业生,1963年1217人,其中高中356人；1964年966人，其中高中284人；1965年1043人，其中高中248人。1965年农业中学有27所，学生1500多人。文化艺术方面，贯彻双百方针，坚持文艺为社会主义服务、为工农兵服务方向，把工作重点放在农村，县实验剧团把革命现代戏送到最偏僻的山区。

卫生工作贯彻“面向农村，为农民服务”的方针，1963年全县有医疗机构81个，床位185张，医护人员499人；1965年有医疗机构73个，床位205张，医护人员498人。1965年，全县组织15个医疗队，94人上山下乡为农民看病2万多人次，抢救危急病人100多人，培训卫生员400多人。1964年1月，成立永春县计划生育领导小组，开始实行计划生育政策。

在交通运输方面，1963年公路通车里程295.1千米，客运20.15万人次，货运9.67万吨。1965年公路通车里程325千米，客运21.32万人次，货运16.44万吨。

经过调整，市场稳定，人民生活普遍提高。1963年全县口粮占粮食分配数的64.68％，1961年占74％，1965年占75％；人均口粮由1963年的192斤提高到1964年的283斤、1965年的342斤；1963年社员分红占分配数64.08％、1964年占62.46％、1965年占63.47％；1963年人均19.32元、1964年21.59元、1965年29.5元。城乡储蓄存款逐年上升，1963年391.9万元，比1962年363.4万元增长7.8％，1964年466.4万元，比增19％，1965年532.3万元，比增14.1％。三年困难时期，市场物价猛涨，1960年自由市场大米每斤3.20元，猪肉每斤8元，其他食品油料上涨幅度高达15～20倍。经过调整，集市贸易物价很快回落，1964年比1963年下降4.1％，1965年比1964年下降6％，大米降至每斤0.6元左右，猪肉每斤0.76元，生油每斤0.90元，基本接近国家规定牌价。随着人民生活的改善，“四病”（水肿、妇女闭经、妇女子宫下垂和小儿佝偻病）消灭，人口也开始逐年增长。1961年全县人口249430人；1962年257406人，比增3.2％（7976人）；1963年270551人，比增5.1％（13145人）；1964年273576人，比增1.1％（3025人）；1965年283400人，比增3.4％

(9824 人)。

四、安置归国难侨

在“大跃进”期间,永春县在国民经济困难的情况下,动用大量人力、物力、财力,接待和安置归国难侨。

1953 年底,省侨委拨款 4 万元,在永春东部的北硿创办永春北硿华侨垦植场。1954 年 2 月,接收安置第一批从马来亚、菲律宾等地受迫害归国的华侨 24 名,组织 3 个互助组,开荒种地瓜,发展家禽家畜饲养等副业,开展生产自救。时任中央人民政府华侨事务委员会主任何香凝捐助 2000 元,帮难贫侨发展生产。1955 年底,改名为北硿高级农业生产合作社,何香凝再捐 5000 元,帮助难贫侨复垦油茶园,开荒种桃李,试种新会橙 51 株。1957 年易名为永春北硿华侨垦植场,陆续安置星、马、菲、泰难贫侨 86 户 223 人。1958 年 7 月,更名为永春北硿归国华侨果牧场,同年 10 月改为永春北硿华侨农场。

1959 年,印度尼西亚掀起排华反华浪潮。同年底,为接待和安置受迫害回来的印尼归侨,国家决定扩建永春北硿华侨农场,作为安置场所之一。

1960 年 1 月 6 日,中共永春县委根据上级党委指示精神,开始着手进行接待和安置难贫侨工作,成立永春县接待和安置归侨委员会,下设办公室。同时,县委确定以位于北硿的永春茶场为主,吸收东平公社党委、侨委和有关大队大队长成立接待分会;以国营华侨农场为主,吸收城关、岵山公社及东平公社溪安大队,城关公社德风、桃溪、桃东大队,岵山和林大队大队长参加的接待分会。

1960 年 2 月,永春北硿华侨农场与永春茶场合并,称福建省永春华侨茶果场。同年 9 月,福建省接待安置归国华侨委员会批准农场建制,定名为国营福建省永春北硿华侨茶果场。同年 12 月,成立党委会。

1960 年 3 月 15 日,福建省永春华侨茶果场接待安置第一批印尼归国难侨 580 人。到 7 月 6 日,共接待安置难贫侨 5 批 642 户

2317人。其中男1284人,女1033人;1441人为广东籍,830人为福建籍,17人为广西籍,29人为其他籍;1～6岁411人,7～15岁551人,16～24岁588人,25～54岁615人,55岁以上152人。到同年底,零星退场(包括回原籍、调去兄弟场、死亡等)共33户155人,实际在场609户2162人。每批归侨到达时,县委都组织各界人民夹道欢迎,县委领导、人民团体亲切慰问,使归侨感到无比温暖,深刻体会到强大的祖国是华侨的靠山。

茶果场根据国家需要和个人意愿,对归侨进行妥善安置。至1960年底,被安置参加农业生产劳动者791人,参加基建队者205人,小学教员18人,幼儿园教养员11人,托儿所女保姆8人,食堂总务10人,炊事员42人,修配厂27人,木工组13人,缝纫5人,理发3人,电影放映4人,汽车司机1人,生产队长14人,工作人员5人,就读中小学603人、幼儿园175人,入托儿所85人。基本做到老有所养,幼有所教,壮有所用,各得其所,各尽所能,安居乐业。

县委加强对新旧华侨进行政治思想教育,使华侨安心安家,热爱劳动。1961年后,国营福建永春北硿华侨茶果场先后扩展龙坑、小湖洋、金冬洋、山城4个管理区和内碧、南村2个大队及地方国营永春竹溪瓷厂,拥有土地50611亩,生产粮食、茶叶、水果,发展畜牧业;创设国营永春北硿华侨茶厂,生产的闽南水仙茶享誉海内外。到1962年,这里有职工3000多人,建起了41座新房屋,面积1.8万平方米,每户归侨都有自己的住宅。农场还办了1所完全小学、2所初级小学,学生607人,3个卫生所,1所敬老院,场员们生活安定幸福。

第四节 “文化大革命”中的稳定与发展

1966年至1976年的“文化大革命”,给党、国家和人民造成严重灾难。在这场运动中,永春也遭受了新中国成立以来最严重的挫折和损失,留下极其深刻的教训。但由于全县广大干部、群众运用不同形式，对“左”倾错误和极左思潮进行了艰难曲折的抵制和抗争，在十分困难的条件坚持生产，努力奋斗，使经济建设在非正常年代中仍有所发展。

“文化大革命”开始后，各级党委被“夺权”，党组织停止活动，两派红卫兵对立“闹革命”，严重干扰生产建设。1968 年 5 月，永春县成立革命委员会，在“抓革命、促生产”的口号下，突出抓“斗、批、改”。1970 年 2 月，成立中国共产党永春县革委会核心小组。1971 年 5 月中旬，召开中共永春县第三次代表大会，重新组成中共永春县委员会，实行“党政合一”的一元化领导。1971 年开展批林整风运动，农业上突出学大寨，推广“三改三化”；工业上突出学大庆，搞技术革新。特别是经过 1975 年的全面整顿，使全县工农业生产和社会秩序呈现新气象。当年国民生产总值、粮食总产均创历史新水平。

1965 年，永春粮食统购任务实行“一定三年不变”。从 1966 年开始，永春成为缺粮县。1969 年的“斗、批、改”运动给各条战线造成了新的混乱，但是广大干部群众还是坚持和发展生产。县革委会要求全县大力发动群众多种杂粮蔬菜，节约用粮，集中一切可以集中的劳力投入农业生产；学习大寨革命精神，单季改双季，双季改三季，间作改连作，春地瓜改为夏地瓜，开荒扩种，大搞套种，推广矮化良种，合理密植，养猪积肥，大种绿肥等，春耕前全县开荒扩种 2 万亩。

1970 年全县粮食总产恢复到 1957 年的水平，有 4 个公社、2 个场、54 个大队、4 个管理区实现粮食亩产上纲要，27 个单位亩产超千斤。但在这 13 年间人口却增加了 9 万多人。这一年又提出“割资本主义尾巴”，限制副业生产，限制私人养猪，强调以集体形式办养猪副业组，社、队又纷纷办起了“大跃进”年代的养猪场。饲养管理人员拿集体固定工资，养好养坏一个样，造成大多数养猪场亏损。同时，相当多的生产队采用死记工分的办法，而且男女同工不同酬，影响了社员生产积极性。

在 1970 年的北方地区农业会议和 1971 年的全国农业机械化

会议精神的贯彻下,使全县的农业生产形势开始好转。1971 年 9 月至 10 月,永春组织县、公社、大队干部分两批共 410 多人,到山西省昔阳县大寨大队参观学习。同年 12 月 29 日,县委召开 3871 人参加的"农业学大寨"经验交流会议。这一年全县农业生产开始推行"三改三化"(即高秆改矮秆、单季改双季、间作改连作;良种化、连作化、卷秧化)。

1972 年 8 月 21 日至 9 月 4 日,永春再次组织县、社、队干部共 309 人,到大寨参观学习。9 月 20 日,县委在 1516 人参加的扩干会上布置学大寨"割尾巴"(即割资本主义尾巴),搞"政治评分"。11 月开始,全县开展冬春四个战役:大搞改造低产田;大搞拾肥造肥的群众运动;坚持"三改三化";大规模开展社会主义劳动竞赛。12 月 12—14 日,县委在曲斗公社新村大队召开山区公社和重点大队负责人会议,研究山区粮食生产如何上纲要。

1972 年是继 1956 年之后的一个大增产年,全县粮食总产量 16440 万斤,比 1971 年增产 14.7%;亩产 700 斤,均创造了永春县粮食生产的历史最高纪录。粮食征购任务超额完成 130 多万斤。曲斗公社新村大队是永春最早建立的知青点,在学大寨过程中,大力批判"山高水冷,有种无吃,上山下乡没前途,在新村干一年还不如在城关干一月"的论调,创造了在海拔 800 米高山上粮食产量 20 万多斤、单产 917 斤的纪录,由缺粮队变为余粮队。达埔公社汉口大队大批"一靠华侨、二靠菜苗、三靠肩挑、四靠回销"的思想,大抓备耕、积肥、围溪造田、兴修水利,1972 年粮食总产达 94 万斤,比 1970 年增产 44 万斤,平均亩产 1350 斤。同时,全县种果种茶等多种经营也有新发展,如湖洋公社桃源大队、蓬壶公社的醋坪场。

1973 年 1 月,县委拨出 1 万元作为农业科的农业研究经费。2 月,县召开了 4807 人参加的四级扩干会暨"农业学大寨"先进单位、社会主义劳动积极分子、先进工作者代表大会,选举出席地区"农业学大寨"先进代表大会的 63 个先进单位和 15 名积极分子代表,并通过倡议书,向全县倡议革命种田、艰苦创业学曲斗公社新村大队;革命干劲学达埔公社汉口大队;科学种田学城关公社儒林大队(亩产1960斤);以粮为纲、全面发展学吾峰公社吾西大队;多卖余粮、贡献国家学福东十一队(每户多卖余粮1200斤)。

1974年,为加快农业机械化步伐,掀起“农业学大寨”新高潮,县委制定了全县农业“五五”规划的各项指标:至1980年,人口估计有41万人,粮食耕地估计有30万亩,粮食总产量需达3.3亿斤,平均亩产1100斤,人均占有粮食805斤;基本实现农业机械化,队队有机耕路;多种经营有较大发展,每人纯收入达70元,社社队队有储备粮。

1975年10月,县分别召开1200人的山区公社会议和4200多人的平原公社会议,11月上旬召开县四级扩干会,传达全国“农业学大寨”会议精神,学习人民日报社论《普及大寨县》,提出奋斗目标:“举旗抓纲学大寨,大干苦干拼命干,誓把山河重安排,三年建成大寨县,全党动员,大办农业,五年规划,三年实现,为在一九七八年基本实现农业机械化,把永春建成大寨县而奋斗!”紧接着,县直机关抽调三分之二干部,配合社队干部在全县范围内组织28000多个劳动力,大搞“平整土地”和“开荒造田”。例如在山区桂洋公社茂春大队大搞“人造平原”,移山填谷,干了两年多时间,不少梯田被毁,“人造平原”造不成,只好半途而废。

1976年,县提出搞好农村文化工作,为“农业学大寨”“普及大寨县”服务,并于3月召开县脱产干部会议,强调“以阶级斗争为纲,坚持无产阶级专政下继续革命,为实现普及大寨县而奋斗”。大搞“反击右倾翻案风”,批判“唯生产力论”,宣传“宁要社会主义的草,不要资本主义的苗”,近50%的晚稻误过农时,又遇九月寒流,粮食总产比1975年减少2029万斤。

1976年,开始试种和示范杂交水稻。这一年1月到5月,县种子公司先后派干部、农民技术员各2名往海南岛制种,并派11名干部、社员分别参加省、地杂交水稻培训班。4月,在石鼓公社石玉举办杂交水稻训练班。与此同时,在五里街公社试验田试种闽优一号50丛,理论单产超千斤。秋季,在全县21个公社和3个农场试种420亩,品种有南优二号、闽优一号和闽优三号。验收结果,平原一般单产600斤到800斤，高产的超千斤；半山区和山区一般500斤到600斤，比当地常规品种增产二三成。城关公社桃东六队种植闽优一号2.32亩，平均单产1026斤，比高产的秋二矮增产32%；蓬壶公社西昌五队种植闽优三号2.4亩，平均单产740斤，比秋二矮增产85%。以上试种获得明显增产，促进了杂交水稻的迅速推广。1978年，全县种植杂交水稻面积达到11.3万多亩，此后每年保持在10万亩以上，中稻基本杂优化。

"文化大革命"初期，工业生产处于无政府状态，不少工厂"停产闹革命"，产量下降。1968年，全县工业总产值比1966年下降12.23%。县革委会成立后，工业生产开始有所好转。

早在1964年，中共中央发出通知号召全国其他部门学习大庆油田的经验。"工业学大庆"的口号从此在全国传播。1971年6月20日，《人民日报》发表社论《工业学大庆》。永春县的"工业学大庆"运动也在反复中开展起来，比较典型的有永春化肥厂、天湖山煤矿。

1967—1969年，永春化肥厂连续3年亏损，分别亏损12.66万元、54.22万元和12.06万元，累计78.94万元。1969年，永春化肥厂进行原料改革，独创以石灰碳化煤球代替块煤制造原料气取得成功，使煤气炉生产能力提高50%以上，为全国化肥的原料改造创出一条新路，至1978年全国1000多个小氮肥厂中有800多个推广使用了这一技术。1970年是永春化肥厂全部使用碳化煤的第一年，合成氨生产首次突破年产5000吨的设计能力，达到6064吨，生产碳铵25965吨，实现利润74.22万元，一举挽回前三年的损失。1971年生产合成氨6550吨。1972年5月，永春化肥厂派代表参加在福建召开的全国小氮肥生产交流会，并在会上做了经验介绍。1973年，厂部加强了党的一元化领导，把"工业学大庆"同"批林整风"结合起来，第一季度实现利润14.4万元，是1972年同期的13倍，相当于1972年全年利润12万元的120%，创造建厂以来季度利润的最高纪录；全年提前98天完成化肥生产任务。1973年11月，李先念副总理"增加化肥生产"的批示下达，对永春化肥厂的生产推动很大，1974 年生产合成氨 8200 吨，超设计能力的 62%，各项经济技术指标也进入全国同行业的先进行列。1976 年由于“批邓、反击右倾翻案风”运动的干扰，生产再次受到影响，与 1975 年相比，氨减产 2177 吨，碳铵减产 8115 吨，当年亏损 43.67 万元。

1966 年 11 月，在曲斗成立福建省天湖山矿务局筹建处，开发曲斗矿。1969 年 4 月，天湖山煤矿和天湖山矿务局筹建处合并，定名为福建省天湖山煤矿。1972 年，天湖山煤矿把广大干部、职工的积极性引导到“工业学大庆”运动中去，抢时间、赶速度，多掘进、多采煤，大打矿山翻身仗，工效提高 43%。铅坑矿井提前 98 天完成全年 7 万吨的原煤生产任务，超额完成原煤 1 万多吨，提前 102 天完成全年掘进进尺 3300 米的任务。1976 年，连续第 6 年提前完成国家计划，全年产煤 26 万多吨，掘进进尺 2.4 万米，相当于 1965 年的 5 倍。

在“工业学大庆”中，全县恢复了一大批“小煤、小机械、小水电、小水泥、小铁”五小工业，取得显著成绩。尤其突出的是农村小水电，从 60 年代至 70 年代进入大发展期。至 1971 年，全县 21 个公社、222 个大队基本实现了用电普及化。小水电成就模型、图片多次选送全国展出，并出国参展。1969 年，天湖山矿务局成立，在下洋磨刀坑兴建永春煤矿，三年建成投产。1970 年夏破土动工兴建装机容量 2500 千瓦的东方红（东关）水电站，翌年 11 月建成发电。1971 年永春农械厂制成高扬程登山水轮泵。1972 年，永春糖厂建成投产，下洋铁厂试验成功用“铁沙料球”炼铁。1973 年，永春电机厂开始成批生产电动机，永春皮革生产合作社改建成永春皮塑厂。1974 年，库容 1003 万立方米的红五一水库建成，开始蓄水发电；同年，装机容量 1200 千瓦的清溪坂水电站建成运行。

1972 年，全县工业生产总值达 2053 万元，比 1971 年增长 14%，小水电发展到 175 座，在建的有 25 座，财贸、文教、卫生事业也有新发展。经过 1975 年的整顿，生产秩序迅速恢复，全县工业总产值 3109.42 万元，比 1974 年增长 19%。1976 年，“反击右倾翻案风”中，工业生产又遭受挫折，全县国营工业企业剩下 26 家，总产值 2090.7 万元，比 1975 年下降 3.29%。

“文化大革命”期间，在全国工业下马、农村水电停建的大背景下，永春县小水电建设并没有停步，甚至还加大步伐前进。1967年，全县新增水电站16座，装机693千瓦。同年，卿园电站第一期工程再次动工兴建。1968年6月1日，永春电厂成立永春电厂革命委员会。这一年全县又新增水电站13座，装机951千瓦，其中卿园电站第一期工程3台/795千瓦，建成发电(永春电厂管理)。

1969年，永春县水电站达到127座，总装机4137.5千瓦，相当于第一次全国小水电座谈会前(1959年)的4倍。县通用机器厂发展成为有224名职工的县办农业机械修理制造厂，主要生产农村小型水电站用的多种型号水轮机、55千瓦发电机、为农副产品加工的碾米机、饲料粉碎机、铁步犁，还担负全县大部分农械设备的维修任务。永春小水电的建设规模和发展速度，都大大超越“文化大革命”之前，在当时全国小水电行业中可谓一枝独秀，因而引起了中央领导的特别关注。

1969年5月，永春县革委会副主任黄种志赴北京参加全国电力工作会议，被安排为第一个发言。同年7月，周恩来总理向李先念(时任国务院生产组组长)查询永春小水电情况，李先念即责成水电部做书面汇报并赶制一台“永春县小水电建设”模型，限期两个月内完成。同年9月，“永春县小水电建设”模型在国务院小会议室展出，周恩来总理看后赞扬说：“永春是全国小水电的一面红旗。”当时国家计划委员会第一副主任兼秘书长余秋里和原水电部副部长钱正英研究如何发展全国小水电，钱正英提出她在展览会上看到介绍，福建省永春县自力更生制造小水电设备很成功，除满足本县需要，还参加全国订货会。余秋里说这个经验好，于是决定在永春召开现场会，向全国推广。

1969年10月，国务院水利电力部召开“南方山区农村小型水电站及小型水利座谈会”(即第二次全国小水电座谈会)。整个会议历时一个月，分两个阶段进行，“第一阶段在永春，着重现场参观和互相交流学习，总结经验；第二阶段在北京，在学习永春和其他地区先进经验的基础上，研究有关一九七〇年计划和‘四·五’规划，并讨论落实小型水电设备制造有关问题”。永春现场会为期9天(10月20—28日),水电部军管会副主任吴志笃、水电部副部长杜星垣主持会议,水电部农电司邓秉礼负责大会的组织工作,白林任大会秘书。参加这次会议的有四川、贵州、云南、湖北、湖南、广东、广西、福建、江西、浙江、安徽、江苏、陕西、河南、山东等15个省、自治区以及首都等地的30个单位的代表150多人。福建省革命委员会副主任叶松、福州军区代表康林(二十九军军长)、省革命委员会委员魏金水、省革命委员会生产指挥部王炎、晋江地区革命委员会主任洪椰子、闽侯地委书记曹玉崑等出席会议。永春县出席会议的正式代表为王挺尧、徐莪。永春县革命委员会副主任郭荣宗在会上做了题为“自力更生,奋发图强,面向农村,服务农业”的经验介绍,与会代表参观了红山、霞林、冷水、吾西、吴殊等农村小型水电站和县通用机器厂,被参观单位都用书面介绍了各自的经验。吴志笃在讲话中指出“永春县以大寨人为榜样,自力更生,艰苦奋斗和依靠群众办电的经验”,“是我国南方山区发展农村小型水电的一个典型”。永春现场会后又转到北京做总结,永春县郭荣宗、周桂清、余柴生3人出席。在北京开会时,周恩来总理在人民大会堂亲切接见代表,余秋里亲自参加了会议,各省由主管革委会副主任带队,水电、计划、物资、机械4部门参加。

这次小水电会议由国务院发文,是国务院业务组负责人李富春批准的,是水电部有史以来代表级别最高的一次会议,在小水电发展史上被称为“永春会议”。永春会议之后,小水电发展被正式列入国家计划,因而此次会议被称为我国小水电发展的一个里程碑。

永春会议印发了大量资料,媒体也做了大量报道,《福建日报》发表题为《自力更生,艰苦奋斗,建设山区》的社论,《人民日报》刊载题为《坚持自力更生,大搞群众运动,福建山区大力兴建水电站》的长篇报道,反响超过第一次现场会,由此掀起第二次全国各地到永春参观小水电的高潮。从1969年11月到1972年3月,来永春参观的有北京、山东、云南、河南、江西、湖南、广东、甘肃、安徽、湖北、贵州、四川、河北、吉林、上海、天津、山西、新疆、西藏、陕西、辽宁、黑龙江等22个省、市、自治区，以及一机部、八机部、新华社、中央电视台、厦门大学、福州大学等19个单位和福建省各市、县代表共计2227人次，其中云南省由该省水电厅厅长陈伯吹带队，代表达291人，是人数最多的参观团。全国很快地掀起新的小水电建设高潮。

1970年4月，中央派谭启龙到福建工作（先是任省革委会党的核心领导小组成员，后任省委书记处书记），临行前，周总理特别嘱咐他到福建时，要到永春看一看（谭启龙于1972年5月特地到永春了解小水电的发展情况）。同年6月，全国电力工业增产节约展览会在北京举办，展出永春小水电照片25幅，版面全长9米，模型是1969年底送周总理会议室展出的那一台。周总理在审查永春小水电展览版面时，做了很高的评价："南方各省可以大搞小水电，像永春那样，要大力宣传。"邓颖超也说："很好，全国都像永春这样搞很不得了。"李德生说："这个模型我在国务院看过，很好。"

在永春会议的推动和鼓舞下，永春县的小水电建设继续发挥着领头羊的作用。20世纪70年代与60年代相比，发展速度虽然近似，但发展的质量却起了明显的变化。60年代仍以小型为主，以单站运行为主；70年代则以建设较大型的骨干电站为主，以并电联网为主。60年代，全县建设装机容量在100千瓦以上的电站只有7座，总装机容量1910千瓦；70年代，全县建设装机容量在100千瓦以上的电站达38处，总装机容量14081千瓦。县办的东关电站（当时命名"东方红水电站"）于1970年9月动工，由全县各公社、大队分段包干挖掘渠道，县直属机关干部、职工也轮流到工地劳动，前后只用10个月的时间就建成。1971年7月1日，该电站第一台1250千瓦机组正式发电。以后又再安装一台本县水轮发电设备厂制造的1250千瓦机组，于1974年7月1日投产。1972年，企事业单位自办的最大电站——天湖山煤矿苏丘坂电站建成投产发电，装机容量660千瓦。1974年，县工业局建成清溪坂水电站，装机容量1200千瓦。

并电联网方面，1971年7月以前永春县的供电系统只有城关至五里街的6千伏二线一地制的输配电网络，1970年网络供电量

553.56万度。1971年7月到1974年7月架设了五里街至东关14公里长的35千伏输电线路，网络年供电量增加到1273.25万度。1974年7月开始，东关电站两台机组总装机2500千瓦与晋江地区所属的山美电站并网，同时通过永春五里街变电所用35千伏线路馈电给永春化肥厂。至此，永春县城关电网通过山美电站和省电网联在一起。

永春小水电的发展成就引起境内外媒体的广泛关注。1970年《人民画报》第三期专题报道了永春小水电发展的概况，并附照片。同年2月，英文版《人民中国》刊登了永春县卿园等电站照片9幅。同年2月28日，香港《周末报》刊登永春县卿园等电站照片6幅。1971年11月13日的《文汇报》、11月15日的《人民日报》均刊发了永春县东关电站的照片。1974年3—5月，永春县水电局林士陆赴天津，参加天津大学水利系、水电部图书编辑室联合编辑出版的《农村小水电》一书的编辑工作，该书多处介绍了永春县兴建农村小水电的经验和资料。1976年3月5日，香港《大公报》以《福建永春县发展小水电》为题，刊登了永春县清溪坂电站、通用机器厂等照片5幅。同年5月5日，尼日利亚报纸刊登了永春县汉口水电站的照片。

永春小水电建设成就模型还多次出国展出。1969年，永春县小水电建设成就的模型被选送阿尔及利亚展出。同年，永春县小水电建设及红山电站的模型在阿尔巴尼亚的中国经济建设成就展览会上展出。1970年5月，永春县小水电建设成就模型先后被选送到叙利亚大马士革国际博览会中国馆和埃及、坦桑尼亚两国展出。1971年，永春县农村小水电建设的模型、照片，先后在罗马尼亚、南斯拉夫、阿拉伯联合酋长国、叙利亚、坦桑尼亚、赞比亚、智利、阿尔及利亚等8国展出。同年，永春县农村小水电建设模型在加拿大的多伦多市展出一个多月，后转送到法国的巴黎展出；同年，该模型又送到马里展出。1974年8月20日至9月20日，在土耳其举办的第42届伊兹密尔国际博览会的中国馆，展出永春县东关电站的模型。

从20世纪60年代到70年代，永春县小水电建设从100千瓦以上到1000千瓦以上，实现了由小到大的跨越。至1976年，全县有水电站257座（实际运行203座），装机13672.5千瓦（实际运行12729千瓦），年发电量3331万千瓦时。

第五节 在徘徊中前进，实现历史性转折

1976年10月6日，党中央粉碎“四人帮”，宣告十年“文化大革命”结束。

从1976年11月开始，经过两年的揭批查“四人帮”运动，永春县基本上查清了与“四人帮”阴谋活动有牵连的人和事，教育挽救了说错话、办错事的同志，澄清和纠正了被颠倒的思想路线、理论是非，全县工作和生活秩序恢复正常，工农业生产得到初步恢复和发展。

永春县委对“文化大革命”所造成的冤假错案全部进行复查平反，认真落实党的政策，妥善处理了有关问题；完成对中右不纯案件的复查改正，认真做好安置工作；对反右倾案件全部给予甄别平反；基本完成了对整风整社案件、社教“四清”案件和历史老案的复查；基本解决地下党历史遗留问题并基本完成对已认定的起义投诚人员因被追究历史问题而受到处理的复查。通过平反冤假错案，落实党的各项政策，正确处理人民内部矛盾，调动了各阶层群众的积极性，促进全县安定团结，共同为社会主义现代化建设贡献力量。

永春县委贯彻中央抓纲治国方针，把揭批“四人帮”同整顿和恢复国民经济结合起来，延续新中国成立以来通过群众运动的方法来抓经济、抓革命、促生产、促战备，开展“农业学大寨”“工业学大庆”等群众活动，力争把损失夺回来。

1976年11月，省委、省革委会组织赴大寨、昔阳参观学习代表团，永春派16人参加。1977年1月15—19日，永春县召开有5018人参加的四级扩干会，传达贯彻第二次全国“农业学大寨”会议精神，根据永春县情提出“全党全民总动员，深揭猛批‘四人帮’，大干

苦干七七年，努力建设大寨县”的口号和1977年实现粮食总产闯过两亿关、亩产超“纲要”等奋斗目标和具体措施。随后，由地区261名和县社473名干部职工、积极分子共同组成的普及大寨县工作队，下到永春县城关、五里街、介福、达埔、苏坑、呈祥、锦斗、桂洋等8个公社、70个大队开展工作。同年4月，县委成立普及大寨县办公室，办公室在县委常委直接领导下进行工作，具体掌握普及大寨县运动情况，与农林水办公室合署办公，办公地点设在农林水办公室。

1978年2月12日，县委召开农业学大寨群英会，总结一年来农业学大寨的经验教训，部署深入开展学大寨运动。同年3月，为贯彻全国第三次农业机械化会议精神，加强农业机械化的领导，县委成立永春县农业机械化领导小组。同年6月，县委成立开荒指挥部，下设办公室，对全县荒地进行勘查，编制开荒规划。同年9月，县委成立永春县农田基本建设指挥部，下设办公室。

在普及大寨县运动中，涌现出天马果树试验站(1978年10月改名为永春县天马柑橘场)等先进典型。新中国成立后，永春柑橘山地试种成功，既不与粮食争地，又有超过粮食的经济效益，故从20世纪60年代起逐步推广。1977年起，永春县柑橘种植面积和产量均居全省第一位。同年，全国供销合作总社把永春列为全国100个柑橘生产基地县之一。至1978年，地处海拔600米以上的天马果树试验站开发1552亩山地种植柑橘、茶叶，投产198亩，产量10700担，平均亩产5302斤，总收25.5万元，平均每个职工创年产值4000元。县委经过派工作组进行考核验收，于同年10月5日和25日，分别向晋江地委报告，建议将天马果树试验站和猛虎果林场命名为“大寨式农场”。同月，中共晋江地委认为天马果树试验站是个艰苦创业、发展山区茶果的典型，在永春召开有地、县、公社三级参加的大型会议，号召“学习天马，创办一百五十个以茶果为主的天马式的生产基地”。省委领导同志在地市委书记会上指出，晋江地区平原要学延陵、山区要学天马。同年11月1日，《福建日报》在头版头条位置介绍了天马果树试验站的经验，并刊登评论员文章《学习天马，向山取宝》，号召向山进军，开垦茶园、柑橘园。从1978年开始，全县柑橘生产进入大发展阶段。

经过干部、群众的努力，全县农业生产得到恢复和发展。1978年，全县粮食产量21200万斤，创历史纪录，增产3865万斤，比增22.3%，平均亩产906斤，首次实现跨《纲要》；粮食征购入库2133万斤，多卖加价粮、贡献粮323万斤；柑橘15925亩，产量60957担；茶叶24300多亩，产量11400担，比增12.5%；年底生猪存栏96000多头，比增13%；造林40070亩，比增90%。

1977年1月，中共中央发出《关于召开全国工业学大庆会议的通知》，号召全党、全国工人阶级把工业学大庆的群众运动推向新的阶段。县委传达了通知精神，号召全县人民开展农业学大寨、工业学大庆运动，学习天湖山煤矿铅坑矿掘进五队先进事迹，尽快恢复永春经济。同年3月，县工业系统抽调30名干部组成5个工业学大庆工作队，分别下到下洋铁厂、印刷厂、县车队、农械厂、轮胎翻制厂等5个单位，开展点上运动，以带动全面的工业学大庆运动。同年9月，先后设立县工业学大庆办公室、县外贸局、县社队企业管理局。县工业学大庆办公室设在县工交办，由县委常委林志正任主任，作为县委的日常办事机构，掌握运动情况，交流各地经验，协助县委处理有关日常事务。

1977年4月5日，开建当时永春最长的石拱桥——永春大桥（云龙桥，1978年5月1日竣工）。同年8月3日，开始永春县南湖煤矿会战，发展具有特色的小煤生产，当年全县煤产量达36.27万吨（天湖山矿务局26.02万吨，县煤矿2.7万吨，社煤7.55万吨）。同年，永春化肥厂生产开始恢复，从1976年的低谷中走出来，当年生产合成氨7687吨，碳铵28694吨，并扭亏为盈，产量创历史新高。建成全县落差最大的溪夏电站（装机容量1430千瓦，水头218米），完成装机容量2045千瓦的卿园电站的扩建。

1978年2月12日，县委召开永春县工业学大庆群英会，总结一年来工业学大庆经验，号召工交战线干部职工发扬大庆精神，坚持大庆作风，走大庆道路，迅速恢复永春县工交生产。同年3月，县革命委员会成立金融整顿领导小组，由曾伯虎任组长，加强整顿金融秩序。同年5月，结合贯彻中共中央的“工业三十条”[即《关于加快工业发展若干问题的决定(草案)》]，在整顿企业领导班子的基础上，进一步加强管理，逐步建立岗位责任制、考勤制度、质量检查制度、安全生产制度、经济核算制度等，保证企业的正常生产。

1978年4月，五里街变电所至蓬壶溪夏电站11.6公里的35千伏线路架通，把以蓬壶为中心的蓬壶地区电网与城关电网联在一起。这一年联网的电站有：美山二级，马跳一级，跃进、神潮、岩峰、坑口三级，内崛、枣岭、东平大坑、南蔗电站。同年5月30日，成立横口电站指挥部，开建装机容量4000千瓦的横口电站。5月31日，成立福建省晋江地区龙门滩引水工程指挥部。6月，设立永春县煤炭公司，管理煤炭的生产、运输、销售，当年全县煤炭产量50.18万吨(天湖山矿务局38.02万吨，县煤矿3.12万吨、社队煤矿9.04万吨)。6月，永春轻工机械厂试制成功一台250千瓦1000赫可控硅中频感应电炉，后被轻工部列为定点厂，生产三辊辗磨机和链绞机。6月，以永春电厂检修车间为基础创办永春电机厂，后经机械部电工总局批准，列为生产Y系列电动机定点厂。同年，国家投资4000万元，兴建漳(平)泉(州)铁路的安溪长基至永春下洋14.4千米支线。

1978年，全县工业总产值3879万元，比增24.6%；农村社队企业651家，其中社办108家，队办543家，使用劳动力8000人，总收1075万元，比1977年增加266万元，比增30%，为集体积累资金100万元；全县共有小水电站277座，装机容量18846千瓦，发电量5098万度；财政收入578.16万元，比增16.7%；商业购销两旺，商品零售额4647万元，比增10%；对外贸易额265万元，比增7.7%；民办公助公路建设108千米，年底222个大队有170个大队通汽车，新建社队公路46.4千米；城镇、农村储蓄比增15.76%和21.12%。

1977年8月，中央召开科学和教育工作座谈会，吹响了教育战线拨乱反正的号角。1977年12月，永春县4436名青年参加高等学校、中专的招生考试，被录取本科40名、大专63名、中专110名。1978年被录取大专以上的337名、中专273名。

1978年4月,永春教师训练班改为永春县教师进修学校。同年6月13日,经县委研究决定,恢复"文化大革命"前各中学及县实验小学的校名。全县抓好中小学教师、学生的思想整顿,拨乱反正,肃清"四人帮"的流毒;配合有关部门,抓紧落实知识分子政策,抓紧落实平反冤假错案,改善知识分子工作生活条件,加强教师培训,调整充实教师队伍。中小学开展树立革命风尚活动,恢复被"四人帮"破坏了的优良校风、学风。

1978年秋季,全县小学233所,教学班2330个,在校生6.59万名,教职工2753名(其中民办教师1489名);幼儿园27所,45个班,在园人数1442名,教养员53名;全县21所完中校,3所初中校,69所七年制学校。

"文化大革命"期间,把知识分子作为"资产阶级反动学术权威"或"臭老九"来批判,严重挫伤科技人员积极性。粉碎"四人帮"后,知识分子工作逐步受到尊重,科技领域的拨乱反正渐次推进。至1978年,全县在职科技人员中的冤假错案需要复查的390人(不包括省属天湖山矿务局和197煤田地质勘探队),已分别重新做出结论,全部给予平反、昭雪。除病故的41人、离休退休的57人、退职的51人、无须再安排工作的16人外,收回安排工作的225人。

1977年11月,设立永春县科学技术委员会,初步建立县、社、大队、生产队四级科技网。同月,为贯彻落实中央关于召开全国科学大会的通知,加强党对科学技术工作的领导,县委成立全国(全省)科学大会永春县筹备领导小组,由林士堉任组长,林志正任副组长,王挺尧兼办公室主任,负责开展学科学、用科学、科学试验活动。同时各公社(场)、中学、厂矿等企事业单位相应成立领导组,指定专人负责科技工作。

1978年2月,先后设立永春县农科所、永春县经济作物推广站、永春县柑橘科学研究所、永春县农业机械研究所。同年4月,永春县革委会把农业的四级科技网拓展至厂矿,组成工人(农民)、科技人员、领导干部三结合的科技小组,立足现实,挖潜革新,推广新技术,引进新品种、新工艺,大搞科学试验。

科技实验活动日趋活跃。1976 年秋，在石鼓、城关、东平公社及国营永春农场等 16 个单位进行杂交水稻繁育制种(平均单产 71 斤)，试种比当家品种增产二成，获得成功。1977 年，全县试种杂交水稻 20420 亩，单产增加 3 成以上。1978 年，全县推广杂交水稻 6 万亩，建立平原和山区杂交水稻大面积丰产片(平原 9 个公社、2 个场，31400 亩，早晚两季单产 1600 斤；山区 3000 亩，早晚两季单产 1400 斤)。1978 年 10 月，设立永春县柑橘良种场。天马山柑橘场进行山地柑橘栽培试验获得成功，1978 年、1979 年连续两年得到中央农垦局的嘉奖。县委鼓励社队多种经营，学习天马场、猛虎场，在山坡上种植柑橘、茶叶等经济作物。

1978 年 3 月 18 日，中共中央在北京人民大会堂召开全国科学大会。永春化肥厂的石灰碳化煤球项目和永春县塑料厂的高压聚乙烯交联发泡鞋底项目获全国科学大会奖。

1978 年 9 月 18—27 日，福建省科学大会在福州举行，林一心代表中共福建省委做题为“全党动员、大办科学、为实现新时期的总任务而奋斗”的报告。永春化肥厂的石灰碳化煤球项目，下洋铁厂的碳酸化料球炼铁项目，福建省经济植物研究所橡胶研究室、育种组、福建省亚热带植物研究所和永春县苗圃的橡胶良种“闽林 71—22”项目，荣获福建省科学大会奖。永春县五里街粮店技术革新小组、永春塑料厂三结合科研小组、永春化肥厂碳化煤球三结合试验小组和永春天马果树试验站刘孔永分别荣获全省科学大会“科技先进集体”和“先进科技工作者”称号。

“文化大革命”结束后，永春县卫生事业经过拨乱反正，走上了稳步发展的道路。1977 年，全县 21 个公社卫生院恢复正常的医护秩序，新增培训 85 名赤脚医生，提高合作医疗站的医护水平。至 1978 年底，全县有赤脚医生 454 名，已办合作医疗站的大队有 148 个(占 66.6%)。

1978 年 4 月，国务院发出《关于坚持开展爱国卫生运动的通知》，要求各地爱国卫生运动委员会及其办事机构把卫生运动切实领导起来。同月，县委重新成立永春县爱国卫生运动委员会，恢复开展中断10多年的群众性爱国卫生运动。全县突击开展春秋两次运动,出动37万人次,清理阴沟、垃圾、蚊蝇滋生地,卫生面貌有所改变。同时加强防病灭病工作,将乙脑、流脑、白喉等传染病控制在历史最低水平。县委重视计划生育,提倡晚婚节育。1978年落实计划生育四项手术15180例,人口增长率下降2.3‰。

文化机构逐步恢复,文艺创作和活动又逐步活跃起来。1977年,举办有20个单位参加的小学文艺会演,同年10月举办有14个单位参加的职工文艺会演。1978年1月,举办有22个单位参加的农村群众文艺会演,同年10月举办中小学业余文艺创作演。至1978年底,21个公社文化站相继恢复;县广播站下设21个公社放大站,设61个大队广播室,公社通广播率100%;先后恢复永春县档案馆、永春县掌中班、永春县高甲戏剧团。其中永春县高甲戏剧团自1978年9月恢复后,到同年底,连续演出《白蛇传》300场。全县群众性文化活动日趋活跃,文化精神生活日趋丰富。

县委、县政府重视竞技体育人才培养,城乡群众性体育活动频繁开展,在元旦、国庆、春节期间,县、公社举办篮球、拔河、象棋等比赛。

第三章　改革春潮

党的十一届三中全会提出把工作重心转移到经济建设上来，吹响了改革开放的号角。历届县委县政府带领永春人民抢抓机遇，发挥优势，立足实际，不断解放思想，开拓进取，取得了辉煌的成就。

第一节　工作重心的转移

1978年11月10日至12月13日，党中央召开中央工作会，邓小平在会议闭幕式上做了题为“解放思想，实事求是，团结一致向前看”的重要讲话。这次中央工作会议，为随即召开的十一届三中全会做了充分准备。12月18—22日，中国共产党第十一届中央委员会第三次全体会议举行，做出全党的工作着重点转移到社会主义现代化建设上来的决策，标志着中国共产党从根本上冲破了长期“左”倾错误的严重束缚，端正了党的指导思想，使广大党员、干部和群众从过去盛行的个人崇拜和教条主义束缚中解放出来，在思想上、政治上、组织上全面恢复和确立了马克思主义的正确路线，结束了1976年10月以来党的工作在徘徊中前进的局面，将党领导的社会主义事业引向健康发展的道路。党的十一届三中全会揭开了党和国家历史的新篇章，是新中国成立以来我党历史上具有深远意义的伟大转折。

1978年12月25日，中共永春县委召开常委会，学习十一届三中全会公报。12月27日，县委发出《关于开展“为加快实现四个现代化而奋斗”的学习宣传活动的通知》，组织开展宣传月活动。县委宣传部翻印了《紧急动员起来，为加快实现四个现代化而奋斗》的宣讲提纲，要求各公社、县直机关、工矿厂场企业、中小学学习宣讲十一届三中全会公报和12月25日《人民日报》社论《把全党工作的着重点转移到现代化建设上来》及有关文章，让全县干部群众明确工作重点转移的意义，理解执行中央为加快四个现代化建设而制定的政策和采取的措施，制定本单位大干快上的规划和措施，为加快实现四个现代化做出贡献。

1979年1月4日，县委召开常委会，县委书记郭全明组织学习十一届三中全会、中央工作会议精神，传达省委工作会议精神。1月24日、25日，县委召开常委会，传达华国锋、叶剑英、邓小平在中央工作会议上的讲话，讨论传达贯彻意见。2月3日、4日，县委召开全委扩大会，县革委会委员和十九级以上干部参加。2月5—7日，县委召开各公社党委、部办委负责人，中学校长、书记，大队支书和大队长参加的三级扩干会。两次会议认真传达学习中央工作会和十一届三中全会有关文件，传达讨论省委工作会议有关文件。与会干部深受教育和鼓舞，一致拥护中央关于从1979年起把全党的工作重点转移到现代化建设上来的决策；各级干部联系永春实际，经过反复讨论，对过去有关路线大是大非问题，基本统一了认识，进一步增强了干部群众的团结，调动各方积极性，为同心同德搞四化打下了思想基础；分析了十年动乱的危害，林彪、“四人帮”的流毒影响尚未完全肃清，还有“恐右病”和“宁左勿右”思想等工作重点转移的困难，号召全县人民解放思想，齐心协力搞经济。2月27日，县委召开常委会，学习中央12号文件，讨论贯彻意见。3月3日，县委发文《关于贯彻执行〈中共中央、国务院关于进一步加强全国安定团结的通知〉的意见》，要求全县干部群众充分认识加强安定团结的重要性，珍惜经过严峻斗争付出很大代价而得来的安定团结形势，抓紧落实党的各项政策和解决历史遗留问题，坚持发扬社会主义民主，健全社会主义法制，正确区分、处理两类不同性质矛盾，集中精力搞经济建设，自觉地把加快永春四化建设作为党的中心工作，其他工作要围绕这个中心，为这个中心服务。从此，基本结束了粉碎“四人帮”后两年中永春工作在徘徊中前进的局面，实现了伟大转折，开启了永春改革开放的历史新时期。

改革开放以来，中共永春县委、县政府认真贯彻落实党的路线方针政策，立足实际，不断解放思想，开拓进取。至2011年，永春县先后召开8次党代会，明确提出经济建设的奋斗目标。1984年11月，县第五次党代会提出“坚持改革，富民兴邦，团结奋斗，振兴永春”，搞好经济体制改革，进一步实行对外开放。1987年11月，县第六次党代会提出加强党的建设，深化改革，扩大开放，稳定发展经济；提出建设粮食、水果、茶叶、生猪、煤炭、食品、鞋塑、化肥、建材、电力“十大经济支柱”。1990年12月，县第七次党代会提出坚持改革与发展相结合，开发与开放并举，发挥“山”“侨”“台”优势，把永春建成稳定、文明、繁荣的开放县。1993年12月，县第八次党代会提出加快建立社会主义市场经济体制，把永春建设成为开放、文明、繁荣、小康的贸工农一体化的新型城市。1998年11月，县第九次党代会提出“科教兴农，以工富县，搞活流通，协调发展”的目标。2003年11月，县第十次党代会提出坚持“工业立县、农业稳县、旅游活县”的基本工作思路，扎实推进经济建设、精神文明建设、环境建设、民生建设和党的建设“五大建设”，努力提高工业化水平、农业产业化水平、城镇化水平和人民群众生活水平“四个水平”，努力开创富民强县新局面。2006年7月，县第十一次党代会进一步确立了建设海峡西岸经济区现代化工贸旅游县发展定位，提出以“夯实基层基础，突破工业产业”为工作主线，按照四个生产力空间布局、四个产业导向、“1+5”重点产业发展格局推进产业转型和集聚发展，积极培育发展生态健康产业。2011年7月，县第十二次党代会提出“推进新跨越、建设新永春”的奋斗目标。经过全县上下的共同奋斗，经济建设蓬勃发展。

第二节 农村经济体制改革

一、农村实行家庭联产承包责任制

党的十一届三中全会召开后，永春县农林牧渔等各业逐步实行家庭联产承包为主的生产责任制，其主要形式有小段承包、专业承包、包工到组、联产计酬以及包产到户、包干到户等多种形式。在这个过程中，有的由于长期受“左”的影响和受习惯势力影响较深，个别群众对联产承包制和包干到户不理解，有抵触情绪，出现消极推行或分出去又收回来的现象。

1980年10月，永春县上下认真学习贯彻中央75号文件关于《进一步加强和完善农业生产责任制问题》指示的精神，进一步宣传发动，提高认识，统一思想。

1981年春，生产联产承包责任制在全县普遍得到推行并迅速发展。至1982年5月，全县包产到户和包干到户的已占总户数的95.93%，到1985年包干到户的有2815个村民小组（原生产队），占总数的99.89%。这些单位把集体所有的耕地，以户为单位，按人口分包经营；集体的耕牛、农具、房屋等固定财产或折价归农民所有，或保本保值归农民使用；农业税、粮食统购（1985年改为合同定购）任务和公积金、公益金分摊各户负担。耕地的承包期从包干到户初期的一年一包逐渐延长。1984年，中央提出土地承包期一般在15年以上，家庭承包经营制度从此被确立为农村一项最基本的生产经营制度。永春也开始实行第一轮土地承包责任制。

农村推行家庭联产承包责任制后，农民的生产积极性空前提高，除少数乡村以外，全县大多数农民的温饱问题短时间内得到解决，农村经济趋向活跃。随着家庭联产承包责任制的稳定和不断完善，逐渐形成专业生产即农业专业户和新的经济联合体。农业专业户主要是种植茶、果和经营花卉、苗圃。新经济联合体以自营或承包茶果、加工行业及建筑行业为最多。随着农民家庭自主经营、专业生产和多种经营的发展，农村自给性生产逐渐转向商品性生产，农民收入逐年增加，农村经济进一步发展。全县农林牧渔业总产值1978年为5277万元，2007年增加到203930万元，增长38倍。1978年全县农民人均纯收入43.10元，2007年农民人均纯收入6114元，年均递增15.4%。

二、林权制度改革

永春县属于南方集体林区，90%以上山林属于集体所有。1982年林业“三定”后，通过稳定山权林权、划定自留山、实行林业生产责任制，集体林业经济得到长足发展。但由于大部分集体山林仍由集体统一经营，存在林木产权不明晰、经营机制不灵活、利益分配不合理等突出问题。林农作为集体林业经营主体的地位没有得到有效落实，影响了其发展林业的积极性，制约了林业生产力的发展。为进一步调动林农耕山育林护林的积极性，根据省市两级关于推进集体林权制度改革的实施意见，自2003年1月开始，在全县范围内开展集体林权制度改革。

2003年1—6月为试点阶段。坑仔口镇诗元村被列为省、市集体林权制度改革试点村。试点工作主要是对自留山、家庭承包、联户承包、租赁经营等经营模式进行摸索总结。共完成集体商品林改面积4542亩，改革率达93.7%；林权申请登记面积7609亩，林权申请登记率100%。6月，泉州市林业局在永春县召开全市集体林权制度改革试点现场会，推广诗元村的经验和模式。

2003年7月—2007年6月为全面铺开阶段。按照“县直接领导、乡镇实施、部门搞好服务”的机制，县政府派出8名领导干部组成2个督查小组，对各乡镇工作进行督查。县林业局派出16名技术人员分赴各乡镇指导工作。各村召开村民大会或村民代表大会，讨论并制定改革方案，深入山场，划定界线。改革主要以《中华人民共和国森林法》《中华人民共和国农村土地承包法》等为法律依据，遵循“进一步明晰集体林木所有权和林地使用权，放活经营权，落实处置权，确保收益权，依法维护林业经营者的合法权益，最大限度地调动广大林农以及社会各方面造林育林的积极性，解放林业生产力，发展林区经济，增加林农收入，促进林业可持续发展”的指导思想，坚持“耕者有其山”原则，对全县林木所有权和林地使用权尚未明晰的集体商品林以及宜林地实施林权制度改革。对已明晰权属的自留山，实行家庭承包经营的竹林、经济林及国有、民营企事业等单位和个人依据合同租赁集体林地营造的林木予以稳定，在本次改革中经核实确权，优先予以登记，发(换)全国统一式样的林权证，对规划界定的生态公益林，延缓至下一阶段进行改革，但先发(换)林权证；凡权属有争议的林木、林地暂不列入本次改革范围。

通过集体林权制度改革，完成改革的村(居委会)236个，占100%。明晰产权面积96.5万亩，占93.4%。全县申请登记面积147.2万亩，林权申请登记率99.9%，符合条件的申请登记面积147.2万亩，发(换)林权证面积147.2万亩，林权证发(换)率99.9%，实际完成林权登记面积146.7万亩，占任务的99.7%。宗地数37287宗，发(换)林权证23199本。

2004年4月，国家林业局副局长张建龙到永春，对永春的集体林权制度改革工作给予充分的肯定。同年7月，省委、省政府授予永春县“全省林业工作十佳县”称号。

2007年7月以来为深化阶段。在基本完成集体林权制度改革、林权登记和发(换)证之后，认真贯彻落实省、市以“稳定一大政策、突出三项改革、完善六个体系”为主要内容的深化集体林权制度改革任务。稳定一大政策就是稳定林地承包政策；突出三项改革就是突出林业投融资体制改革、商品林采伐管理制度改革和林业经营方式改革；完善六个体系就是完善林业保护体系、林业服务体系、林业科技支撑体系、林业管理体系、林业生态建设体系和林业产业发展体系。

三、农村税费改革

2003年下半年，永春县开始农村税费改革，取消“三提五统”

(三提:公积金、公益金、管理费;五统:计划生育费、民兵训练费、乡村办学费、乡村道路建设费、优抚款),当年退回已收取的农村教育附加费1520万元、优抚款231万元、民兵训练费96万元。2005年1月开始,全面取消农业税,每年可减轻农民负担约400万元。

第三节 城镇经济体制改革

一、国有工业企业改革

永春县国有工业企业大多创办较早,由于设备老化、规模小、基础薄弱、管理体制落后,造成历史包袱重、资产负债率高,经济效益不佳。自1992年起,永春县开始对国有工业企业有计划地进行改制,并在企业内部进行改革,改革的主要形式有风险抵押承包经营、租赁经营,兼并、关停、破产、解散、合资经营、股份制改革,下岗分流、减员增效等。

1992年开始,永春县国有工业企业管理体制进行改革。大体经历了三个改革阶段:第一阶段为1992年至1996年以承包经营、租赁经营为主的改革阶段;第二阶段为1996年至2000年以关停、破产为主,对劣势国企采取退出的改革阶段;第三个阶段为2000年至现在以产权制度改革的合资经营、国有股份全额转让为主的探索国企向多种所有制转化的改革阶段。

国企改革初期,永春县多数企业改革仍只停留在经营层面上,触及产权等深层次问题的不多,不利于企业长远发展。为了建立"归属清晰,权责明确,保护严格,流转顺畅"的现代产权制度,永春县从四个方面努力推进产权制度的改革。

在产权组织制度的改革上,努力推进国有产权委托代理向企业性的国有产权委托代理制转化。在改革中,永春县成立了国有资产管理委员会及国有资产投资经营有限责任公司。县国有资产管理委员会代表政府把国有资产委托给县国投公司。县国投公司成为县国有产权代表主体，拥有作为国有资产所有者代表所应有的责任、权利和利益，负责县国有产权管理与资本经营，政府不再随意干预国投公司的运作。国投公司与其出资企业之间的委托代理是一种企业性委托代理，为使这种委托代理制成为实实在在的委托代理制，避免出现委托代理虚设的问题，永春县制定了国有产权代表制度，它包括国有产权代表的选拔委派制度，国有产权代表的请示报告制度、国有产权代表的激励约束制度和考核监督制度等。国投公司作为出资者，通过一定的法律程序以董事、监事、财务总监等身份，与被投资企业派驻的其他董事、监事、财务总监等共同组成产权代表。同时，在国企改制中，国投公司作为国有股东，与投资方签订有关合同、协议章程，建立企业法人治理结构，按法律及相关规定参与企业决策与管理，按比例参与收益分配，并建立相应的监督制约与处罚机制。

在现代产权结构的建立上，努力推进投资主体多元化的公司制、股份制改革。除未改制的县煤矿，新设立的山殊电站外，其中：电力公司股份制改造，化肥厂合资经营，印刷厂、水电设备厂风险抵押集体承包，酿造厂、水泥厂国有股份全额转让，力达人造革有限公司国有股份转让，工业供销公司风险抵押承包经营，纺织厂被兼并，黄沙水泥厂、味精厂破产，经济技术开发服务中心停业，第一食品厂解散，茶厂关停，第二食品厂、电机厂、造纸厂关闭。永春县在探索投资主体多元化的改革中，对几家骨干企业进行股改或合资经营，通过公司制改造与国有民营化，吸引资金或民营资本进入国有企业，并利用合资企业灵活多样的筹资融资、资本运作及市场营销、新产品研发、管理体制创新等方面独具的优势，达到优势互补，实现双赢的良好效果，取得较好的成效。

在产权交易机制的建立上，努力推进国有股全额转让。产权制度改革是国企改革的核心，国有资本退出一般性竞争行业，符合十六大有关国企改革精神，是大势所趋。产权主体多元化或国有资本全额退出，必然涉及产权的交易。为实现产权自由有序流转，优化资产结构，实现资源的优化配置，必须建立规范的产权交易制度，比如清产核资制度、资财评估制度、政府审复制度等。凡涉及国有资产的改制，永春县均成立清算小组，对企业资产进行清产核资。清算小组由县国有资产主管部门财政局、企业主管部门经贸局及相关的审计局、劳动局、总工会、银行等组成；凡涉及国有资产合资、股份转让的，还要经过注册会计师事务所对国有资产进行评估认定，力求使国有资产不减值损失。凡涉及国有资产改制的方案，最后均由县政府批复。

清偿企业之间的债务，解决多年来企业因贷款、抵押或相互担保而造成企业产权不清晰的问题。2002年，永春电机厂（债务171万元）、永春第二食品厂（债务810万元）、永春一建公司（债务374万元）、永春力达公司（债务1455万元）合计债务总额2810万元，以现金365万元一次性清偿，清偿比率13%。既盘活了资产、救活了企业，同时又解开了永春第二食品厂、永春一建公司、永春力达公司之间互相担保形成的担保链。永春一建公司（镇办集体企业）还通过支付力达公司的清偿资金，无偿受让了永春第二食品厂在力达公司的所有股权，清晰了产权，打包处置取得一举多赢的效果。2004年，永春化肥厂、永春煤矿、永春第三建筑公司为黄沙水泥厂的担保债务共计本息948.8万元，再次以县国投公司为中介，以现金50万元一次性清偿，免除担保义务，解决了后顾之忧及复杂的产权关系。

通过努力，永春的国企改革取得了显著成效。一是规范产权组织制度，减少行政干预。二是完善法人治理结构，提高企业管理水平。三是产权主体多元化，企业发展壮大。四是国有股权全额引退，实现了产权交易流畅。

经过不断探索与实践，取得了较好成效。至2007年，全县17家国有工业企业实施了改革，大部分国企走出困境，整体经济效益明显提高。主要国有企业永春县电力公司、永春县老醋有限责任公司、永春化肥厂等3家总资产达31191万元，净资产达20360万元，实现利税总额2510万元，分别比2000年增长12327万元、10089万元和971万元。

二、乡镇企业的改革与发展

乡镇企业的前身是人民公社兴办的社队企业，农村集体副业是乡镇企业的萌芽。20 世纪 50 年代中期，农业合作社组织专业队办加工厂、养殖场、电站、果林场，1958 年转为社队办的小企业。20 世纪 60 年代至 70 年代，新办了一批以种植业和农副产品加工为主的企业。1978 年，永春县社队企业数为 651 个，从业人员 8000 人，总收入 1075 万元，固定资产 732 万元，上缴税金 32 万元，利润 89 万元。

党的十一届三中全会以后，实行改革开放搞活经济的方针，农村实行联产承包经营责任制，为社队企业的发展注入了新的活力。县社逐步加强对社队企业的领导，根据资源优势，突出抓茶果、煤炭、水电、加工和建筑等行业。社队也从各自实际出发，制定发展社队企业的规划和措施，并指定一名领导和配备专职干部加强管理。县社队多次组织干部和企业负责人到外地参观学习，解放思想，开阔视野。在发展集体企业的同时，还大力鼓励个体独资或集资办企业，实行社办、队办、联办、个体办“四个轮子”一起转，使社队企业逐渐成为农村经济的支柱，成为农村繁荣发展的必由之路。1984 年 6 月，政社分开，社队企业改为乡镇企业。当年，全县乡镇企业数增加到 1269 个，从业人员 18729 人，总收入 4207.5 万元，固定资产 2725 万元，上缴税金 116.1 万元，利润 600.8 万元，出口交货值 241 万元，总收入比 1978 年增长了近 3 倍。

1985 年是农村产业结构战略调整的一年，也是闽南金三角实行开放的一年。当年 7 月，省政府在莆田县江口镇召开全省乡镇企业现场会议，号召全省乡镇企业沿海学江口、山区学度尾。县委召开了全委扩大会，认真总结开发山区经济的经验，研究部署进一步发展乡镇企业的措施，明确乡镇企业发展的主攻方向：一是天然资源的开发与利用，二是做好农副产品加工和产前产后服务，三是争取出口创汇，四是发展“三来一补”，五是积极发展外引内联，并制定发展乡镇企业的优惠政策。乡镇也制定优惠措施，促进外引内联，支持和鼓励多形式、多渠道、多产业、多层次创办乡镇企业。乡镇领导主动帮助企业办执照、找原料、筹资金，为企业排忧解难。

20世纪90年代，县乡加大发展乡镇企业力度，坚定不移地实行鼓励、扶持、引导和发展的方针，乡镇企业保持持续快速发展的态势。乡镇企业在贯彻“积极扶持、合理规划、正确引导、加强管理”总方针和治理整顿中采取“调整、整顿、改造、提高”等措施，加强对发展股份制企业、发展外向型经济、依靠科技进步、加强横向联合和企业科学管理等五个方面加以指导，促进了资源优势向商品优势、封闭式向开放式、“绿色企业”为主向以工业企业为主的方向转化，初步形成了煤炭、建材、陶瓷、竹木工艺、食品饮料等五大支柱产业。通过采取各种优惠政策和一系列切实可行的发展措施，吸引了一大批内外资金投入乡镇企业的发展。乡镇企业经过长期发展，产业结构不断调整，工业企业比重不断加大，现已成为乡镇企业的重要组成部分。

至1994年，全县创办乡镇企业8194家，是1978年的12.6倍；就业人员70592人，占农村劳动力总数的34.3%，是1978年的8.8倍；总收入224867万元，是1978年的209倍；固定资产42892万元，是1978年58.6倍；上缴税收6652万元，是1973年的207.9倍；利润17752万元，是1978年的199.5倍；出口交货值达31371万元。

第四节　对外开放

1979年，中央做出了“对外经济活动中，广东、福建实行特殊政策，灵活措施”的决策。当年12月，为了适应对外开放的新形势，县革命委员会决定成立永春县侨乡建设办公室，翌年2月改称为永春县人民政府进出口办公室，1984年11月更名为永春县对外经济贸易委员会，1996年7月又更名为永春县对外经济贸易局，2002年5月再更名为永春县对外贸易经济合作局。全县招商引资工作稳步推进，外向型经济取得成果。

福建省永春县对外贸易公司是州市外贸出口骨干企业及海关实施A类管理企业。成立于1963年，1977—1993年外贸局（外贸公司）政企合一、两块牌子、一套人马。公司于1996年8月获得进出口经营权。

一、“三来一补”先行带动

1979年11月23至26日，永春县革委会召开全县三级扩大干部会议暨全县侨务工作会议，传达贯彻中央五十号文件，号召全县干部群众认真学习中央文件，抓住史无前例的历史机遇，解放思想，大胆开拓，千方百计引进外资和开拓国际市场，为振兴永春侨乡经济做出新的贡献。永春县侨乡建设办公室（以下简称侨建办）遂以侨联会的名义发出《倡议书》，宣传中央震撼人心的特大喜讯，推介永春名优产品和丰富资源，鼓励广大海外华侨和港、澳、台同胞回乡投资办厂或引进外资开展“三来一补”（即来料加工、来样生产、来件装配和补偿贸易）及进出口贸易。通过走访联系、多方宣传发动，当年春节，侨胞纷至沓来，光临“侨建办”咨询业务，索取资料。

1980年，永春编写《永春投资指南》，为招商引资提供信息。同年2月，一都中学制衣厂提供厂房、场地、劳力，承接香港都发贸易公司来料加工服装，打响了来料加工第一炮。同年4月中旬，县分管领导带队，骨干企业领导和侨建办人员赴广州春交会，采取馆外设馆形式，展示产品，介绍丰富资源，洽谈业务，收获颇佳。永春塑料厂承接香港嘉联企业公司来样生产电子钟包装盒40万对，价值近80万港元。还有日本北陆天然敷料株式会社定购东平竹凉席4万条，并馈赠劈篾机4台。达埔公社汉口大队与厦门口岸签订出口神香4800箱合同。马来西亚东美公司定购漆篮400对、永春老醋5吨、茶叶15吨，试销永春特产“白釉”2吨及介福瓷器，总计价值257万元。

至1987年，全县共有来料加工企业14家，加工品种有针织毛衣和其他各种服装（共10家）、童鞋、玩具、工艺美术等五类。8年共签订来料加工合同44份，累计实收工缴费140.44万元，港商无偿提供各种机器设备 757 台(件)(其中毛衣织机、圆盘机等填补了永春县该项设备空白),价值 118.48 万港元,带动就业 3280 人。

1988—1991 年,全县增加来料加工企业 52 家,4 年共签订加工合同 84 份,客户无偿提供机械设备 1470 台(件),价值 192.3 万港元,实收工缴费 57.9 万美元。

1992 年,组织全县干部参观来料加工企业,广大干部群众引资热情高涨,采用"走出去,请进来"的招商方式,以诚招商,在香港永春同乡会的大力协助下,来料加工装配业务创历史最高水平,新引办加工企业 5 家,全年实收工缴费 20.46 万美元,客户无偿提供机械设备 557 台(件),价值 18[illegible].2 万港元。加工行业逐步扩大,已有各种服装、针织毛衣、塑料玩具、珠绣毛衣、布塑玩具、工艺饰品、电子玩具、塑料拖鞋等 10 多种类。

2003 年,国家开始增加来料加工优惠政策,永春县相继新增 4 家来料加工企业,年创汇近 70 万港元。

永春县来料加工业务从无到有,从小到大,从少到多,稳步发展,拓展了 13 种行业,既为国家创汇,又提升了永春县的工业技术水平,解决城乡富余劳力出路,增加财源,繁荣城乡经济,为引进三资企业打下扎实的基础。

二、招商引资成绩显著

1984 年,蓬壶镇旅居马来西亚侨亲林万美与蓬壶粮站创办永林联合企业有限公司,开创了永春县引进外资新局面。外商投资该公司 5 万美元,蓬壶粮站投资 20 万元人民币,双方合作经营,生产经营配合饲料。利润分成为中方占 2/3,外方 1/3,合作期限 11 年。翌年 4 月正式投产,1987 年营业额 27 万元。后因外方在马来西亚商务缠身,无暇顾及永林企业,又找不到合适人选代理,蓬壶粮站在县粮食局的全力支持、帮助下,毅然收购永林联合企业,让投资者回收投资,且得利润分成。

1985 年,永春县成为闽南金三角经济开放县。当年新增永发出租汽车有限公司、永春源发塑料制品有限公司、永春岵侨建筑装饰工程公司等合资企业 3 家。

至 1987 年，全县共创办三资企业 6 家，总投资 775 万元，其中合同利用外资 101 万美元，外商进口机械设备 91 台（件），价值 115.11万港元，累计营业额 269.21 万元，利润 50.40 万元，缴纳税收 35 万元。

从 1988 年开始，县外经委逢双月 28 日举行外资企业座谈会，1997 年改为季度座谈会，县政府又新增加迎春座谈会，邀请经理、厂长参加，及时传达国家新出台的政策，了解企业生产经营情况和遇到的困难，互通信息，增进了解，并建立跟踪反馈制度，经多方协调，及时有效扭转税外收费，解决企业水、电、道路及融资等困难。

1991 年，举办“外向型企业国际市场开拓暨产品质量认证培训班”，特邀省质检部门专家授课，96 家内、外资企业参加培训。

2004 年，开始逐步由政府招商为主，转化为政府、企业、社会各界合力招商并重。县委、县政府六次出台鼓励外商投资的优惠政策，引进了恒福织造、盛达化纤、铭辉服装织造等 18 家外资企业，利用外资近 5000 万美元，相当于招商初期 8 年共引进外资 101 万美元的近 50 倍，开创了“以行业引进行业”的先例，有力地拓展了纺织服装行业上、下游配套企业，促进了该行业的聚集与壮大。

2005 年，各乡镇认真贯彻县委“突破工业产业”的工作部署，大力推进县政府制定的“大厂进园区、小厂进乡村”的工作思路，招商引资热情高涨，纷纷奔赴沿海经济发达地区，依托乡贤牵线搭桥，全县共引进项目 23 个，投资总额 37392 万元，有力地推动外向型经济发展。

至 2007 年，永春县累计批准“三资”企业 343 家，总投资 5.4754 亿美元，合同利用外资 4684 万美元，外商实际到资 2970 万美元，在产“三资”企业总产值 18 亿元人民币，比 1976 年增长 38.5%。

三、出口创汇稳步增长

1991 年，东南亚经济疲软，内、外资企业出口呈现下降趋势。根据成都、云南乡贤提供的西部大型国际展销活动网络信息，永春县组织26家内、外资企业到重庆、昆明参加大型展销活动，开拓国际、国内市场。参展企业与境外客户签订第一手出口合同，价值120多万美元，尝到了出口创汇的甜头。为支持企业到境外参加展销活动，县财政补贴企业境外参展展位费和展品托运费50%，争取得到省政府扶持出口专项资金23万元和国际展销经费补贴7.5万元，有力促进了企业出口创汇。

据统计，至2007年，永春县共组织内、外资企业459家(次)参加俄罗斯、德国、法国、美国、意大利等国和东南亚及香港地区国际性著名展销会193场，获得了展位581个，交易金额高达1.2亿多美元，极大地激活了企业的出口活力，增强了企业在国际市场上的竞争力。仅2005年，就组织了43家(次)企业，共获51个展位，参加13场知名国际性展销活动，获直接订单1648.1万美元，既有效巩固了欧美、东南亚、香港等传统市场，又拓展了日、韩、东盟和非洲等新兴市场，在激烈的国际市场竞争中，争得了一席之地。

1996年以前，县外贸公司专门为厦门、泉州、福州口岸组织货源出口，每年春、秋两季选送一些样品到广州参加中国出口商品交易会展出。公司于1996年8月获得进出口经营权，1996年至2001年出口主要以农产品永春芦柑为主，苏坑、介福两地陶瓷为辅，进口主要是从美国进口废纸，每年进出口额200多万美元。

1998年开始，县外贸公司每年派业务员到广州参加一年两届的中国出口商品交易会展出，2001年以后加大出口力度。主要出口产品是陶瓷、树脂、塑料、竹木等工艺品，服装、鞋、雨伞等日用品，羽毛球拍、篮球等体育用品，卫生香、菌类罐头等土特产品，以及芦柑、蜜柚、蜜橘、脐橙等农副产品，产品销往世界各地。

县外贸公司每年出口芦柑、蜜橘、蜜柚、脐橙等水果价值500万美元左右，出口的国家及地区有欧盟、俄罗斯、加拿大、泰国、印度、印尼、马来西亚、新加坡、菲律宾、文莱等地，公司设有10多个水果加工出口基地，出口欧盟和泰国的水果已取得了国家质检总局的果园和包装厂注册登记。2007年度，公司共有四块水果果园取得了中国良好农业规范操作CHINAGAP和欧盟良好农业规范操作

EUROGAP证书，芦柑、蜜柚取得了欧盟水果市场的准入证。

2001—2007年度，县外贸公司出口额分别为279万、499万、1647万、2232万、1799万、3028万、3329万美元。

四、多渠道劳务输出

1986年6月5日，县外经委增设中国福建省永春县国际经济技术合作公司（简称中永公司），开始对外咨询劳务输出。同年7月，派人陪同省经贸委及所属中国福建省国际经济技术合作公司（简称省中福公司）赴香港、澳门地区招揽、洽谈劳务输出业务，组织341人赴新加坡从事建筑业劳务输出。

1988年6月，泉州市对外经贸委组织各县（市）经贸委负责人前往港、澳地区接洽劳务输出业务，县经贸委通过多方努力，获得了向美属塞班岛、非洲毛里求斯等国家和地区输出劳务的机会。

1988—2000年，先后组织近1300人次分赴福州、厦门、漳州参加境外雇主举行的拟出境劳工现场考试26场，共录取制衣、针织毛衣、珠绣毛衣、塑料玩具、电子玩具等外派女工271人。先后输往以色列劳工493人次，年创汇平均约260万美元，仅2001年创汇就高达400万美元。

1989年，县外经委所属中永公司与香港同胞陈先生签订《香港筑路劳务合同》，独辟民间劳务渠道。至1992年，共输出民间劳务115人次，创汇750万港元。

第五节　经济建设蓬勃发展

一、“中国芦柑之乡”与农业八大基地建设

永春是全国柑橘基地县、南亚热带作物名优基地、著名的“中国芦柑之乡”。改革开放后，永春县一直把发展芦柑产业作为支柱产业来培植，并取得了量的突破与质的飞越，柑橘产量和出口量均居

全国各县首位，成就了永春芦柑的辉煌篇章。

20世纪80年代中后期，在国家柑橘收购政策改革、落实农民自留山政策、引进世界银行贷款2100多万元等因素的刺激下，永春芦柑生产迅速发展，从1986年的72835亩增加到1992年的107945亩，再到2005年的152095亩，近20年间增加79260亩；产量从1986年的14721吨增加到1992年的57718吨，再到2005年的244358吨。2005年，芦柑年产值5.7亿元，农民直接从柑橘生产获得纯收入4亿多元。

1997—1999年，永春加强海峡两岸农业合作，借鉴台湾芦柑生产经验，组织实施了永春芦柑综合技术改进项目，提出了疏伐郁蔽果园、培育开心树形、草生栽培、疏花疏果、综合防治病虫害、科学施肥、改进产后处理等综合改进技术，推动传统的以量为中心的生产方式向以质为中心的生产方式的转变。2000年，推行实施《永春芦柑标准综合体》，推广标准化生产技术，促进永春芦柑产业呈现出质的飞越，永春芦柑一级果率从30%～35%提高到45%～55%，果农每年可增收收入3000万至5000万元。

在着力提高产品竞争力的基础上，永春把实施品牌战略作为促进产业发展的重要措施。从20世纪80年代末期开始，就抢占先机，争创品牌。1989年永春芦柑获农业部“优质农产品”称号，芦柑评比第一名；1995年获第二届中国农业博览会金奖、芦柑评比第一名；1994年和1997年两度获福建省优质柑橘评选芦柑第一名；1997年被认定为第三届中国农业博览会名牌新产品；1999年和2001年被认定为中国国际农业博览会名牌新产品；1999年、2001年、2003年被中国果品流通协会授予“中华名果”称号；2000年被认定为福建省首批名牌农产品。通过参加全国、全省柑橘评比，展示永春芦柑的优良品质；通过名牌新产品认定，宣传永春芦柑品牌。1997年，永春县被中国特产之乡推荐暨宣传活动组委会命名为“中国芦柑之乡”。

为更有效地宣传永春芦柑，在1991—1993年、1995年成功举办四届中国永春芦柑节，邀请了中央、省、市领导和海外客商、侨亲

1300 多人参加盛会;李鹏总理还为首届芦柑节作了“愿永春芦柑远销四海”和“大力发展永春经济,芦柑远销四海”的题词;国内外数十家新闻单位对芦柑节盛况和永春芦柑进行了大量宣传报道,在海内外产生了巨大的影响。1993 年成立世界永春社团联谊会,鼓励海内外客商和侨亲经销永春芦柑。1994 年泉州出入境检验检疫局设立永春办事处,为芦柑出口提供良好的服务。20 世纪 90 年代永春芦柑出口量以平均两年翻一番的速度增长,柑橘出口量从 1990 年的 493 吨上升至 1999 年的 37264 吨,此后出口量逐年增加,2005 年全县出口芦柑 5.97 万吨,创汇 2696 万美元。

2003 年以后,受周边县、市普遍发生柑橘黄龙病危害的影响,永春也出现了柑橘黄龙病的发生与蔓延,引起了县大人和县政府的高度重视。县政府多次召开柑橘黄龙病防治工作大会,并于 2006 年将防治柑橘黄龙病作为人大一号议案开展柑橘黄龙病攻坚战,采取有效措施,进行全面动员,有效地遏制了柑橘黄龙病的发生与蔓延,确保柑橘产业的健康持续发展。

为适应我国加入 WTO 的新形势,努力提高农业生产水平,优化农业产业结构,提高农业市场竞争力,实现农业增效、农民增收,繁荣农村经济和社会稳定,2002 年 11 月 6 日,永春县委、县政府专题召开全县农业基地建设工作会议,明确把建设优质芦柑基地、无公害茶叶基地、食用菌基地、毛麻竹基地、蔬菜基地、速生丰产林基地、名优果基地、畜禽基地等农业八大基地作为今后发展农业的重点,捆绑“农发基金、科技三项资金、菜篮子资金”三块资金进行重点扶持发展。2003 年初,县委、县政府出台《关于加强农业基地建设,推进农业产业化进程的实施方案》,并成立县农业基地建设领导小组,下设办公室(挂靠县农业局)。

2003—2005 年,全县共投入农业基地建设资金 1165.75 万元,重点扶持较具优势、特色鲜明、示范带动作用强的农业基地、农业基础设施建设,无公害农业基地建设和标志认证,有效地推动农业农村经济的快速发展。建设山地茶果园 80 立方米以上蓄水池 7 万多立方米,喷灌、滴灌设施 3000 多亩,有效提高了农业综合生产能力。

至2005年底，全县有茶叶生产面积100183亩、产量5796吨，比2002年面积增加38863亩、产量增加34900吨；食用菌种植面积200万平方米、产量28024吨，比2002年产量增加8484吨；肉蛋奶3.52万吨，比2002年增加4127吨；蔬菜种植面积133441亩、产量133143吨，比2002年面积增加896亩，产量增加4302吨；名优果园61656亩，产量20600吨，面积比2002年减少477亩，产量增加3291吨。至2005年12月，全县已取得无公害农产品使用标志27个，绿色食品使用标志4个；2004年建立了县农产品质量检验检测中心；2005年和2008年，永春芦柑和永春佛手茶先后被批准为全国地理标志产品。

2005年，全县农业八大基地完成产值15.41亿元，比2002年的11.59亿元比增32.96%；农业八大基地占农业总产值17.51亿元的88%，比2002年的78.9%提高了9.1个百分点；农民人均直接从农业八大基地获得收入2756元，比2002年的2041元比增35.0%。2011年，全县实现农业总产值29.4亿元。永春发展成为全国柑橘基地县、全国茶叶生产出口基地县、全国水果生产百强县、全国食用菌生产先进县、全省用材林基地县、泉州市重要的蔬菜供应基地。

二、林业的发展

1989年5月，《中共福建省委、福建省人民政府关于加快造林绿化，大力发展林业的决定》提出“狠抓七年，绿化八闽”的目标。由此，永春县开展了声势浩大的荒山造林大行动。1989—1992年，全县人工造林保存面积30.2万亩，是有史以来规模最大、成效显著的造林绿化工程。

1995年，永春县制定了以森林资源培育为基础，以生态环境建设为重点，以绿色产业为依托的林业建设方针。1996—2000年，完成造林更新9.4万亩。1996年10月，永春县人民政府批准划定77处5.9万亩自然保护小区，全县自然保护区（小区）面积达到6.3万亩。牛姆林生态旅游区于1998年开始建设，2003年被评为国家4A级旅游景区，入选“泉州十八景”。

2000年4月，制定《永春县2000—2004年生态环境建设实施意见》，实施以封山育林和绿化为重点的生态环境建设系统工程。开展以沿路沿江面城一重山为重点的封山育林40.7万亩，2001—2005年造林更新8.9万亩，成功绿化了晋江东溪源头雪山6000多亩高山荒地，进一步改善了生态环境，保护了晋江上游水资源，维护了大泉州的生态安全。2001年11月，福建省人民政府批准永春县划定省级生态公益林50.0万亩，占林地的31.2%。

2003年2月，永春县作为泉州市的试点，开展集体林权制度改革。全县232个应改革的村全部实行改革，共明晰商品林产权面积96.2万亩，占应明晰产权面积的93.6%，通过这次改革，基本实现“山有其主、主有其权、权有其责、责有其利”的目标，进一步解放了林业生产力。

2003年6月，《中共中央、国务院关于加快林业发展的决定》发布，进一步明确了林业的重要地位，林业定位也由产业部门向以生态环境建设为重点的公益事业和基础产业双重任务上转变。同年12月，福建省林业厅批准建立魁星岩省级森林公园，以后又相继建立5个省、县级森林公园，共11.0万亩。这些项目的建设优化了生态环境，保护了生物多样性，打造了林业生态县。

2005年6月，永春县开展“省级绿化模范县”创建和申报活动，完成重点整改项目48项，加快非规划林地造林和乡村“四旁绿化”，进一步营造生态良好、环境优美、生活舒适的绿色家园。

永春还加快林业产业化发展，人造板、竹胶板、制香等林产工业不断发展壮大。至2006年，林业工业年产值达到2.0亿元。全县拥有速生丰产用材林基地12万亩，桉树短周期工业原料林得到了较快发展；毛麻竹基地12万亩，竹业产业链逐步形成；花卉茶果基地34万亩，建立了沿省道“泉德线”的花卉产业带。

至2006年，永春县森林面积151.5万亩，森林覆盖率68.8%，绿化程度94.6%，森林蓄积量282万立方米。与1986年相比，森林面积净增31.1万亩，森林覆盖率净增14.2%，绿化程度提高17.1%，森林蓄积量基本持平。至2017年底，全县森林面积156.2万亩，林木蓄积量 539 万立方米，森林覆盖率 69.5%，生态公益林面积 48 万亩。

永春县于 2001 年 9 月被国家林业局授予“全国经济林建设先进县”称号，并被命名为第二批“中国名特优经济林之乡——芦柑之乡”，2004 年 3 月被国家林业局授予“全国森林防火先进单位”称号，2004 年 7 月被省委、省政府授予“林业工作十佳县”称号，2006 年 4 月被省绿委、省人事厅授予“省级绿化模范县”称号，2012 年获“全国绿化模范县”荣誉称号，2019 年获得福建、江西两省森林资源保护发展目标考核唯一优秀等次。

三、工业立县与工业园区的开发

改革开放以来，永春县相继出台优惠政策，发展壮大民营企业，开发建设探花山综合工业园区，加大招商引资工作力度，工业生产步入发展的快车道，规模以上工业企业不断发展壮大，出现了一定程度的区域集中和产业集聚。

改革开放以来，永春县的乡镇企业、个体私营企业从无到有、从小到大，占据了国有经济的“半壁江山”。20 世纪 80 年代中期，永春县只有为数不多的煤炭、小水电、砖瓦建材、竹林加工等行业的小作坊和小企业。进入 20 世纪 90 年代以后，永春县的民营工业如雨后春笋不断发展壮大，先后涌现出美岭、双恒、宏泰、南德、三豪、联盛、盛达、宏顺、万家美等一批企业集团和骨干企业，成为永春县国民经济的重要增长点。2005 年，全县民营工业企业产值达 102 亿元，占工业总产值的 97%；其中规模以上民营工业企业产值达 46.1 亿元，占全县规模以上企业总产值的 89.7%，已成为永春国民经济的重要支撑。

20 世纪 90 年代以来，永春工业产业逐步形成了生物医药、纺织服装、矿产能源、食品饮料、陶瓷树脂、纸品包装等六大主导产业。

2000 年，开始统计规模以上工业企业，计有 66 家。至 2005 年达到 135 家，增加 69 家；完成产值 51.4 亿元，比 2000 年增长 494%；占工业总产值的比重为 47.9%，比 2000 年的提高 25.1%。

在上述企业中，产值在亿元以上的有11家，产值在5000万元以上的有16家。

至2005年底，全县完成工业总产值104.9亿元，比1986年增加103.7亿元，是1986年的90.4倍。工业对GDP增长的贡献率由1986的40.3%提高到2005年的48.3%。三产比例从1986年的38.3∶29.7∶32.0调整为2005年的12.3∶47.1∶40.6。全县拥有国有、集体、个体、外资工业企业5100多家，涉及生物医药、食品加工、机械制造、美术工艺、造纸、采掘、电力、建材等20多个行业，向社会提供1000多种产品，其中永春老醋、养脾散、永春佛手茶、天然芦柑果汁、金橘糖、神香、漆篮等名优产品一直在国内外市场上享有较高的声誉。2011年，全县完成工业总产值283.2亿元，三产结构比例为8.3∶53.6∶38.1。

永春是全国21个小煤生产重点县之一，煤炭产业是永春县的一个主要支柱产业，对永春经济的发展起着举足轻重的作用。永春煤炭业的发展，也随着市场供求关系的变动而不断调整，经历了多次整顿、逐步规范发展的过程。1978年，办矿单位17个，年产煤9万多吨。到1981年，采取“国家集体个人一齐上，大中小煤矿一起搞”和“放开搞、活管好”等发展乡村煤矿的方针政策，调动了各级政府和个体办矿的积极性，同时国家对乡镇煤矿采取扶持措施，办矿体制多样化，有力地促进了乡镇煤矿迅速发展。全县乡镇煤矿发展到21个。1984年至1987年是乡煤矿办矿最多、投放资金最多、产量增长最快的一个时期。仅1984年就新办31个矿。至1987年，全县共有乡镇煤矿63个，其中乡（镇）办16个，村办42个，联办3个，集资办2个，当年产煤53.35万吨。1987年，永春县被煤炭工业部列为全国首批100个重点产煤县之一，在全省5个重点产煤县中，煤炭产量位居第3位。1988年，随着市场对煤炭的需求量增大，煤炭价格水涨船高，出现第二次办矿热潮。1993年，生产销售煤炭达94万吨，1994年突破100万吨。“九五”时期是永春县煤炭工业取得较大进展的时期，乡镇煤矿累计产煤700万吨；“十五”期间，生产煤炭1170万吨。1994年，永春县有乡镇煤矿85个，全年产量

66.98万吨，产值5238.6万元，上缴税收538.88万元。随着1995年12月20日执行《煤炭生产许可证管理办法》和《乡镇煤矿管理条例》及1996年颁布实施《中华人民共和国煤炭法》，乡镇煤矿进入依法开办、依法管理和依法发展的新阶段。至2007年底，全县有"六证齐全"乡镇煤矿43个，核定生产能力为143万吨/年，2007年实际产煤250万吨。

永春县工业园区地处永春县城中心东南部，省道三郊线、泉德线从区边经过，交通便利，具有独特的区位优势。工业园区是全县工业企业的集中地，对于县域经济的发展起着重要作用。

1991年3月，永春县成立留安开发区领导小组和办公室暨开发投资公司，确定在桃城镇留安村留安路两侧成片开发留安经济工业区，列入永春"八五"计划和1991年抓办的十五件实事之一。外来客商先后投资创办了针织厂、服装厂、陶瓷厂、食品厂、皮革厂、塑料厂等近20家工厂。至1996年，已兴建厂房18座，建筑面积47694平方米，县政府自建轻工综合楼等标准厂房4万多平方米。

1997年，省道"三郊线"的建成通车，为探花山综合开发区的开发建设提供了更加有利的条件。县委、县政府提出"九五"经济发展总体构想，首次提出建设现代化的工贸旅游强县，做出"以城区为龙头，东西部经济区为两翼，构筑二条经济走廊，建设三沿经济繁荣带"的战略性规划，并把"三郊线"经济繁荣带和"半小时经济圈"作为经济新增长点和建设的重中之重进行培育。由于留安区域受用地范围的限制已经没有多少发展空间，经过调研论证，决定开发建设永春探花山综合开发区。1999年，县十四届人民代表大会第一次会议把《关于开发建设榜头至德风经济开发区的议案》列为一号议案，开发区的基础设施建设作为全县6项重点工程之一。

1999年下半年，工业园区开始建设。至2000年，县财政已投入1500万元完成探花山工业园400亩土地平整并初步完成园区大门口2万平方米广场绿化，同时吸引县企业家和经济发达乡镇到工业区兴建厂房、投资兴业。到同年底，已引进17家企业及3个乡镇进行厂房的放样、施工建设。2001—2003年连续三年获得"福建省级工业园区建设先进单位”称号。

2004 年，县委、县政府在完善榜德区域基础设施的基础上，沿榜德公路延伸段东侧和永仙公路济川段两侧进行集中带状布局，成片开发轻纺鞋服加工小区用地 1000 亩。对道路、企业用地进行前瞻性规划设计，定位为沿海发达地区纺织服装行业拓展的专业化加工生产基地。并在园区边建设 30 多亩的溪滨花园、110kV 变电站、污水处理厂，配套好生产服务，实现生产要素资源共享，使榜德园、轻纺鞋服园两个小区成为工业园区的形象区位。同时，县政府要求全县各乡镇引办的工业企业相对集中到园区来发展。

2005—2006 年，为推进集约化工业园区建设，营造低投资成本环境，方便小企业进驻，做到“用地集约、工业集中、企业集聚、产业集群”，在工业园区划出专门地块建设县标准化厂房区，规划总用地 1500 亩，建筑面积 160 万平方米，计划投资 18 亿元，分 2 期 4 批投入建设。2005 年 9 月，举行标准厂房建设奠基仪式，邀请香港、印尼、马来西亚侨亲及实力客商 60 多人到场参加，扩大标准化厂房对项目投资的影响力，营造浓厚的创业氛围。首期县标准厂房区用地 180 亩，计划用 3～5 年时间建筑标准厂房 8.3 万平方米。瞄准晋江、石狮等地轻纺鞋服企业、莆田电子企业转移的动向，主动接触，做好行业招商、联营招商和以企引企工作，以强势的扩张力来做大产业群。同时实施“大厂进园区、小厂进乡村”，各乡镇引办的较大规模企业落户县工业园区，使园区龙头和骨干企业数量倍增，增强带动力和辐射力。

2006 年 7 月，永春县工业园区获得国家发改委审核通过，属省级开发区。2007 年，规范工业园区管理体制，整合乡镇工业小区蓬壶镇农副产品加工园、达埔镇台商投资创业园、苏坑镇陶瓷工业园、介福乡陶瓷工业园列入县工业园区。2006—2007 年，主要做好千亩生物医药产业园的立项、规划、征地、报批和开发建设工作。2007 年 9 月，县政府决定拓展建设轻纺鞋服园济东片约 700 亩用地，搞好平整及路基、水、电等基础设施建设。至此，永春县工业园区开发规模达到 6000 亩。

至2007年底，工业园区已进驻企业101家，其中已投产90家，建成停产或拟出租企业8家，在建3家。规模以上投产工业企业达到30家。园区有服装织造企业28家、陶瓷树脂11家、食品饮料9家、机械化工15家、纸制品及其他18家、汽车贸易6家，企业集中后，逐渐形成了产业分明的生产布局，初步形成产业链。引进了“安踏”“赛丹”“万姿曼”“图图”等中国名牌、中国驰名商标企业入驻。2003—2007年，永春县工业园区工业产值分别为1亿、3亿、8亿、17亿、25亿元，上缴税收分别为300万、500万、1000万、3310万、5000万元。

四、“全国小水电之乡”与“全国农村电气化县”建设

1982年11月3—4日，中共中央总书记胡耀邦、水利电力部第一副部长李鹏来永春县视察农村水电。3日晚，胡耀邦亲自主持召开“中国式农村电气化座谈会”，在永春发起建设中国式农村电气化，决定先搞100个试点县，在我国水电发展史上树起一座里程碑。当时永春县横口电站第一期工程2台/3200千瓦，正在施工中，在胡耀邦关怀下，水电部拨款100万元和外产水泥指标1000吨支持。

1982年12月，国家水电部派出以白林处长为首的工作组，到永春县指导编制“永春县农村电气化规划”，这是全国第一个县级农村电气化规划，引起很大反响。全国100个农村电气化试点县，包括准备第二批搞电气化的县，纷纷派代表前来永春取经，计1500多人次。

1983年1月，永春县委书记林士堉一行赴京汇报农村电气化工作，胡耀邦在中南海接见林士堉一行，并勉励永春要第一个实现农村电气化，李鹏副总理也多次接见林士堉一行。这一年，永春县成立农村电气化领导组。

1983年9月26日，永春横口电站第一期工程2台/3200千瓦，提前半年建成发电，解决了永春县西部长期电力不足状况，为全县实现农村电气化打下良好基础。李鹏副总理发来贺电，希望永春县为早日实现中国式农村电气化努力奋斗。

1986年11月，福建省人民政府办公厅委托省水电厅对永春县进行达标验收，永春县成为全国第一批第六个农村初级电气化县。

之后，永春县参与开发规模宏大的龙门滩引水工程，引进外资和推行股份制办电，小水电发展又跨上新的台阶。1985—1995年的10年中，全县新增水电装机9468千瓦，发电量2590万千瓦时。

在完成农村初级电气化县建设后，2001年11月9日，永春县又被水利部列入“十五”期间全国400个水电农村电气化建设县。同年12月，永春县成立水电农村电气化领导组，以“中国水电农村电气化标准”和县“十五”计划用电负荷为依据，坚持以服务“三农”（农业、农村、农民）为指导思想，以1999年为基准年，2005年为达标年，编制《永春县水电农村电气化规划》和实施计划，2001年实施。

2000年4月，永春县开始实施农村电力管理体制改革，改乡镇电管站为县电力公司直接管理的乡镇供电所，至2002年4月，全县厂网分离，标志着体制改革基本完成。按照边改制边改造的原则，至2002年底全县农村电网改造基本完成，2003年1月1日全县实施城乡同网同价。“两改一同价”工作整体顺利推进，实现全县电网“五统一”，进一步为实现水电农村电气化奠定坚实基础。

2003年，全县总用电量42600万千瓦时，人均用电量775千瓦时，同基准年比较增长48%，户均生活用电量538千瓦时，增长61%，电炊户占总户数28%。对照水电部颁发的《水电农村电气化标准》提前两年达标。2004年11月，通过预验收。2005年3月2日，通过了福建省水利厅组织的水电农村电气化县建设达标验收。

随着农村电气化事业的发展，到2007年，永春县小水电装机容量达到10.88万千瓦、年发电量3.8亿千瓦时，比1977年的装机容量、年发电量分别增长了5倍、8倍。据统计，当时福建全省总共建成装机5万千瓦及以下小水电站6608座，装机容量734万千瓦，年发电量243亿千瓦时，居全国第三位。永春县约占全省水电发电量的63%，占总发电量的13%。

五、旅游业的兴起

永春县有得天独厚的地理条件，山清水秀，自然景观幽美，历史人文底蕴深厚。

1998年，县委、县政府立足区域实际，依托丰富秀美的自然旅游资源和悠久的人文历史资源，紧抓“绿色生态”主题，大力开发旅游资源，提出了“做优特色旅游产业，建设海峡西岸经济区现代生态工贸旅游县”战略思路。1999年，永春县邀请华侨大学旅游科学研究所编制《永春县旅游发展规划(1999—2015年)》，并于2000年经县人大审议通过，为永春旅游业向科学化、规范化方向发展提供了蓝本。2003年9月，永春县根据发展生态旅游的需要，邀请南京大学城市与资源学系编制了《永春县旅游发展总体规划》，并于2005年7月经县政府办公会审议通过，进一步明确了永春县旅游业向生态休闲旅游产业发展的总体思路，努力构筑以西部牛姆林生态旅游区为龙头、东部历史文化和乡村旅游为依托、中部蓬壶的宗教文化和生态农业旅游为连接带的旅游发展格局。

在科学规划指导下，全县上下致力于生态旅游建设，至2006年共投资2亿多元人民币，开发绿色生态旅游。特别是牛姆林生态旅游区，共投入资金1.5亿元，用于牛姆林基础设施和景点开发建设，开辟了青钱柳、好汉坡、臼尖观日、绿岛水上娱乐等生态旅游线路，开发了射击射箭中心、森林野战营、高空滑索、滑草场等旅游设施和项目，旅游环境大大改善，品牌得到进一步树立，现年接待游客20万人次，被誉为我国“滨海地区发展生态旅游的典范”和“福建省旅游业的后起之秀”。2003年，牛姆林成功申报国家4A级旅游区，并获评泉州十八景，成为福建省知名的生态旅游品牌。在打造牛姆林生态旅游品牌的同时，2003年，永春县依托丰富的农业旅游资源，瞄准泉州市农业旅游的空白，与建设社会主义新农村相结合，投入资金5000多万元，设了泉州首家农家乐旅游区北溪村和蓬壶“仙岭—观山—汤城”农业旅游观光区，开辟农家生态旅游、社会主义新农村、食用菌种植科普、果园采摘、农业科普等旅游项目，建设10家农家饭店、10 家农家旅社和 3 家农副产品专卖店。2006 年，两个旅游区积极申报国农业旅游示范点，努力建设成为省内知名的旅游村镇。2003 年，百丈岩风景区成功申报国家 3A 级旅游区；2004 年，魁星岩风景区成功申报省级森林公园，又于 2006 年积极申报国家 4A 级旅游区。乌髻岩和普济寺—仙洞山也在申报国家 3A 级旅游区，全县生态旅游品牌集群正在形成，生态旅游产业逐步壮大。

1998 年以来，永春县致力生态旅游品牌打造和旅游客源市场拓展。先后举办了 1999 年永春县牛姆林探幽生态旅游推介会、2001 年永春县牛姆林生态旅游推介会、2002 年第四届泉州旅游节、2004 年绿色永春生态旅游推介会等大型旅游推介会，与洛江、惠安、安溪、德化等兄弟县区组织了百人促销团队，于 2004 年和 2005 年分别到福州、潮汕举行推介会。还借助社会团体举办了形式多样、主题鲜明的促销活动 20 多次。在各类报刊发表旅游宣传文章 1000 多篇次。制作了《永春旅游指南》《永春风光名信片》等宣传画册 45000 册。印发彩色折页、彩色宣传单 50 多万张。主要发放省内的福州、厦门、泉州等发达地区以及广东、浙江等地，取得了显著了成效，打响了永春县绿色生态旅游品牌。特别是第四届泉州旅游节的成功举办，使永春旅游得到突破性、跨越性发展。2002 年 4 月 28 至 30 日，由泉州市人民政府、福建省旅游局、福建省文化厅主办，永春县人民政府承办的第四届泉州旅游节在永春县隆重举行。全国人大常委会原副委员长王汉斌、中国侨联副主席唐闻生、中国工程院院士林俊德以及省、市领导参加了旅游节活动。“生态旅游、生态人居、生态文化”成为本届旅游节的最大亮点。旅游节期间，永春县推出的牛姆林生态旅游区、“国际（永春）白鹤拳演武大会”和“中国（牛姆林）野菜品尝宴”三个富有特色的旅游项目，引起了广大海内外游客的浓厚兴趣。此次活动内容还包括重点工程奠基剪彩、永春籍名人专场报告会、国际女排邀请赛、新闻发布会、经贸和旅游项目签约等 12 个项目。在经贸旅游项目签约活动中，共签订项目 35 个，其中工业企业投资项目 30 个，投资总额 3.168 亿元，旅游团队合作项目 5 个。此外，在旅游节期间，海内外乡亲踊跃捐资永春慈善总会、公益事业、旅游业等项目，总捐资金额达3500多万元。

六、交通运输业的发展

1986年，永春县通车里程910.11公里，其中省道公路4条196.6公里，县道124.45公里，乡村公路74条519.8公里，林业专用公路7条26.9公里。按等级分，三级公路7条207.55公里，四级公路87条684.86公里，等外公路17.7公里。全县93%的行政村通公路，但90%的公路无铺设路面，晴通雨阻。全县每百平方公里拥有62公里公路。

1992年，永春县贯彻福建省“马江会议”精神，发出了举全县之力建设公路先行工程的号召，同年9月成立永春县公路建设开发公司，负责本县境内公路工程建设管理、筹集公路建设资金。1993年4月开工，至1998年12月完成省道三郊线、泉德线132.6公里的二级山岭重丘公路建设，总投资6.7亿元，实现了永春公路交通从制约经济建设的“瓶颈型”到“基本适应型”的历史跨越。

1997年，永春县实现村村通公路，但大部分公路为砂石泥土路面，等级低、雨天车辆通行困难，严重地制约了经济的发展。1998年以来，县委县政府将通村公路硬化作为全县重点工程来抓，并于1999年出台每公里公路硬化补助4万～6万元的政策，至2005年9月，永春县累计硬化村道923公里，在全省建制县中率先实现了通行政村道路硬化率100%。

2000年11月开工建设三条公路，2001年5月全线通车。三条公路即省道305线岵山—环岛路段（6.2公里），德风—三郊线榜头—石鼓大桥路段（8.5公里），103线、205线曲斗桥—溪塔格路段（12公里），总里程26.7公里，投资1.1亿元。这对于加强牛姆林生态环境建设和改善永春投资环境、发展永春旅游业起到重要作用。

至2005年，全县通车里程达2327.03公里，其中4条省道237.63公里，9条县道173.86公里，乡村公路1296.901公里。全县每百平方公里拥有158公里公路。

2005年11月，泉州至三明高速公路永春路段征迁工作全线启动。2009 年 3 月 15 日，泉三高速公路泉州段建成通车。2014 年 1 月 1 日，莆永高速公路通车，永春设置湖洋和永春东两个出入口。

2011 年，全县公路里程达 2640 公里。

道路运输业发展成为永春的主要支柱产业之一。1986 年，永春拥有汽车 794 辆，拖拉机 2261 辆，机板车 147 辆。至 2006 年，永春计有货运企业 10 家，各类维修企业 600 家，普通货运车辆 3097 辆，危险货物运输车辆 20 辆，农用运输车辆 242 辆，改装车 940 辆，客运企业 3 家，客运车辆 121 部 2841 座。全县交通运输业稳步发展，客货运输市场日愈公平、公开、竞争、有序，日渐满足全县人民群众的生产、生活需求。

第六节　社会事业在改革中前行

一、教育体制改革与发展

1985 年《中共中央关于教育体制改革的决定》颁布后，永春县基础教育实行“地方负责、分级办学、分级管理”的教育体制，实行县、乡、村三级办学，县、乡两级管理，统筹基础教育、职业教育和成人教育，统筹规划经济、科技、教育的发展，调动了各级政府办学的积极性和主动性。2001 年，国务院颁布《关于基础教育改革与发展的决定》，为发展农村教育，办好农村学校，进一步缩小城乡教育差距，永春县对农村义务教育管理体制再次做出重大调整，实行“由地方政府负责、分级管理、以县为主”的管理体制。健全义务教育经费保障机制，教育经费落实，依法做到教育经费的“三个增长”（教育财政拨款的增长高于财政经常性收入的增长，并使在校学生人均教育费用逐步增长，保证教师工资和学生人均公用经费逐步增长）。教师工资从 2001 年 1 月起，由县财政国库统一按时足额发放。全面实施免费义务教育，完善确保弱势群体子女就学的长效机制。从 2006 年春季开始，全县所有义务教育阶段学生全部免除学杂费，免学杂费补助资金由省、市、县财政共同分担；对困难学生、特教学生从 2005 年秋季开始免费提供教科书，补助资金由省级财政承担；对农村义务教育阶段学生从 2007 年秋季开始免费提供国家课程教科书，所需资金由中央财政承担。对家庭经济困难寄宿生实行生活补助，永春县从 2003 年 3 月起在全市率先每年拨出 50 多万元专款补助困难寄宿生改善生活，小学每生每月 14 元、中学每生每月 16 元；2007 年提高补助标准，统一提高到中小学每生每月 30 元。从 2007 年 9 月起，对农村义务教育阶段寄宿中小学生实行生活费补助，补助标准为初中、小学所有寄宿生每生每天补助 1 元，其中低保家庭的寄宿生小学每天补助 2 元、初中每天补助 3 元，每月按 30 天计算，补助资金由省级财政承担。

20 世纪 70 年代，为解决师资严重不足的问题，陆续从高、初中毕业生中聘一部分人做民办教师，专任教师的学历达标率偏低。20 世纪 80 年代后期起，县教育行政部门除大力鼓励教师参加自学考试、在职函授等形式提高学历层次外，还为学历未达标的教师先后举办教材教法合格证书考试辅导班和专业合格证书考试辅导班，教师队伍的素质日渐提高。1996 年下半年开始，永春县根据国务院 1995 年颁布的《教师资格条例》进行教师资格认定工作。从 2005 年起，新招聘的师范类毕业生全部实行教师资格准入制度，至 2007 年底，在职专任教师全部通过相应的教师资格认定，取得证书，全部实行持证上岗制度。从 2000 年起，实施“名教师”培养工程，每三年组织一次评选县级中小学学科带头人和骨干教师，教师队伍素质显著提高。至 2007 年，高中专任教师具有本科及以上学历者达91.66%，初级中学专任教师具有本科及以上学历者达 65.34%，小学专任教师具有大专及以上学历者达 53.96%；有特级教师 5 人，国家级骨干教师 4 人，省学科带头人 8 人、省级骨干教师 32 人，市学科带头人 27 人，参加市级骨干教师培养对象培训 588 人，县学科带头人 80 人，县骨干教师 205 人。加强校长队伍建设，实行校长负责制，党支部发挥政治核心和保证监督作用，建立完善的校长继续教育和培训体制，校长任职资格培训率达 100%。完善学校管理体制，2005 年

12月根据福建省委有关文件精神，成立中共永春县委教育工作委员会、中共永春县纪委教育工作委员会，2007年9月，县委教育工委正式与县文教机关党委会移交交接党务管理工作，县委教育工委管理教育走上规范化轨道。

改革开放以来，永春县按照“培养能力，发展智力，因材施教，教书育人”的改革目标，在教法上提出“启迪思维，打开思路，逐步形成读读、议议、讲讲、练练”的教学方法。1979年秋，全县初中改为三年制，高中从1982秋起改为三年制；1983年秋，重点小学、各中心小学的一、二年级开始改为6年制，1987年又恢复为5年制。90年代，教学改革有了进一步发展，在教学过程中注重充分发挥学生的主体作用和教师的主导作用，废除注入式，运用启发式，进一步开发学生智力，减轻学生课业负担。1997年，基础教育开始由升学教育向素质教育转轨，是年永春县被省教委确定为全省素质教育联系县。永春县抓紧制订工作方案，建立素质教育评估体系，改革考试和评价方法，取消了小学升初中统考制度，实行划片招生，就近入学。2002年起，全县小学教育实行6年制。2003年，全县小学、初中起始年级学生全部参加课改实验；2006年，全县高中起始年级全部参加课改实验。为加大课改实验力度，先后制定一系列规章管理制度，健全和完善了县、片区、校各级教研网络，教育教学改革逐步深入，教育教学质量稳步提高。截至2007年，全县有2所省级素质教育工作先进学校、22所市级素质教育工作先进学校；自1977年恢复高考制度以来，为国家输送大中专学生5万多人，其中有8人总分居市第一名，6人单科成绩居省第一名，30人单科成绩居市第一名（不含省第一名）；2007年全县高考本、专科上线率分别为43.06%、80.64%，万人口本、专科上线人数分别为35.82、68.84，均超过泉州市平均水平。

改革使永春迎来了教育的春天。无论是学前教育、基础教育，还是职业教育，都得到了全面的发展。

学前教育得到普及。“文化大革命”后，幼儿教育得到发展，1979年复办实验幼儿园，实验小学、东里小学和各中心小学复办中心幼儿园。1980年，全县225个大队中有150个大队办了239所幼儿园(班)，入园幼儿7539人，学龄前入园率达63.6%。1987年，港胞张石麟先生捐资68万港元和15万元人民币兴建实验幼儿园新园舍。1989年，幼教工作由妇联移交给教育局主管，是年永春县被省教委评为“福建省幼儿教育先进县”。1990年10月，全县实行幼儿园登记注册制度，全县有222个办园点、379班，教职工有456人，在园幼儿12686人，学前三年幼儿入园率47%，学前一年幼儿入园率87%。1991年8月，附设在实验小学的幼儿园独立为“永春县第一幼儿园”。1995年，新加坡著名实业家郑仓满先生捐资250万元创办仓满幼儿园；1996年，新园舍正式投入使用。1995年12月，第一所私立幼儿园——新华幼儿园诞生。1997年，达埔镇政府多方筹资330多万元新建标准化的达埔中心幼儿园。1998年，台胞林世哲先生捐资120万元人民币，在五里街华岩村兴建第一幼儿园综合楼一幢。1999年秋，仓满幼儿园被评为省标准幼儿园；是年12月，实验幼儿园被评为省优质幼儿园。2000年，永春县被确定为泉州市农村幼教改革试点县。2001年，仓满幼儿园通过“省优质幼儿园”评估验收。2002年，台胞林世哲先生再次捐资100万元人民币，兴建第一幼儿园教学楼一幢，为昭扬林世哲先生热爱桑梓教育事业的精神，经县政府批准，是年2月第一幼儿园更名为“福建省世哲幼儿园”，并于6月份通过“省标准幼儿园”评估验收。2002年12月，全市农村幼教改革试点工作现场观摩会在永春县召开，永春县课改经验在省、市推广。2005年世哲幼儿园通过“省优质幼儿园”市级验收。2006年，第二所私立幼儿园——欣星幼儿园诞生。到2007年，全县有幼儿园(点)205个、教学班432个，教职工598人，在园幼儿13289人，3～5周岁幼儿受教育率达到85.69%，学前一年幼儿受教育率达到99.25%。

基础教育成绩喜人。1978年后，重新提倡多种形式办学，学龄儿童入学率迅速提高。从1980年起，永春县按照省教育厅部署，致力普及小学教育，抓“四率”(入学率、巩固率、毕业率、普及率)，1984年经省市验收首先实现“四率”达标，提前一年实现普及初等教育。

1987年，全县有小学230所，在校生5.68万人，90%升入初中。1987年，市政府颁发《泉州市实施九年义务教育规划》，永春县多方筹资新建一批初级中学，至2000年创办、复办初级中学9所（汤城中学、延清中学、和平中学、湖洋中学、崇贤中学、达埔中学、鲁国中学、城南中学、美岭中学）。1990年，成立永春县普通教育督导室（1999年，更名为永春县人民政府教育督导室），1992年在全县范围内开展以教育管理、事业发展、队伍建设、教育经费、校舍设备、德育工作等为内容的教育六项督导（下称"六督"），积极推进基本普及九年义务教育和基本扫除青壮年文盲（下称"两基"）工作进程，1994年接受省级"教育六督"评估验收达到优级水准，1996年通过省评估验收，1997年被评为全国教育"两基"工作先进县。做好残疾儿童就学工作，1996年4月，在桃城中心小学旁边创办永春县特殊教育学校，正式招收聋哑生一个班，同时将鹏翔小学培智班（1993年招生办班）并入，在校生24人；1997年11月，学校迁到长安小学；1999年10月，在长安村建设新校园，2001年9月投入使用。大力发展优质高中，1994年永春三中被确定为福建省重点中学，1995、1997年永春侨中、永春五中分别被省教委确认为三级达标学校，1999年永春一中、永春三中分别被省教委确认为一级达标学校、二级达标学校，2003年美岭中学、城南中学升格为完中校，城南中学更名为"福建省永春第二中学"，2005年永春三中、永春六中分别被省教育厅确认为一级达标学校、三级达标学校。2003年，省教育厅把永春县列为"十五"期间全省实施高水平高质量普及九年义务教育（下称"双高普九"）的33个县（市、区）之一，2005年11月，永春县"双高普九"顺利通过省政府验收，成为全省第一个"双高普九"达标县。随着农村出生人口下降，许多农村小学和部分初中已不成规模，为创造条件让农村孩子在学习的起步阶段能接受条件更好的教育，从1999年开始撤点并校，至2007年全县撤并6所初级中学、65所小学、115个办学点，创办36所寄宿制小学。2007年，全县有完小151所（其中省示范小学1所、省农村示范小学12所）、办学点8个，在校生35332人，教师2795人，小学入学率达100%，毕业生全部升入初中;特教学校1所,在校生107人,教师21人,残疾儿童入学率达97%;初级中学24所(其中市初中达标学校9所),在校生21770人,教师1862人,初中毕业生升学率达80.7%;高级中学1所、完中7所(其中省一级达标学校2所、二级达标学校1所、三级达标学校2所),在校生10476人,教师837人。永春县历来重视办学条件的改善,特别是进入21世纪以来更是加大教育投入力度,为全面推进素质教育提供了强有力的保证。2001—2007年,投入6300多万元实施危房改造,新扩建校舍58幢,建筑面积达8.8万平方米;投入6000多万元用于中小学信息技术教育工程建设和添置中小学实验仪器、体美音工劳器材,全县有多媒体教室234间、语音室69间、计算机室210间、电子备课室及电子阅览室5间,计算机机生比小学1∶9.2,中学达1∶12;40所学校建设有校园网,所有学校均实现宽带上网;投入400多万元改造学校旱厕,全县所有中学、中心小学全部消除旱厕;2005—2007年,投入5700多万元做好永春一中西扩及校舍建设,永春二中按省二级达标中学的标准,投入3000多万元完成了教学大楼、食堂、宿舍楼等建设;美岭集团投入2.1亿元建设美岭中学;全县还投入2000多万元用于其他完中的校园建设。

职业教育富有成效。1981年在街尾创办城关职业学校,1987年更名为永春高级职业中学,1995年升格为职业中专学校并被确认为泉州市重点职业学校,1996年春永春职业中专学校迁到原永春师范的校址。“八五”到“九五”中期,永春县还先后在一都中学、玉斗中学、永春四中、永春七中、永春八中、文明中学、茶果场中学和永春侨中、永春五中、永春六中附设职高部和技工班,“九五”后期陆续停办,仅存永春职专一所职业学校。重点推进永春职专建设,不断创新办学模式,推行学历教育、校企合作、订单培养、劳动力转移培训等办学模式。从2007年起实施职业中学学生国家助学金政策,每生每年享受1500元国家助学金,职业教育办学质量和效益不断提高。2007年3月永春职专被省教育厅确认为省级重点中等职业学校,有在校生1858人,教师107人。截至2007年,永春职专和其他附设职高部、技工班先后培养1.2万多名毕业生。

重视发展成人教育。1980年2月创办永春县电大工作站，至2007年先后招收2360多名学员。1987年12月国家教育委员会、农牧渔业部、财政部颁发《乡镇农民文化技术学校暂行规定》后，永春县开始建立乡镇农民文化技术学校，至1992年底全部建立乡镇和村级农民文化技术学校，至2007年有省示范性乡镇农民文化技术学校2所，农民文化技术学校积极开展农村科技和劳动力转移培训，对促进永春县农村经济又好又快发展发挥了重要作用。1995年元月成立永春县成人中等专业学校，开设了涉外会计、农村电气化、现代乡村综合管理等专业，先后培养310多人，2002年6月停办。

二、科技体制改革与发展

1978年，恢复永春县科学技术委员会，1996年更名为永春县科学技术局。改革开放以来，永春县不断完善科技领导机制和政策体系，加大科技投入和科技创新，整合科技资源，加强科技示范，推进科技进步，取得了一系列可喜成果。

1985年，根据《中共中央关于科学技术体制改革的决定》，科技三项费用(新产品试制费、中间试验费和重大科研项目补助费)改以往的无偿使用为周转金有偿合同形式。1992年科技三项费用纳入县财政支出预算，县级财政科技投入稳定增长。1995年5月，成立永春县科技奖励基金会。1999年，永春县科技局制定《永春县科技发展基金项目计划管理暂行办法》，2000年，县财政局划拨130万元，在科技发展基金费用中列支，有偿周转使用。2000年，成立永春县工业企业创新风险基金。2003年9月设立“永春县专利申请资助资金”。2007年设立“生物医药发展资金”专项账户。

1988年，中共永春县委做出《关于支持鼓励科技人员、机关干部承包、承租、领办、兴办企业的暂行规定》。1992年，为了进一步落实县委、县政府制定的《永春县扩大对外开放的若干措施》，进一步深化科技体制改革，永春县科委做出《关于鼓励科研单位创办科技经济实体的意见》，允许并鼓励各科研单位，科技管理部门和各科技学会、协会、研究会创办经济实体，促进科技与经济相结合。1993年2月，成立永春县技术市场管理办公室，加强技术市场管理。

1992年，县财政将科技三项费用列入财政预算，根据《科技进步法》，依法稳步提高财政对科技进步的投入。2005年，永春县科技三项费用投入已占当年县级财政决算支出的1.37%。在"九五"和"十五"期间，永春县组织实施国家、省、市、县各级科技计划项目627项，投入科技三项费用4318.7万元，其中县级财政投入3470.7万元。

1992年以来，永春成立了以县长为组长、有关部门主要领导为成员的科技工作领导小组，科技副县长也配备到位；1992—1996年，各乡镇相继成立科委并配齐科技副乡镇长。1996年10月，永春县成立"永春县科教兴县专家顾问团"。

1996年1月15日，永春县召开全县科技大会，制定了《永春县科学技术发展"九五"计划和2010年规划纲要》。1999年10月，县委九届二次全体（扩大）会议出台了《关于加快实施科教兴县战略的决定》。1996年，省科委挂钩永春帮助开展农村奔小康工作，县委、县政府做出《全面实施科教兴县战略，为永春经济和社会发展实现新一轮的跨越而努力奋斗》的决定和《关于贯彻〈中共中央、国务院关于加速科学技术进步的决定〉的实施意见》。自1991以来，永春县还先后制定了《永春县科技发展基金管理办法》《永春县工业企业技术创新风险基金管理办法及细则》《永春县科技成果推广示范建设实施方案》《永春县科学技术奖励暂行规定》《永春县专利申请资助资金管理办法》。

1997年以来，永春县开展对台农业科技交流合作，组织实施"海峡两岸永春芦柑生产技术综合改进合作"项目取得显著成效，"永春芦柑生产标准化示范区建设"列为福建省和全国农业标准化示范区建设项目，《国家地理标志永春芦柑》国家标准于2006年初颁布实施。建立大棚蔬菜无土栽培、无公害花园管理、麻竹园套种食用菌、龙眼反季节栽培、作物病虫害生物防治以及蔬菜、果园、茶园节水灌溉等农业科技示范基地 60 多个，引进农、渔、花卉等新品种 40 多个，建立早、晚熟芦柑，早钟六号枇杷，川楝，台湾白玉苦瓜，巴西蘑菇，中草药等新品种种植示范基地 20 多个。以农业科技示范基地建设为载体，抓点带面，推动永春芦柑、茶叶、食用菌、毛麻竹、畜禽、名优果、速生丰产林等八大农业基地建设，促进了农业产业结构调整。至 2006 年，全县建立 4 个省级科技示范乡镇、1 个市级星火技术密集区，108 个科技示范村、536 个科技示范户（场、基地）。

1999 年，永春县开始参加全国两年一度的县（市、区）科技进步考核。1999 至 2000 年开展的“全国科技工作先进县”创建活动顺利通过国家科技部验收，于 2000 年 12 月被授予“全国科技工作先进县”称号。之后参加并通过 2001 至 2006 两年一次的全国县（市、区）科技进步考核，三次被评为全省科技进步先进县。1981 至 2005 年，永春县 6 次参评县级科学技术奖（科技进步奖、成果奖），获奖项目 157 项（次），其中特等奖 1 项，一等奖 26 项，二等奖 57 项，三等奖 62 项，四等奖 11 项。1978 年至 2007 年，获得市级以上科学技术奖（科学大会奖、科技进步奖、成果奖、推广奖）的项目 83 项（次），其中国家级 5 项，省级 34 项，市级 44 项。1992 年至 2007 年，获得国家专利 112 项。

2006 年 5 月，总建筑面积 4054 平方米的科技活动中心大楼竣工投入使用，建立集科技培训、成果展示、信息发布等功能为一体的科技服务平台和永春芦柑数据中心。

三、文化体育体制改革与发展

1996 年 7 月，县级机关机构改革，县文化局和县体育运动委员会合并组建县文化体育局，为县政府成员单位。2000 年 4 月，乡镇文化站更名为乡镇文化体育指导站。2002 年 7 月，乡镇文化体育指导站统一更名为乡镇文化体育服务中心。2007 年 6 月，各乡镇不再保留文化体育服务中心，其工作职责由新组建的乡镇经济社会事务服务中心承担。

电影管理体制改革。1977年,恢复永春电影管理站。1980年,成立永春县电影发行放映公司。1980年至1990年是永春电影事业最辉煌、业务发展最好的一年。90年代之后,受电视的普及与各种娱乐活动的冲击,电影业务日趋萎缩。2007年起,全国电影事业发生大变革,由国家财政投资建设,传统的胶片电影改为数字电影。2007年底,泉州市正式成立闽南农村数字电影院线有限公司,由各县、市电影发行放映公司投资入股。县电影发行放映公司按要求投资入股,并购置数字电影接收设备两套。

高甲剧团管理体制改革。1978年9月,恢复永春县高甲戏剧团,1986年,剧团被省文化厅核定为国家二级专业表演团体,经费由县财政按80%差额拨给。1995年5月,公开向社会招收合同制新学员。1998年12月,进行管理体制改革,制定责任经营方案,由剧团法人代表与演出队正副队长签定责任经营协议。

文化馆、图书馆管理体制改革。1973年,恢复永春县文化馆。1981年3月,在县文化馆图书阅览室的基础上恢复永春县图书馆。至1987年,县图书馆设采编室,外借室,报纸、期刊阅览室,少儿阅览室等,2003年根据国家二级图书馆评估要求,增设图书馆电子阅览室。

少体校管理体制改革。县少体校成立于1974年,依托在县体委,1996年原县文化局与原县体委合并组建县文化体育局,少体校为文体局属下的事业法人单位。

1991年,成立永春县广播电视局。在1996年机构改革中,永春县广播电视局改为具有行政职能的永春县广播电视事业局。1998年,两个播出机构即永春人民广播电台和永春县有线电视台合并为永春县广播电视台。是年永春县广电局与县广播电视台实行局台合一的管理体制,下辖22个乡镇广播电视站。2002年,实行全县广播电视网络收归县局统一管理。2003年,全县广电系统人员的工资福利、岗位分配权限收归县级统一管理(2001年10月,403电台正式划归省广播电视局直管)。

改革开放以来,永春迎来文艺的春天,文学艺术得到了空前的繁荣与发展。文学、戏剧、音乐、舞蹈、摄影、美术等各种艺术人才辈出，成果喜人。至2006年，县文联拥有各种文学艺术专业协会13个，会员近千人。其中有国家级会员10人、省级会员40人、市级会员及重点作者近200人。永春县获得文化部授予的“中国民间艺术之乡”称号。

1999年，永春广电局开始实施“村村通”广播电视工程建设，投入1000多万元完成全县1005个自然村“村村通”广播电视工程建设。2000年以后，投入2000多万元铺设500多杆公里(7114芯公里)光纤主干线。有线电视联网用户达8万多户，占全县总户数的51.89%，广播电视覆盖率达98.5%。2005年以后，又投入2000多万元铺设675杆公里(7114芯公里)光纤主干线，开通光纤节点426个，完成全县236个行政村和100多个自然村光纤联网的“村村通”广播电视工程建设；投入850万元进行县城区860MHZ双向网络改造建设，改造近15000个终端用户，为数字化永春打下坚实的基础。提升服务能力，建设服务大厅、设置声讯台与故障呼叫中心，实行“110”联动服务体系。2000年获得“全国广电系统先进单位”称号，2006年被授予福建省广播电视“村村通”工作先进集体。

永春县图书馆以原县文化馆图书阅览室为基础，组建于1981年3月，至2007年有书籍约14万册，年订报刊200多种，购书费11万多元。内设采编室、外借室、少儿阅览借阅室、成人报刊阅览室、电子阅览室、地方资料室、特藏室等，日益成为人们读书看报的好去处和文化生活不可或缺的重要园地。经文化部1994年、1998年、2003年三次评审，县图书馆被确认为国家二级图书馆。除此以外，永春县还拥有新华书店、邮政书店等各种书店，为群众提供各种丰富多彩、图文并茂的图书读物，丰富人民的文化生活。

永春博物馆成立于1990年7月，办公地点设在省级文物保护单位——永春文庙内，文物总件数1862件，其中二级文物10件，三级文物263件，一般文物710件，标本879件。永春博物馆主要陈列永春南朝、唐代、五代等古代墓葬的出土文物，还展示能够代表永春建筑风格的省、县级文物保护单位的配有文字说明的图片。2007

年7月，由县财政拨款兴建总投资180多万元的仰高楼、启圣祠作为新展厅。

改革开放以来，广大群众的健身意识大大增强，参与人数越来越多，竞赛活动非常活跃，技术水平和运动成绩显著提高。永春县先后被评为“全国群众体育先进单位”和“全国体育先进县”。

1990—2006年，先后组织参加省、市、县培训学习的人员近三千人，培养国家一级以上各项目裁判员17人、一级社会体育指导员5人、二级社会体育指导员26人、三级社会体育指导员60余人、体育骨干和积极分子500多人。以少年儿童业余体校(少体校)为中心的业余训练网络基本形成，培养了许多出色的优秀运动员，涌现出国际级运动健将5人，国家级运动健将5人，有14人43次参加过国际性比赛获得前六名，其中羽毛球运动员陈红勇、女排队员陈亚琼、田径运动员陈尊荣获得世界冠军殊荣，陈尊荣于1986年还打破男子跳远亚洲纪录。有39人87次获得全国性比赛前六名、97人268次获省级以上比赛前三名。少体校多次被省、市评为业余训练先进单位，1992年被评为全国业余训练先进单位，1998年被省体委确定为福建省羽毛球单项优秀体育后备人才训练基地。2006年经省体育局实地检查评估，确定少体校田径班、羽毛球班为福建省单项体育后备人才基地。据不完全统计，1978—2006年，永春县为国家队输送5人、省体工队20人、省体校60人、市体工队10人、市体校100多人、高等院校200多人。

1979年，永春成立全县性的武术协会，每年选拔代表赴省、地参加武术观摩比赛。1983年，成立永春白鹤拳文史发掘小组，开展“三贡献”(献拳经、拳谱，献兵器、实物，献功法、技艺)活动。永春白鹤拳不仅是群众日常喜爱的健身项目，还享誉国内外赛场。

四、提升卫生保健水平与创建全国卫生县城

1978年以来，永春县卫生事业乘改革开放之东风，在充分利用侨乡优势、大力争取华侨捐资的同时，不断增加政府投入，建设病房、更新设备、培训人才、引进技术，取得了长足的发展。全县整体

医疗条件和水平显著提高，妇幼保健和疾病控制工作成效显著。鼠疫、甲状腺肿等严重危害人民健康的传染病和地方病已被消灭或得到有效控制，人民的健康指数大幅上升。

1986—1992年，永春县卫生事业在儿童计免、血丝虫病及职业病防治方面取得明显进步。1989年4月，联合国儿童基金会专家到永春县检查指导儿童计划免疫工作，促进永春县该项工作的规范化开展。全县人民经过多年连续奋战，在血丝虫病的防治工作中取得了决定性胜利，1989年12月，接受并通过了"全县消灭血丝虫病"省级评估验收。县防疫站专家郑新水在职业病防治的理论研究和实践探索方面做出了突出成绩和贡献，享受国务院政府特殊津贴。

1992—2004年，永春县卫生事业发展迅猛，爱国卫生运动和卫生县城创建活动取得了令人瞩目的成就。1995年4月，永春县城被省爱卫办评为"全省灭鼠工作先进城区"。1996年12月，获得"省级卫生县城"荣誉称号。2000年4月，被国家爱卫会授予"国家卫生县城"荣誉称号。1997年4月，被省卫生厅、省计委、省农业厅、省爱卫办、省环保局等5家单位联合命名为"全省农村实现'2000年人人享有卫生保健'加速发展阶段规划目标基本合格县"。2002年，实现全县乡镇初保达标，并被省卫生厅评为"全省农村初级卫生保健工作先进县"。2000—2001年度、2002—2003年度，两次被省卫生厅、省红十字会授予"全省无偿献血工作先进县"光荣称号。2000年4月，全省卫生系统院务公开工作现场会在县医院召开，永春县卫生局及有关医疗单位在会上做了典型经验介绍。2002—2003年"非典"(非典型传染病性肺炎)期内，做好防控工作，县城内未发生"非典"。

2005年6月，全县消除碘缺乏病阶段目标通过省级评估验收。8月全国人大代表来永春县调研督导爱国卫生运动工作，对永春县创建国家卫生县城工作给予充分的肯定。2007年1月1日起，永春县开始实行新型农村合作医疗制度。全县22个乡镇378758名农民参加，占全县农业人口总数的89.50%。筹集新型农村合作医疗基金1893.97万元。2007年，全县合作医疗基金实际补偿支出金额

1570.61万元，有12980人次获住院医疗费用补偿（其中补偿达万元以上有73人），人均住院补偿1201.02元，补偿比例31.76%，使广大参合农民得到了实实在在的好处。2007年12月，成立了永春县新型农村合作医疗管理中心，具体承担新农合日常管理工作。对原永春县卫生防疫站、永春县皮肤防治院和永春县卫生综合执法队三家单位进行重新整合，组建永春县疾病预防控制中心和永春县卫生局监督所，进一步完善和突出了疾病防控和卫生监督职能。

截至2007年，永春县共有各类医疗卫生机构362所，其中二级综合医院2所（永春县医院、福建省天湖山能源实业有限公司医院）、中医院1所、妇幼保健所1所、民营医院2所、门诊部2所、乡镇卫生院22所、社区卫生服务站1所、个体诊所34所、村卫生所287所，其他医疗机构10所。其中永春县医院、福建天湖山能源实业有限公司医院达到二级甲等综合医院标准，永春县中医院达到二级乙等中医院标准，蓬壶、湖洋中心卫生院达到一级甲等医院标准。病床位达995张，比2000年增加224张，每千人口拥有床位数为1.8张；公立医院医生373人（每千人口中0.68人），护士233人（每千人口0.42人）。医疗卫生单位建筑物占地面积83357m^2，房屋建筑物总面积77904m^2，其中业务用房总面积57339m^2。房屋建筑物总价值3557万元。医疗仪器设备总价2631万元。大型医疗设备主要有德国西门子螺旋CT机、飞利浦彩超机、日本东芝B超机、500毫安带电视系统X光机、心电图机、血球分析仪等。

1995年，永春县开始创建卫生县城活动。历届县委、县政府始终坚持以人为本，从激发市民创建意识入手，以改善城市人居环境为突破口，扎实推进了创建工作。

1996年11月，永春县被命名为省级卫生县城。1997年，为进一步提高“创卫”层次，营造以县城为龙头的良好投资环境和优美、清新、整洁、舒畅的生活工作环境，县委、县政府决定开展创建全国卫生县城活动。2000年，永春县被全国爱卫会正式命名为国家卫生县城，成为全省首个获此殊荣的县。2005年8月，全国爱国卫生调研督导组组长、全国人大教科文卫委员会卫生教育室主任宋森带队到永春县调研督导，对永春的医疗卫生建设给予高度评价，赞叹“经济发展中等的山区县敢为人先，率先突破，取得成功，这非常不简单”。

2012年以来，围绕打造成为泉州中心城市后花园的目标，永春先后开展“清新桃源·宜居永春”“垃圾不落地，永春更美丽”“美丽乡村”建设、“桃溪流域专项治理”“五大战役”、创建“最美县城”等活动，城区面貌发生了根本性的变化，先后荣获全国文明县城、国家生态县、全国生态文明建设试点示范区、全国城市环境综合整治优秀县城、国家水土保持生态文明县、全国绿化模范县、中国宜居宜业典范县等荣誉称号，不断丰富国家卫生县城内涵。

2015年，永春县迎来了国家卫生县城第三次的复审，这是对永春县十多年来巩固和提升国家卫生县城创建成果的一次全面检阅。这块“金牌”来之不易，凝聚了省、市爱卫会多年来的关心指导，饱含着全县干部和群众的心血，是永春人民最引以为豪的城市名片。至此，永春县先后在2000年、2006年、2011年、2016年共四次通过国家和省爱卫会评(复)审。

在创卫过程中，永春县十分重视发动广大群众的积极参与，坚持宣传先行，始终坚持广泛深入地开展国家卫生县城创建的系列宣传活动，引导广大市民从我做起、从现在做起，自觉参与创建“国家卫生县城”评(复)审工作。充分利用县有线电视台、广播电台、桃源乡讯等本地主流媒体，多角度、全方位进行宣传报道，开设了“卫生与健康”“健康资讯”等专题专栏；在公共场所设置健康教育宣传栏，有序布设50块大中型固定宣传标语牌，形成卫生科普宣传一条街；开展“垃圾不落地，永春更美丽”征集文明公约、好建议、好点子、好标语的活动，充分发动群众参与热情，切实增强宣传效果；健全健康教育网络，在各村(居)、主干道、学校、车站等公共场所设立100多个健康教育固定宣传栏，并要求各医疗卫生单位发挥自身优势开展健康教育活动，设置健康读报栏，门诊部开具健康教育处方。每逢“五一”、国庆、元旦、春节等法定假日和传统节日，全县各单位、各部门主要领导干部带头走上街头，根据责任片区开展清洁家园活动，营造强大的宣传声势；积极开展多种形式的卫生防病知识宣传和健康教育，组织健康教育工作人员深入社区、医院、机关、学校、工厂等，举办健康教育培训班、讲座，全面提高居民卫生保健意识；组织开展“四下乡”活动，广泛宣传艾滋病、结核病、食物中毒、优生优育、科普知识、农药中毒、常见病防治等知识。每年结合全国爱国卫生月活动、春秋季除四害活动、世界无烟日、世界环境日、世界厕所日开展健康咨询，普及广大群众健康知识，营造全民参与创卫的良好氛围。据不完全统计，2012 年以来，共发放各类宣传单 13 万份，接受群众咨询 8000 余人次；健全群众监督和参与机制，设立卫生问题建议与投诉平台，群众对卫生状况满意率达 96.8%；深入乡镇、村（居）等一线进行巡回宣传，进一步营造爱卫生、讲文明、促健康的良好氛围。

在创卫过程中，永春县突出实施“五大工程”，提升环境卫生质量。

（1）绿化工程。围绕“清新桃源·宜居永春”建设，认真组织实施《县长环境保护目标责任书》，结合桃溪流域生态补偿机制试点工作，共完成桃溪流域两岸一重山造林绿化 18.5 万亩，通过造林绿化、封禁治理、崩岗治理等方式，为桃溪两岸打造一道“生态绿色的防护林”，不断改善城市噪声环境，为人民群众创造一个安静舒适的生活工作环境。永春县生态建设保持在省、市前列，先后被评为国家林业科技示范县、国家生态县、全省可持续发展实验区、全省生态示范区、全国绿化模范县，入选“2015 中国深呼吸小城百佳榜”。加大城市绿化投入，共投资 6.97 亿元在流域范围内造林绿化、幼林抚育、封山育林，共计 10 万亩。县城绿化覆盖面积 814 公顷，公园绿地面积 236 公顷，人均公园面积达 13.13 平方米，绿化率达 42.84%。同时，在景观公园建设中，结合当地特色，融入永春历史文化，如余光中文学馆、白鹤广场、蓬壶汤城温泉公园、石鼓荔枝公园、石滩体验区等景观公园的建设，提升了永春的品位，打造一条“绿色景观长廊”，2015 年永春获得了国家园林县城的荣誉称号。

（2）净化工程。实施桃溪流域综合治理，通过打好“治污”“绿化""美化"三大战役，实现"水清、堤固、园靓、路畅、岸绿、房美"的总体目标，共投资8.23亿元，全县建成污水处理厂6座、配套管网120公里。加强环卫设施建设，不断完善垃圾填埋场、转运站等环境卫生保洁设施，共投入1533万元，改造建设20个垃圾中转站，安装除臭设备20套，配套果皮箱、垃圾屋等环卫设施450个，城区内垃圾容器化覆盖率90%以上，生活垃圾无害化处理率98.02%，实现全县垃圾集约、压缩转运。城区11座地坑式转运站已全部改造完成并投入使用，彻底告别"地坑"时代。全面加强城区及迎宾大道、城南精品街、三桃街等重要街道环境卫生整治，大力净化城市环境。

(3)美化工程。坚持从便民出发，切实加强市政设施的巡查和维护。2015—2017年，累计修护破损水泥路面及沥青路面56处，修补市政人行道、树池、路牙石及广场板材444处，疏通堵塞排水井1030个，更换破损及丢失的井盖984块；创建永春"花园城市"，营造整洁、有序的城市环境。在全市率先成立县级城市管理指挥中心，整合原有"数字城管"平台和城市管理综合巡查大队，工作人员可以通过"数字城管"视频监控系统，实时了解中心城区各主要路口和节点城市管理情况，原有的专职巡查队伍负责在中心城区开展城市管理巡查，发现城市管理问题，群众可通过12319举报热线、微信等形式向指挥中心反映。

(4)亮化工程。打造夜景工程建设，完成三桃街、留安山公园、中洲路、迎宾大道、南环路、铺尾桥至南石南大门等路灯工程，改造建设路灯980盏，安装夜景9公里，并要求新建小区同步配置夜景工程，扮靓县城，城区主街道、桥梁、机关单位的彩灯形式多样、亮丽迷人，与人工湖面粼粼碧波形成一幅相映生辉的美丽画面，县城呈现"新、洁、绿、美"新风貌；推进城区整体建设，培养创建精品，重点加强桃城东平示范段景观提升，北环路湿地公园、石鼓街改造工程，三桃城市广场、北环路片区改造，象山公园城、碧桂园小区等城建项目和推进城区公园广场建设、城区燃气管网、城区污水管网等10个城市配套项目建设，提升城市品位。

(5)畅通工程。完善车站公共场所卫生配套设施建设和管理机制，做到“车进站，人归点，站管车，保安全”；以县行政服务中心窗口为卫生示范单位，带动各窗口单位落实卫生工作；把改善城乡环境作为优化投资环境和改善民生的出发点和落脚点，加快路面白改黑、立面改造等市政建设，总投资3.0075亿元，建成桃溪综合治理示范段20.95公里，城区改造道路27公里。这些城市道路的不断畅通，为加快改善卫生条件奠定了坚实的基础；建设自行车道和人行步道，慢行系统来回贯通达32公里，沿桃溪铺设18米宽的沥青混凝土道路，建成一条“漫步休闲通道”，设立公共自行车点，人们骑车沿溪看桃溪美景，鱼翔浅底，白鹭齐飞，尽显一方人水和谐。

在创卫过程中，永春县突出重点难点，提升管理服务水平。围绕食品安全整顿，大力推进治理餐桌污染、建设食品放心工程，抓好食品生产经营单位的安全监管及宣传教育培训和体检办证，重点加强对中低档饮食店、摊点、大排档、夜市以及小美容美发店、小旅店、歌舞厅等“五小”行业的治理整顿和巡回监督，严格落实餐饮业、公共场所各项卫生措施。城区食品生产经营单位从业人员健康体检率和许可证持有率均达100%，公共场所卫生许可证办证率和从业人员体检率、培训率、“五病”人员调离率均达100%，餐饮服务单位食品安全量化分级管理覆盖率达100%。集中整治违规经营、流动摊点，确保城区主干道可视范围内无“店外店”“摊外摊”行为，无占道经营现象和流动摊点。农业部门加强禽畜养殖监管，落实城区禁养禽畜措施；抓好城区集贸市场规范管理，为每个摊点统一配备固定式不锈钢垃圾箱、放置垃圾袋及完善排水设施，提高垃圾袋装率，落实卫生管理工作巡查制度，使市场容貌焕然一新。积极开展城区除“四害”活动和城乡环境卫生综合整治。

在创卫过程中，永春县突出创新发展，提升群众健康水平。持续做好传染病防控工作，重点抓好人感染H7N9流感、手足口病、艾滋病、结核病等传染病防控工作。开展免疫规划0～7岁出生儿童疫苗预防接种工作，有流动人口免疫规划管理办法，做好流动儿童主动搜索登记和疫苗接种工作。全县儿童建卡建证率达99.68%，免疫规划疫苗全程接种率99%以上，含麻免疫接种率达99.92%。

免疫规划针对的传染病发病率控制保持在全市较低水平。积极组织开展公民无偿献血活动，每年均完成上级下达的无偿献血任务指标，同时积极开展依法打击非法行医和非法采供血行为，积极化解医患矛盾，全县医疗秩序良好。临床用血100%来自无偿献血，无偿献血100%来自于自愿。积极推进新型农村合作医疗，全县新农合参合率达99.99%。

五、创建全国文明县城

20世纪80年代初以来，永春县围绕创建全国文明县城这一目标，优化县城环境，丰富创建内涵，提升市民素质，文明县城创建水平不断提高，推动了精神文明建设和经济社会发展的协调发展。

20世纪80年代初期至1986年9月为永春县创建文明县城的起步阶段，以开展“五讲四美三热爱”活动为主要内容，大力倡导文明礼貌用语，工作重点是治理城乡脏乱差。

1986年9月至1996年10月的10年间为打基础阶段。深入贯彻《中共中央关于社会主义精神文明建设指导方针的决议》精神，狠抓服务、秩序、卫生三大问题，重点抓好与群众日常生活联系最密切、最能反映城乡精神面貌和社会风气的商业服务和“窗口”单位服务。

1996年10月至2000年为全面发展阶段。县委、县政府以《中共中央关于加强社会主义精神文明建设若干重要问题的决议》精神为指导，以提高公民素质和城乡文明程度为目标，努力构建“一个龙头、两线推进、三沿并举、全面开花”的精神文明创建格局，全面促进城乡精神文明建设与经济建设、改革开放同步推进和协调发展。并在“十五”规划中明确提出用2～3年时间创建全国文明村镇工作先进县目标。1998年首次获得全省第六届文明县城称号，2000年在全省第七届一级达标文明县城竞赛活动中取得第一名。

2001年以来为快速发展上新水平的阶段。县委、县政府分别制定永春县“十五”“十一五”“十二五”“十三五”期间社会主义精神文明建设规划，进一步明确了精神文明建设的指导思想、奋斗目标和主要任务，建立健全组织领导、规范管理、教育引导、群众参与、物质保障、监督制约、竞争激励等群众性精神文明建设工作运行机制，精神文明建设呈现出良好的发展态势。2001 年被中央五部委确定为“全国创建文明小城镇示范点”。2002 年被中央文明委命名为“全国创建文明村镇工作先进县”。2006 年获得“福建省首届(2003—2005 年度)文明县城”称号。2009 年被省委、省政府授予“创建文明县城工作先进县城”称号。2011 年被中央文明委表彰为“全国文明县城”。2015 年再次荣膺“全国文明县城”称号，实现“全国文明县城”二连冠。2017 年 12 月，永春县被省委文明委推荐为新一届全国文明城市提名城市。

一直以来，县委、县政府始终把群众性精神文明创建作为决胜全面建成小康社会和谱写永春绿色崛起新篇的重要载体。始终把握《文明县城测评体系》的导向作用，坚持把测评体系的各项指标转变为常态工作标准，把文明县城测评方法转变为常态管理办法。通过完善机制、丰富内涵、创新思路、强化措施，全面推进经济、政治、文化、社会、生态和党的建设，使全县经济社会保持强劲的发展态势。在全县人民积极参与、共同努力下，永春县的创建工作整体推进，市民文明素质和城乡文明程度明显提高，文明县城创建成果得到不断巩固和发展。

(1)形成联动格局。加强组织领导，把精神文明创建与经济社会发展同研究、同部署、同检查、同落实，成立创城工作领导小组，形成党委政府主导、党政群齐抓共管、文明委指导协调、群团组织密切配合、各部门各履其责、全社会共同参与的工作格局；强化制度保障，制定下发有关创建文明县城的一系列工作方案，完善相关机制，实现创建任务、责任、措施“三落实”；严格管理考核，出台各种考核办法，将创城工作纳入绩效考核，作为衡量各部门政绩的重要依据，对中央、省、市文明委部署的重点工作落实情况实行“一票否决制”；突出宣传监督，每年召开动员大会，向市民发出《创建文明县城倡议书》等宣传手册；开设专栏对创城进行宣传报道；开通热线，广泛听取干部群众的意见建议，接受监督。

(2)塑造“民魂”。抓好农村精神文明建设，在全省率先开展以“民魂”为核心内涵的“美丽乡村·精神家园”行动，在全县60个县级美丽乡村中各自提炼出一项特色精神主题，培育一批示范点，永春县已连续三年作为福建省基层代表参加全国农村精神文明建设工作经验交流会；抓狠农村移风易俗，以倡导厚养薄葬为突破口，开辟“好人永春”专栏，开展慈孝模范评选活动，签订移风易俗承诺书，在全社会形成良好氛围；传承普及传统文化，开展“家+文化”和“身边故事、共同铭记”工作，创建200个不同主题的展示点，覆盖全县22个乡镇，将身边故事化为榜样力量，让传统文化深入民心。

(3)培育文明风尚。广泛开展社会主义核心价值体系宣教，通过建设主题公园、举办培训班、知识竞赛等，有效扩大了社会主义核心价值观理论学习和宣传的覆盖面；培养道德规范，举办“道德讲座”，实现市级以上文明单位全覆盖。开展“文明餐桌”行动，引领文明用餐、节俭消费。组织道德模范和身边好人走进各行业、各窗口单位现身说法。积极培育道德模范先进典型，2015年以来永春县共4人获评省级以上身边好人荣誉称号，3人次获评市级以上道德模范，1人次获评市级美德少年。弘扬志愿服务，每年出台《永春县志愿服务工作实施方案》，依托“志愿福建”云平台，规范提升志愿服务。建立关爱空巢老人、留守儿童、残疾人等志愿服务制度，常态化开展志愿活动。

(4)营造未成年人健康成长环境。建立健全体制机制，把未成年人思想道德建设纳入党委政府工作整体布局，成立未成年人思想道德建设领导小组，建立工作机构，形成未成年人思想道德建设工作合力。营造良好校园环境，推进社会主义核心价值体系和传统文化进教材、进课堂、进学生头脑，组织“书香进校园”等讲座，引导青少年学生“读好书、做好人”。发挥县未成年人心理健康辅导中心的指导作用，举办心理健康教育公益活动，助推未成年人健康成长。强化构建学校、家庭、社会“三结合”教育网络。建立未成年人心理健康辅导站，该站被评为福建省首批示范站。落实教师联系社区制度，组建专兼职未成年人教育工作者队伍，建立23所乡村学校少年宫，实现了22个乡镇全覆盖。加强校外活动场所建设，建立青少年法制暨禁毒教育基地，成立青少年法制教育宣讲团，举办模拟法庭和庭审进校园活动。在永春三中建立永春县未成年人关爱基地，为全县未成年人提供社会保护服务平台。

(5)提升县城文明。夯实党建基础，深入开展“两学一做”学习教育，打造“三屏联动”学习教育平台，开辟“党员微故事”专栏，以“四比四看四争当”为载体，组织开展学习弘扬林俊德精神实践活动等，以好的党风、政风影响带动民风。提升产业实力，致力做优一产、提升二产、突破三产。达埔香都小镇发挥“中国香都”的蝶变效应，成为唯一国家级制香基地，被确定为全省首批特色小镇。打造宜居环境，瞄准“联合国人居奖”，开展“清新桃源·宜居永春”三年行动，一以贯之打好流域综合治理、美丽乡村建设、最美县城创建三位一体组合拳。在全省率先启动美丽乡村建设，共创建60个县级示范村，培育出中国人居范例奖大羽村等一批典型，美丽乡村建设规范被列入国家标准样板，成为全国农村综合改革美丽乡村标准化试点县。发展民生事业，推进精准扶贫，贫困人口从2013年的9571户31012人减少到2017年的815户2429人，年均脱贫率23%；60个建档立卡贫困村已完成摘帽24个。连续举办五届安全文化节，被评为全国安全文化建设十佳单位，荣膺全国法治宣传教育先进县、省级双拥模范县四连冠等称号。

六、劳动与社会保障日益加强

1984年8月，成立县劳动服务公司，开展劳力资源调查与整顿，建立临时工管理制度，实行就业前培训。

1986年，实施劳动合同制，用工制度由计划安置逐步向市场调节转变。在经济发展中就业规模不断扩大，就业渠道不断拓宽，就业形式更加灵活。

“十五”期间实行积极的就业政策，全县新增就业4.5万人，城镇登记失业率一直控制在2%以下，市场导向就业机制不断健全，城乡一体就业服务体系逐步完善，劳动力市场和基层劳动保障事务机构建设取得较大进展，农村劳动力转移明显加快，全县吸纳2万多名外来工，多次举办劳动力现场招聘会，为企业招工、农民求职牵线搭桥，初步建立引进劳动力的长效机制。实施熟练技术工人和高技能人才培养工程，加大对劳动者的培训力度，劳动者的技能素质结构得到改善，就业竞争力得到提高。

(1)建立劳动保险制度。1987年实施企业养老保险、失业保险制度，1995年推行工伤保险、生育保险、农村养老保险，2001年实施基本医疗保险以来，社会保险制度改革逐步推进，养老、失业、医疗、工伤、生育保险制度框架初步建立，统一的社会保险管理体制基本形成。国有企业下岗职工基本生活费和企业离退休人员基本养老金100%按时足额发放，2001年实现下岗职工基本生活保障与失业保险的并轨。养老保险覆盖范围进一步向非公有制企业扩展。医疗保险制度取代了原公费、劳保医疗制度，多层次的医疗保险体系不断完善，参保人员基本医疗需求得到保障。天湖山能源实业有限公司、永春化肥厂等困难企业职工已纳入医保范围。失业、工伤和生育保险加快发展，全县机关事业单位职工全部参加工伤、生育保险。全县离休人员医药费报销全部移到医保中心管理，"五险合一、地税统征"社保费征缴新体制逐渐完善。至2005年底，全县参加基本养老保险(含农村养老保险)50074人、失业保险24840人、医疗保险21700人、工伤保险19412人、生育保险18083人。除企业养老保险外，医疗、失业、工伤、生育和农村养老保险基金均有较多积累。一个独立于企事业单位之外、资金来源多元化、保障制度规范化、管理服务社会化的社会保障体系已基本形成。

(2)劳动关系调整工作不断强化。1986年以后，劳动合同管理和劳动争议处理等工作不断加强。随着1995年《劳动法》的贯彻实施，1997年成立永春县劳动监察中队，劳动监察和争议仲裁网络逐步完善，维护劳动者合法权益工作力度进一步加大。国有企业改组改制劳动关系逐步规范，下岗职工劳动关系基本理顺。劳动合同制度普遍建立，集体协商机制逐步推行。劳动关系三方协调机制基本形成，创建和谐劳动关系工业园区活动深入开展。企业工资分配宏观调控体系逐步完善，最低工资标准逐步提高。贯彻执行保障外来务工人员合法权益暂行规定，外来务工人员享有与本地居民相同的合法权益。“十五”期间，全县为劳动者追发欠薪500多万元，企业拖欠劳动者工资的情况能及时得到纠正，企业用工行为进一步规范，劳动生产环境得到改善，劳动争议案件得到及时妥善处理。

(3)基本建立城乡社会救助体系。一是建立城乡最低生活保障制度。二是救灾救济工作卓有成效。如1989年外山乡、湖洋镇部分村落严重遭受冰雹袭击，县乡及时全力救助，很快恢复群众生产生活。2000年，蓬壶镇仙岭村发生山体滑坡造成房屋整座被掩埋，人员重大伤亡，省市县高度重视，全力救援，受灾群众得到及时安置，受灾户陆续迁住新房。2005—2007年，争取自然灾害救济款1402.5万元，扶助1160户重建家园，救助受灾群众4065万人次，维护了灾区社会稳定。三是建立医疗救助体系。永春县全面启动新型农村合作医疗定点工作，资助9406人参加新型农村合作医疗，大病救助144人次21.57万元，门诊救助561人次17.93万元。2006年1月1日起施行《永春县城乡贫困家庭医疗救助试行办法》，对10类重大疾病分别给予1000～4000元的救助，在解决弱势群体医疗困难方面做了卓有成效的工作。四是重视特困群体救助。永春县积极救助流浪乞讨人员和“三无”精神病患者，对突发性因病因灾的困难户实行临时补助。五是加强福利设施建设。投资建设县老年公寓，扩建苏坑镇敬老院。六是致力慈善事业发展。开展助医、助残、助学、助困、公益等慈善救助活动。开展慈善门诊，为贫困家庭发放慈善门诊卡。积极开展募捐活动，在城区主要酒店、超市设慈善募捐箱。七是实施殡葬改革。全县全面推行火葬，火化区域内火化率保持在100%。县政府拨款在边远的13个乡镇先行建设骨灰楼，防止“二重葬”。

七、扶贫济困成果显著

1979年，县拨出4000元，在老区达埔公社狮峰大队扶持30户贫困户，创办养殖场1个，养牛11头、猪60头。是年冬，各公社成立扶贫领导组，各生产大队设立扶贫领导小组，县拨出专项扶贫资金 6.1 万元，在外山、苏坑、呈祥、仙夹公社帮助 183 户贫困社员发展养殖业。

1984 年，扶贫工作重点在吾峰、达埔、岵山、石鼓、城郊、东平、仙夹、呈祥、苏坑、外山等乡，主要发展种植业、养殖业、加工业和服务行业。

1985 年，扶贫工作全面展开。首先制订标准，对全县的贫困地区状况进行调查摸底，据年底统计，人均年收入在 200 元以下、人均粮食在 400 斤以下的贫困乡有横口、桂洋、苏坑、呈祥、达埔、仙夹、外山、吾峰 8 个乡，这些贫困乡共有 104 个贫困村，31884 个贫困户，16 万多人，分别占全县农业户数的 37.5%，人口的 39.8%，其中人均年收入在 150 元以下的有 63 个村，18509 户，9 万多人，人均年收入在 120 元以下的极端困难户有 5813 户，27380 人，分别占全县农业户数的 6.84%、人口的 6.77%。其中 4 个乡 57 个村是革命老根据地。当年，省、市、县支持贫困乡创建柑橘茶叶生产基地，帮助兴建小水电站 71 座，资助修建公路 21 条 103 公里，集资 40 万元帮助新建修建中小学校舍 6000 平方米，架设有线广播线路 38.3 公里，沟通科技经济等信息，年底有 7479 户脱贫。

1986 年，县乡分别成立脱贫致富领导小组和办事机构，各有关部门从人才、资金、技术、信息、物资（肥料、种子、苗木）、交通、邮电等方面大力支持贫困乡村建设。县抽调 27 名干部组成 4 个工作队，扶持 8 个贫困乡发展果林、禽畜、中草药，办企业，劳力输出。

1987 年，全县无偿补助 67.58 万元，扶持贫困乡发展果林、养禽畜、新办乡村企业，解决劳力就业、劳力输出。全县脱贫 8364 户，输送各种专业人才 87 人。

1988 年以后，针对贫困乡村大都地处高边远山区，注重加强基础设施建设，重点解决道路交通难这一发展经济的瓶颈问题，并扶持发展集体经济，引导农户发展生产，早日脱贫致富。实施“造福工程”，搬迁一方水土无法养活一方人的村落，争取早日脱贫。

至 2006 年底，全县先后有 209 个村次被列入省、市、县级贫困村进行重点帮扶，其中省级 2 个、市级 50 个、县级 157 个村次。对贫困村的扶持重点解决两个难题：一是交通，通村公路硬化；二是增强集体经济实力，增加村财收入。据统计，共完成通村公路硬化 249.8 公里，新开通公路 220.8 公里，极大改善当地群众生产生活条件。

2006 年开始，扶贫工作重心转向扶持村集体经济发展，加强村级财源建设。从 2006 到 2010 年，分三个阶段进行：第一阶段为收入低于 1 万元的 57 个村，第二阶段为收入在 1 万～5 万元的 102 个村，第三阶段为收入在 5 万元左右的村，采取多种扶持形式。2006 年，全县重点帮扶 30 个村财薄弱村，落实发展村集体经济项目 19 个，村财平均由 0.52 万元提升到 2.65 万元，已初见成效。

对贫困户的扶持，从 1986 年起，县政府每年拨出专款，实行有偿无息贷款扶持，发展种养业。同时，加强政治思想工作，发扬自力更生艰苦奋斗精神，既扶贫又扶志。至 1995 年底，全县贫困户已从 31884 户下降到 2242 户，贫困人口从 161026 人下降到 8485 人，农民人均收入从 198 元增加到 1702 元，增加近 9 倍，98%以上人口解决了温饱问题。1996 年，永春县被省委省政府评为“扶贫开发工作先进县”。

福建省从 1994 年开始实施“造福工程”，由省八个部门联合下文，省脱贫办下达人口指标到市里，市根据各县申报情况下达任务给各县。县里按指标要有配套资金，与省市指标一起由县财政直拨到有关乡镇，由乡镇组织实施。“造福工程”主要解决“一方水土无法养活一方人”的整体搬迁问题。后来，山体滑坡和台风造成的自然灾害也从中得以解决。“造福工程”实施居住迁移，有资金补助并解决用地问题，免征耕地占用税、契税、征地管理费、农业税。到 2007 年底，全县共完成省市下达“造福工程”搬迁任务 5498 人，实际完成搬迁 1339 户 6123 人。如蓬壶镇高丽村经省地质检测是地质灾害高危地带，1998—2000 年实施搬迁 488 人；2000 年仙岭村芒斗角落山体滑坡造成 7 人死亡、6 座房屋倒塌，危及 58 户 243 人，通过实施“造福工程”解决了他们无家可归的困难；横口乡上西坑村是革命老区村，30 多年没建一座新房，2003—2006 年实施搬迁 148 人，通过实施“造福工程”，已基本建成“中心村”。桂洋镇新岭村部分村民搬迁到黄沙村，石鼓镇龙旗寨村民搬迁到社山村，“磨刹格”“鬼子洞”村民搬迁到桃场村。实施搬迁的还有一都镇吴殊村，湖洋镇锦龙村、外山乡云峰村等。

第七节　新农村建设

新农村建设分为三阶段：第一阶段从 1993 到 1997 年开展小康建设，第二阶段从 1998 到 2005 年开展宽裕型小康建设，第三阶段从 2006 年开始提出建设社会主义新农村。

一、小康建设阶段

1993 年，省委、省政府提出了奔小康建新村的建设目标，永春县也开始进入小康建设阶段。经过努力，1994 年下洋、湖洋、五里街等 3 个镇和下洋村、桃源村、华岩村等 36 个村成为永春县第一批基本实现小康的乡镇、村。1996 年 6 月 20 日，永春县被确定为全省 9 个农村小康建设示范县之一，经省委、省政府复检确认，1996 年有 81％的乡镇、85％的村和 90％的农户实现了小康，全县农村小康进程综合得分 94.8％，基本实现小康。1997 年全面实现小康。1998 年被评为全省农村脱贫致富奔小康先进县。

增加农民收入，主要抓“五个开发”。一是开发“两高一优”农业。在平原乡镇组织实施 2 万亩的吨粮田开发工程，山区推广再生稻，推广“菜—稻—菜—稻—菜”等五熟或四熟生产模式，带动种植三熟制以上作物，全县复种指数达到 250％。1997 年，粮食播种面积 48.2 万亩，总产 15 万吨，连续八年实现三超，受到省、市的表彰。二是开发“庭院经济”。全县有庭院生产经营大户 5600 多户，并形成一批养殖鹌鹑、兔、蛇、山鸡和种植麻竹、龙眼、食用菌等特色村、专业村。饲养业生产保持 19 年持续增长，全县人均年动物性食品

46.03公斤，为农村小康生活奠定了坚实的食物量基础。三是开发“绿色企业”。永春大搞山地综合开发，全县山地开发利用率达到91%以上，创办了林、果、竹、茶四个基地。农民人均年收入中来源于山地综合开发的达 842 元，占 31.9%。全县林地面积达到 135 万亩，森林覆盖率达 62%，绿化程度达 84.4%，成为全省用材林基地县之一。全县规模建设毛麻竹基地 9.4 万亩。全县水果、茶叶种植面积达 28.4 万亩，1994 年被国家统计局命名为“中国 100 个水果总产值最高县(市)”，其中种植柑橘 14.5 万亩，产量近 17 万吨，成为全国 100 个柑橘生产基地县之一，1997 年 8 月被农业部命名为“中国芦柑之乡”。四是开发加工业。县里先后制定《永春县促进乡镇企业继续健康发展的意见》等 10 多种优惠政策，促使煤炭、建材、陶瓷、竹木、食品饮料等五大支柱产业的初步形成，1997 年全县实现乡镇企业总产值 43.6 亿元。五是开发服务业。全县多渠道筹资 3000 多万元，兴建 14 个专业批发市场和乡镇集贸市场，并在全国 20 多个中心城市建立 100 多个购销联系点，每年销售农副产品 30 多万吨。已组建 30 多支运输车队，拥有东风牌汽车等机动车辆 27294 辆，驾驶员 45349 人，成为全省最大的农村运输大军，从而带动公路沿线的油供、汽配、餐饮等服务行业发展到 1260 多家，年创产值 10 亿多元。同时积极创办民间销售机构 1300 多个，销售队伍 1.5 万人，形成了以初级集贸市场为基础，以批发市场为中心，结构完整、功能互补的市场网络。

在增强集体经济实力方面，主要抓“五靠”:一靠山地综合开发保收。当年村集体收入中来自茶果竹林基地的达 1487.21 万元，占总收入的 22.8%。二靠兴办农副产品加工企业多收。全县兴办村级农副产品加工企业 176 家，年创产值 4.7 亿元，上缴税金 760 多万元，增加村集体收入 837 万元。三靠资源开发增收。全县兴办村级矿产资源开发企业 467 家，创产值 5.76 亿元，增加集体收入 1450 万元。四靠社会化服务创收。主要有资金服务、流通信息服务、社会事业服务、科技服务、场所设施服务等五种形式。如资金服务方面，全县兴办村级农村合作基金会 11 个，每年为农民发展高优农业、乡镇企业、第三产业等融资2760多万元，年可为集体增加收入180多万元。五靠发展第三产业拓收。全县在“三郊线”“泉德线”沿线的67个村办汽配、油供、餐饮、住宿等服务行业100多家，年可增加集体收入860多万元。

按照建设新村的目标要求，永春县积极探索政府扶持、部门支持与群众自筹相结合的投资路子，加大投入力度，促使农民生产、生活条件得到根本性的改善，广大乡村环境呈现“八化”。一是布局规划有序化。1990年后，永春县严格按照福建省村镇建设管理办法，对全县各乡镇村进行全面规划，规划中心村185个，其中初具规模的中心村100个，投入资金8.65亿元。建成一批功能齐全、设施配套、布局合理的新村，其中一都镇和美岭村、汉口村等12个村镇获得全省新型村镇“家园杯”奖，受到省政府的表彰。二是城镇区域园林化。投入1亿多元进行新城区建设，相继开发形成桃东、汤洋等7个功能齐全的现代化小区和蓬壶镇美中、桃城镇新华新村等17个安全文明片区。如新华新村片区总用地3.31万平方米，绿地1万多平方米，绿化率达30%。目前，城镇区街道两侧基本实现“一街一树种、一街一景观”，公共绿化地达8.64公顷，道路绿化率达84%，呈现出“新、洁、绿、齐、美”的景观。三是居住环境洁净化。先后投入5912.3万元，整治厕所6404个，其中建沼气池625个，整治猪圈3523座，清理阴沟1521条34.98公里；城区范围内桃城、五里街两镇全面实施旧街拆迁改造，新建可使用25年以上的无害化垃圾处理场1座，垃圾转运站12座，垃圾屋10座，水冲式公厕15座；乡镇村建成垃圾处理场85个、垃圾转运点26个。通过改造整治，农民群众的居住环境得到了明显的改善。四是电视广播网络化。全县有线电视和无线电视，广播差转台、站形成网络，共拥有地面卫星接收站60个，城乡有线电视入网达2.78万户，全县拥有电视机11万多台，普及率达95%。五是通信设施程控化。投入1亿多元用于通信设施建设。至1997年6月26日，全县实现了村村通电话，电话总容量5.1万门，建成2个母局、11个模块局、15个移动电话基站，移动电话、无线寻呼覆盖65%的乡村。2006年，全县有线电话、移动电话、无线寻呼每百人达到10多部。六是农村饮水自来化。到1996年底，全县农村卫生饮用水率达98.5%，其中饮用自来水的达50.04%，饮用清洁井水的占21.38%，饮用山泉水的占26.2%，饮用手压机井取水的占0.96%。七是乡村公路柏油、水泥化。全县多渠道筹资10.18亿元建设公路，实现村村通公路。县城通往22个乡镇、109个村的公路实现柏油化、水泥化，分别占乡镇和村总数的100%和48%，一个干支衔接、布局合理、四通八达、高等级路面不断延伸的公路网络已形成。八是家庭生活电器化。全县投入2.3亿元兴建水电站，装机达230台机组，总装机容量4.02万千瓦，年发电1.5亿度，农村用电率达100%，冰箱、洗衣机、电饭煲等电器入户率达45%以上。

永春县在狠抓物质文明建设的同时，始终坚持把精神文明建设摆在突出的位置，真抓实干，有力地促进两个文明建设同步发展。一是认真组织实施县城附近乡镇一体化的城乡精神文明建设。永春县努力建设一个以县城为龙头，以桃城镇为中心，以东平、石鼓、五里街三个片区为依托的“三星拱月”群体式的现代化文明城市，并以“沿路、沿边、沿溪”的村镇为重点，广泛开展移风易俗，创建文明集镇、文明村、明星村、小康示范村的系列活动。全面推进农村精神文明建设。全县涌现出省级文明村镇3个、市级文明村镇6个、县级文明村镇123个。二是计生工作规范化、制度化，文化教育事业协调发展。1996年计划生育率95.03%，合格村率84.32%，人口出生率10.49‰，达到国家二类先进县指标要求。教育优先发展的地位得到进一步巩固，教育“两基”在全市率先通过省级验收，经国家教委复检，被评为1996年全国教育“两基”工作先进县。同时认真抓好农村卫生事业的协调发展，三级医疗保健网络逐步完善，拥有县直医疗卫生单位9个、乡镇卫生院21个，实现了“一无两有三配套”（无危房、有业务、有生活用房，人员、设备、管理配套）。1996年全县计划免疫率达96%，创卫和初级卫生保健通过省考核验收，被评为“福建省卫生县城”。三是加强民主与法制建设，农村社会环境稳定安定。至1994年全县21个乡镇配齐了专抓社会治安综合治理的党委副书记，9次抽调机关干部137名进驻重点村，认真落实综治“一五”规划，经省综治委检查验收，以97.51分成绩名列前茅。1996年全县万人刑事案件数仅为10.1件。

在小康建设阶段，永春农民人均纯收入从1993年的1216元增加到1997年的2937元。

二、宽裕型小康建设阶段

1998年全市部署创建宽裕型小康以来，永春县坚持以宽裕型小康统揽农业和农村工作全局，以邓小平理论和“三个代表”重要思想为指导，扎实推进宽裕型小康建设，全县经济实力显著增强，产业结构日趋合理，城乡面貌焕然一新，社会各项事业全面进步，人民生活水平明显提高，农村宽裕型小康建设取得明显成效。至2005年底，全县已有20个乡镇、207个村实现了宽裕型小康，分别占90.9%、87.7%；对照《福建省市、县级农村宽裕型小康标准》15项指标，永春县农村宽裕型小康自查得分96分，达到了宽裕型小康县标准。

在实施宽裕型小康建设进程中，永春县主要从四个方面开展工作，即发展经济，壮大实力；发展教育，培养人才；整治环境，完善设施；增强民主，促进和谐。

永春县宽裕型小康建设取得了显著成效。一是农村经济综合实力大幅度增强。2005年，全县实现国内生产总值101.2亿元，财政收入达5.43亿元，从1998年起年均递增14.4%、16%。县域经济实力不断增强，连续8年进入全省经济发展十佳县，两度跻身全省经济发展十强县行列。农业和农村经济结构调整稳步推进，工业经济主导地位日益凸显，以旅游业为龙头企业的第三产业蓬勃发展，三次产业结构比例从1998年的21.8∶39.8∶38.4调整到10.9∶44.9∶44.2。

二是农民生活水平和质量明显提高。2005年，农民人均纯收入达5202元，比1998年增长65.8%，年均递增7.49%。农民文化生活消费支出比重达7.8%，高于宽裕型小康标准，农村居民恩格尔系数由1998年的50.6%下降到45%，消费结构进一步优化，全县人口平均预期寿命达72.4岁，全县从事非农产业劳动力比重达50.6%。

三是农村生产生活条件大大改善。全县100%实现通村公路硬化，全面完成农村电网改造，实现城乡同网同价，实现村村通固定电话、泉灵通、宽带网络和手机信号网络，全县广播电视综合覆盖率达98%。环保工作实现“一控双达标”，全县环境污染治理合格率达96%。旧村改造、新村建设步伐不断加快，1998年以来，全县共拆除旧房面积123.3万平方米，新建住宅面积207.1万平方米，全县住房砖混结构比重为91%。

四是农村精神文明建设全面推进。农村文化事业建设不断加强，村级科技文化学校、阅报栏、宣传栏及科技服务室等文化设施大量普及。巩固教育“两基”成果，扎实推进“双高普九”，成为在全省建制县中第一个通过省政府验收的达标县，全县劳动力平均受教育年限为9.02年，比1998年提高了0.95年；计划生育率达96.87%，被评为全省计生一类先进县。全面推行殡葬改革，火化区域内遗体火化率达100%。大力实施《公民道德实施纲要》，深入开展以“六提倡、六反对”为主要内容的移风易俗活动，全县已创建了47个“宽裕型文明村”。几年来，永春县先后获全国农村基层党组织建设先进县、全国创建文明村镇工作先进县、全国教育“两基”工作先进县、全国科技工作先进县和全省唯一的国家卫生县城等荣誉称号。

五是农村社会保障体系初步建立和完善。农村医疗条件不断改善，疾病控制网络建设步伐加快，突发公共卫生事件应急能力不断提高。目前，全县每千人医生数达1.58人。农村最低生活保障制度不断完善，基本实现“应保尽保”，农村参保意识不断增强，全县享受一项以上社会保障的人口数达到49.61万人，占总人口的90.2%。

六是农村社会秩序保持安定稳定。深入开展“四五”普法教育，公民法律意识明显提高。扎实推进“平安永春”创建活动，逐步建立和完善“严打”工作机制，加强社会治安综合治理，农村社会治安打防控体系不断健全，实现群众治安满意率、刑事案件发案率“一升一降”目标。2005年，永春县常住人口犯罪案件为175件，万人刑事犯罪数仅为3.18件；群众社会治安满意率上升到95.5%。

七是农村基层组织建设不断加强。认真组织开展农村保持共产党员先进性教育活动，贯彻实施《福建省乡镇工作纲要》，规范乡村工作和干部行为。对照农村基层组织建设“五个好”要求，夯实基层基础，大力加强农村基层组织建设，取得较好成效。广大基层党组织在组织经济建设、带领农民致富、改旧建新、开展创建宽裕型小康村活动中让群众得到了实惠，切实解决了一些群众最急、最盼的热点、难点问题。

三、社会主义新农村建设阶段

2006年以来，永春县坚持以科学发展观为统领，认真落实中央、省、市有关社会主义新农村建设的部署，按照“生产发展、生活宽裕、乡村文明、村容整洁、管理民主”的总体要求开展工作。

在发展农村经济上下功夫，加快发展现代农业，做大做强做优芦柑、茶叶、蔬菜、食用菌、畜禽、名优果、速生丰产林、毛麻竹等八大农业基地。推进农业区域化布局、专业化生产、产业化经营，大力发展高产、优质、高效、生态、安全农业。永春是中国100个水果产量最大的生产县之一，是中国水果之乡。茶叶产量居全省、全市第二位，食用菌居全市第一位，蔬菜、毛麻竹、速生丰产林、畜禽、名优水果形成规模。建设了一批无公害绿色农业基地，45个农产品获得无公害认证，6个农产品获得绿色食品认证，永春芦柑、永春佛手、永春篾香、永春老醋等4个特色产品获得国家地理标志产品保护，居全市首位。全县有上规模的农副产品加工企业41家，有省级农业产业化龙头企业1家，市级龙头企业10家，形成了果蔬、茶叶、食用菌、竹木四个系列加工产业。2006年全县农业总产值18.73亿元，比增2.92%，农业八大基地产值占农业总产值的89.8%。对常年性集体收入5万元以下的村(居)分期分批进行重点帮扶整顿，争取用5年时间使绝大多数村(居)有稳定的财源收入。

广辟渠道，增加农民收入，大力实施茶叶、食用菌等短、平、快生产项目，加大扶贫攻坚力度。加快农村劳动力转移，加强农村劳动力培训。全县农村劳动力总数23.2万人，一半以上已转移到非农产业。2006年农民人均纯收入5593元，增长7.5%。全县有20个乡镇、207个村实现宽裕型小康，成为泉州市基本实现宽裕型小康县之一。

大力促进农村社会和谐文明，加大对农村社会事业的投入，强化政府对农村的公共服务，更多地惠及农民。加强培训教育，培养创业型新农民，建设创业型新农村。加强农村文化阵地建设，投入近200万元，建设3个农村文化示范乡镇和10个特色文化村。推进农村教育事业发展，制定全县中小学布局调整规划，适当撤并中小学校，优化配置教育资源。对义务教育阶段学生全部免收学杂费，对困难家庭学生提供免费课本和寄宿生生活费补助。大力发展农村卫生事业，完成蓬壶、湖洋、苏坑、桂洋等四家卫生院改造提升工程，在全县67个未设卫生所的边远行政村设立医疗点，实现行政村卫生所覆盖率100%。扎实推进新型农村合作医疗试点工作，全县参合率达89.5%，全面实施城乡贫困家庭医疗救助。进一步完善社会保障体系，全面落实农村低保制度。深化“平安永春”创建活动，加强治安防控体系建设。永春县被评为全省首批“平安县”、全省首届文明县城、全省林业工作十佳县、省级绿化模范县、全国人口和计划生育优质服务先进县、全省计划生育一类先进县、全省第一个通过“双高普九”省级验收的县，建设生态示范区通过省级验收。

在改善农村环境上下功夫。坚持适度集聚、节约土地、有利生产、方便群众、方便生活的原则，加强镇村规划，以建设中心村为核心，与扶贫“造福工程”、计生“安居工程”、地质灾害点群众灾前搬迁安置等有机结合，将居住在边远山区角落和居住分散的群众实行整体搬迁。2006年以来，“造福工程”搬迁1528人，贫困残疾人“安居工程”惠及70户，搬迁安置地质灾害区群众367户。

加大投入，不断完善农村的水、电、路、通信、广播、电视等各项基础设施建设。在100%实现通村公路硬化的基础上，逐步改造提级。2007年完成18个候车亭建设，完成所有行政村有线电视联网建设，在全省建制县中率先实施有线数字电视整体平移工程。组织实施农民饮水工程建设三年规划，县财政拨出 110 万元补助，至 2008 年底，实现中心村村村通自来水。抓好乡镇垃圾处理场及下洋新村、蓬壶仙岭 2 个省级住宅试点小区等项目建设。在全省建制县中率先完成总投资 6463 万元的县城污水处理厂建设，并投入使用。大力推广沼气等清洁能源。加大农村环境综合整治力度，以“三清六改”(清垃圾、清污泥、清路障，改路、改水、改厕、改沟、改圈、改厨)为重点，深入开展“家园清洁行动”，县城垃圾处理场一期工程及一批乡镇的垃圾填埋场已建成投入使用，重点抓好蓬壶、湖洋等 2 个镇及 24 个村垃圾治理。加快旧村改造、新村建设步伐。2006 年以来，全县共投入资金 2.01 亿元，拆除旧房 1723 座 25.2 万平方米，新建房屋 2720 座、建筑面积 54.2 万平方米，绿化 9 万平方米，兴建公共设施 60 座 3.98 平方米，改水覆盖 1.7 万人，改厕 3000 户。

推进基层民主政治建设。切实加强农村基层组织建设，深入开展先进性教育活动以及农村党建“三级联创”活动，深化“学美岭，创五好”活动，重点培育 46 个典型示范村。发展和扩大农村基层民主，进一步健全村党组织领导的村民自治机构，全面推行村务决策听证，深化村务公开和民主管理工作。关心基层干部，注重为基层解决实际问题，调动基层干部积极性，完善村级运转经费及村干部补贴逐步增长机制。对 574 名离任村干部和 2141 名在乡(困难)老党员每月给予一定生活补助。

四、社会主义新农村建设的典范——美岭村

永春县一都镇美岭村，旧称“尾岭”，地处永春与安溪交界的莲花山西麓，是一个出门皆山、地无三分平，距离县城 110 多公里，方圆面积仅 5 平方公里的偏僻小山村。1979 年，美岭村人均年收入只有 70 元。至 2007 年有 117 户 487 人，外来员工 4000 多人。改革开放以来，美岭村党组织发扬艰苦奋斗、求真务实的精神，带领美岭人走活了“要脱贫灯先明、要致富先修路、要发展需办厂”三步棋，使美岭村发生了翻天覆地的变化，不仅甩掉了贫穷落后的帽子，而且转

变成为全省闻名的富裕村。拥有水泥厂、人造板厂、胶合板厂、火电厂、造纸厂、铅坑石灰石矿、泉州美岭水泥有限公司等 10 多家骨干企业。美岭集团拥有固定资产十几亿元，2007 年全村工农业总产值达 5.2 亿元，村财收入 6150 万元，村民人均年收入 3.65 万元，上缴国家税金 2347 万元。

美岭村脱贫致富的关键在于有一位好支书、有一个好的党支部、有一支好的党员队伍。自 1987 年 5 月村党支部成立以来，从抓班子建设入手，党员队伍不断发展壮大，1994 年升格为党总支，1998 年 5 月成立村党委会。现下设 3 个党总支，16 个党支部，共有党员 185 名，其中外地党员 143 名。1996 年、2001 年美岭村党组织先后两次被中组部评为“全国先进基层党组织”，1999 年美岭村被评为“全国创建文明村镇工作先进单位”，2005 年被评为首届“全国文明村”，2007 年被评为“全国绿色小康村”。村党委书记苏新添先后被评为省、市劳动模范，全国综治先进个人，全国优秀共产党员，连续被推选为党的十五大、十六大代表，并当选为十五届、十六届中央委员会候补委员。美岭村二十几年来的跨越发展，生动体现了“三个代表”重要思想实践好、“三个文明”建设坚持好、党的作用发挥好，塑造了“思源思进、团结拼搏，艰苦奋斗、自强不息，与时俱进、务实创新，崇尚文明、乐于奉献”的美岭精神。

村党委书记苏新添常说：“一人富不是真富，只有群众都富了才是真正的幸福。”美岭村致富不忘国家、不忘社会、不忘群众。村里先后投资 5000 多万元铺设了从一都镇到安溪交界共 38 公里的水泥路；从 2000 年开始，村党委专门设立教育基金，把每年村财收入的 10%投入教育事业，先后投入 3 亿多元创办了泉州市第一所村办中学——美岭中学，面向全省招生，2007 年有在校师生 2500 多人，逐步形成了从幼儿园到高中一体化的办学模式。建立健全奖学奖教制度，规定村民和企业员工子女免费入学，凡考上大学的学生，村里每年给予 1 万元补贴，美岭中学的教师除工资外，每年平均可以拿到各种补贴和奖金 2 万元以上，教学出色者另有重奖。村里设立了专项福利基金，每年发给 60 岁以上的老人每人每月 500 元养老金，还拨出专款补助遭受天灾人祸的农户；投入110万元完善卫生院设施，解决村民就医难的问题；企业员工实行养老保险制度，工资福利年年递增；热心扶贫济困等公益事业，帮助灾区和贫困地区建设，几年来用于扶贫济困的款项达3000多万元；注重以德治村，成立“红白喜事协会”“禁赌协会”和“道德评议会”等民间组织，开展移风易俗和法制宣传活动，倡导“爱国守法、明礼诚信、团结友善、勤俭自强、敬业奉献”的道德规范，营造依法经营、依法办事的良好风气，建好诚信美岭。2005年，美岭集团被评为福建省著名商标，2007年被评为第二届福建省最佳信用企业。

美岭村与时俱进、艰苦创业的精神，得到了中央及省、市领导的充分肯定。从1995年福建省委组织部发出了《关于在全省农村基层党组织开展“学美岭、创五好”活动的通知》以来，美岭精神传遍全省乃至全国，有30多个省市40多万人次到美岭参观学习。

第八节　落实老区建设政策

1982年6月，恢复永春县老革命根据地建设委员会，时任副县长柯荣贵任主任，委员由政府有关部门领导15个成员组成，下设办公室(即老区办)，正科级编制，与县民政局合署办公。1996年政府机构改革，老区办对外保留原来的牌子和公章，对内列为股级并入县民政局。1995年1月9日，成立永春县老区建设促进会。

一、革命“五老”人员优待

1982—1986年，福建省集中开展革命“五老”认定工作，永春县认定革命“五老”人员816年，其中：老地下党员5人、老游击队员657人、老地下交通员45人、老接头户106人、老苏区干部3人。另享受(1984)119号文件规定的有91人(即双重身份人员)。

2000年，根据省老区办、省财政厅《关于开展革命“五老”定补对象普查工作的通知》(闽政老办〔2000〕80号)精神，通过普查，至

2000 年 12 月 31 日为止，永春县健在的“五老”人员 309 人，其中双重身份享受(1984)119 号文的老红军失散人员、老复员军人定补的有 91 人；享受农村“五老”定补 218 人(老游击队员 176 人，老交通员 7 人，老接头户 35 人)。

2006 年，根据省老区办《关于革命“五老”人员换发荣誉证、生活定补证、医疗补助证的通知》要求，积极做好永春县健在革命“五老”人员的换证发证工作，换发新版革命五老证 156 人。

多次调整提高革命“五老”人员的生活定补金。1986 年给予部分困难“五老”人员发放生活定补金每人每月 13 元。1991 年，给全县无依无靠和部分有依无靠的“五老”人员 125 名解决生活定补，每人月补 21 元。1995 年“五老”定补标准提高到月补 40 元。根据永政老办〔1997〕02 号文《关于下达提高“五老”人员定补标准的通知》要求，从 1996 年 10 月 1 日起，全县健在的“五老”人员(不包括失散老红军及双重身份的“五老”人员)实行百分之百定补，无依无靠的每人每月从 40 元提高到 120 元；有依无靠的每人每月从 40 元提高到 100 元。从 1999 年 7 月 1 日起，按照不同类型，每人每月提高 54 元、30 元，即无依无靠的每人每月 174 元，有依无靠的每人每月 130 元。从 2001 年 1 月起，再次提高全县健在“五老”人员定补标准，根据不同类型，每人每月提高 31 元、20 元，即无依无靠的由 174 元提高到 205 元，有依无靠的由 130 元提高到 150 元。从 2002 年 7 月起提高全县健在“五老”人员定补标准，即无依无靠的由 205 元提高到 225 元，有依无靠的由 150 元提高到 165 元。2003 年 7 月起提高全县健在“五老”人员定补标准，即无依无靠的由 225 元提高到 245 元，有依无靠的由 165 元提高到 180 元。2005 年 1 月起提高全县健在“五老”人员定补标准，即无依无靠的由 245 元提高到 275 元，有依无靠的由 180 元提高到 200 元。2006 年 1 月起提高全县健在“五老”人员定补标准，即无依无靠的由 275 元提高到 305 元，有依无靠的由 200 元提高到 220 元。2007 年 8 月起提高全县健在“五老”人员定补标准，即无依无靠的由 305 元提高到 340 元，有依无靠的由 220 元提高到 255 元。2009 年 7 月起提高全县健在“五老”人员定补标准，即无依无靠的提高到380元，有依无靠的提高到295元。2010年1月起提高全县健在“五老”人员定补标准，即无依无靠的提高到440元，有依无靠的提高到355元。按照《福建省民政厅 福建省财政厅关于调整全省革命“五老”人员定期生活补助标准的通知》（闽民老区[2011]149号）精神，2011年1月起全县健在“五老”人员不再区分无依无靠、有依无靠定补类别，统一标准，并再次提高定补标准达550元。2012年10月提高定补标准达590元。2013年10月提高定补标准达640元。2015年10月提高定补标准达920元。2016年10月提高定补标准达1020元。2017年10月提高定补标准达1120元。2018年1月，根据《福建省促进革命老区发展条例》精神，永春县建立革命“五老”人员生活补助标准自然增长机制，按照不低于省定标准的3%进行增资，首次增长33元，定补标准达1153元。2018年8月提高定补标准达1253元。

2006年，根据永政文[2006]70号文精神，对全县健在革命“五老”人员的遗偶进行生活补助，从开始的每人每月40元至2018年每人每月160元，是全省较早开展此项工作的县份之一。同年，对全县22户无房或住在危房和家庭经济困难，子女确实无能力改变居住条件的“五老”人员及其遗属进行新建或翻建房屋，在用地、建设、税费等方面给予优惠，并补助一次性建房款每户10000元，其中5户低保户每户增加5000元，合计24.5万元。同时，对全县住房破旧的58户“五老”人员及其遗属进行房屋修缮，每户给予3000元的修缮补助，计17.4万元。

2006年起，县财政每年拨出临时补助款3万元，对因病、灾等生活困难的革命“五老”人员及其遗属给予适当补助。

2006年制定《永春县重点优抚对象和革命“五老”人员医疗补助实施办法》，实行革命“五老”人员医疗费门诊包干和大病统筹补助相结合的办法，建立永春县革命“五老”人员医疗补助制度，并将全县革命“五老”人员全部纳入新型农村合作医疗保险，使他们享受双重的医疗费保障，使革命“五老”人员“看病难、看病贵”的状况得到有效改善。2008年下拨门诊包干费27360元，大病医疗费补助款

4.58 万元。2009 年下拨门诊包干费 2.74 万元，大病医疗费补助款 29 人 3.92 万元。2010 年下拨门诊包干费1.62万元，大病医疗费补助款 61 人 6.32 万元。2011 年下拨门诊包干费 1.24 万元，大病医疗费补助款 69 人 8.02 万元。2012 年下拨大病医疗费补助款 52 人 6.73万元。2013 年下拨大病医疗费补助款 4.8296 万元。2015 年对 18 名五老人员给予大病医疗补助2.72万元。2016 年下拨大病医疗救助 3 人 5800 元。2018 年 1 月革命“五老”人员大病医疗救助工作移交泉州医保局永春办事处。

“五老”病故后，一次性发给 6 个月定补金，用于补助丧葬费用。

每年元旦、春节期间，县政府拨出专款慰问“五老”人员和老区乡村的特困户，表示党和政府对老区人民的关心和照顾。1997—2004 年，每个“五老”发给 100 元过节费，走访户发给 200～300 元的慰问金和毛毯或军大衣等慰问品。2005—2012 年，每个“五老”人员发给 200～300 元过节费。2013—2016 年，每人发给春节慰问金 300 元。2017 年以来，每人发给春节慰问金 500 元。

根据《泉州市人民政府办公室关于进一步落实“五老”人员生活保障问题的通知》精神，从 2003 年起为 80 岁以上“五老”人员每年每人发放高龄补助 500 元；从 2005 年起对无依无靠、重病卧床不起、生活不能自理或因其他原因家庭经济特别困难的“五老”人员，每人一次性发给 1000 元生活困难补助。

二、革命老区扶贫建设

1982 年，恢复永春县老革命根据地建设委员会，同年投资 5 万元，支持湖洋、达埔、蓬壶 3 个乡的部分老区人民建茶园 286 亩、柑橘园 90 亩，种酸梅 200 亩、香蕉 8 亩。1983 年投资 4 万元，支持岵山、外山、达埔 3 个乡的部分老区村民建茶园 179 亩、柑橘园 51 亩，修建高压输电线路 3 公里。1984 年，投资 4.4 万元，支持达埔、坑仔口等乡种植香蕉 190 亩、葡萄 100 亩、龙眼 100 亩，建柑橘园 64 亩、茶园 8 亩；修建校舍 1325 平方米，架设高压输电线路 3.2 公里。1985 年，下发扶持建设费 8 万元，支持外山、吾峰、玉斗、桂洋、达埔、湖洋、横口、岵山、石鼓、锦斗、蓬壶等乡村建茶园243亩、柑橘275亩，修建公路14公里，架设输电线路10公里，修建校舍44处2932平方米，还选送学生9人到南安师范预备班学习。1986年，下发扶建费18.5万元，扶持12个乡24个村建茶园1180亩，开辟公路38公里，架设高压输电线路2.5公里，建校舍2座700平方米，选送学生8人到中等师范学校学习。1987年上级拨给老区扶建经费18万元，扶持10个乡20个村，建茶果园810亩，养长毛兔1000只，修建公路22.4公里，建水渠500米，架设高低压线1.5公里，建小学校舍1120平方米，建卫生所1座120平方米，选送学生8人到中等师范学习。1988年下拨18.5万元，其中有偿资金13万元。1989年下拨20.5万元，其中有偿资金11.8万元。1990年下拨18.5万元，其中有偿资金8万元。1991年下拨28.1万元，其中有偿资金11万元。1992年下拨无偿资金22.4万元，其中用于建老区科技劳务培训中心10万元。1993年下拨无偿资金20.5万元，其中用于建老区科技劳务培训中心6万元。1994年下拨23.5万无，其中有偿资金8.4万元。1995年下拨17.5万元，其中有偿资金6.8万元。1996年下拨15.5万元，其中有偿资金6.68万元。1997年下拨13.5万元，其中有偿资金6.8万元。1998年下拨18.5万元，其中用于建老区科技劳务培训中心5万元。1999年下拨无偿资金39.5万元，其中省、市追加市县扶贫村“五通”经费26万元。2000年下拨无偿资金28.6万元，其中用于办公室配备电脑、传真机1.3万元，省、市追加市、县扶持老区村“五通”经费15.1万元。2001年下拨老区扶贫补助资金43.8万元。2002年下拨老区扶贫补助资金41.3万元。2003年下拨老区扶贫补助资金46.3万元。2004年下拨老区扶贫补助资金41.8万元。2005年下拨老区扶贫补助资金37.8万元。2006年下拨老区扶贫补助资金50.3万元，其中玉斗镇“八一”场茶叶基地科技项目10万元。2007年下拨老区扶贫补助资金40万元。2008年下拨老区扶贫补助资金56万元。2009年下拨老区扶贫补助资金55万元。2010年下拨老区扶贫补助资金69万元。2011年下拨老区扶贫补助资金82万元。2012年下拨老区扶贫补助资金83万元。

2013 年下拨老区扶贫补助资金 122 万元。2014 年下拨老区扶贫补助资金 129 万元。2015 年下拨老区扶贫补助资金 261 万元。2016 年下拨老区扶贫补助资金 272 万元。2017 年下拨老区扶贫补助资金 283 万元。2018 年下拨老区扶贫补助资金 271 万元。

1982—2002 年，下拨有偿资金 85.1 万元用于扶持老区乡村种植柑橘 1225 亩，柑园改造 2330 亩，种植茶叶 953 亩，种酸梅 290 亩、龙眼 150 亩、杂果 430 亩，扶持开小煤 2 井，开瓷土矿 2 个，扶持 2 个瓷厂技改等。下拨无偿资金 552.5 万元，用于修建小学校舍 214 间，建人饮工程 91 处，架设输电线路 57 公里，建 20 千瓦电站 2 座，修、建乡村道路 497.6 公里，硬化路面 279 公里，种植茶叶、水果等经济作物 3800 多亩等。至 2002 年底，全县 121 个老区村全面实现村村通公路，全部完成全部农村电网改造工程，全面实现乡乡通邮电，村村通电话，安全卫生饮用水普及率达 100%，自来水饮用率达到 70%以上；全部老区村实现百人以上自然村通广播电视，实现了“五通”。这大大改善了老区乡村的基础设施建设，解决了老区群众长期以来存在交通运输难、用电难、卫生饮用水难、看电视难、听广播难的问题。永春县被评为 1999 年度福建省老区工作先进单位。

2014 年以来，永春积极贯彻落实国家、省、市、县关于支持中央苏区发展的精神，着力对接《赣闽粤原中央苏区振兴发展规划》，累计争取上级革命老区资金 10626 万元（苏区财力补助 4800 万元）；本级财政投入革命老区资金补助 34449 万元；市民政局老区办也加大对苏区县的投入，对永春县补助老区扶建资金 1153 万元，全县交通等重大基础设施日臻完善，产业结构不断优化，社会事业全面推进。

第四章　壮丽新篇

党的十八大以来，县委县政府领导永春人民，紧密地团结在以习近平同志为核心的党中央周围，坚持以习近平新时代中国特色社会主义思想为指导，奋力谱写永春绿色崛起新篇。

第一节　新时代新征程

2012 年 11 月 8—14 日，中国共产党第十八次全国代表大会召开，明确了中国特色社会主义的总依据、总布局、总任务，对夺取中国特色社会主义新胜利做出了全面部署，号召全体中华儿女万众一心、团结奋斗，共创中国人民和中华民族更加幸福美好的未来。2017 年 10 月 18—24 日，中国共产党第十九次全国代表大会召开，做出了“中国特色社会主义进入新时代”的重大判断，鲜明提出习近平新时代中国特色社会主义思想。永春县各级党组织和广大干部群众认真学习贯彻党的十八大、十九大精神和习近平新时代中国特色社会主义思想，按照省委、市委的一系列决策部署，落实县委县政府确定的目标任务，开展党的群众路线教育实践活动，团结带领全县干部群众奋发进取、攻坚克难、扎实工作，以强烈的历史使命感和责任感加快全县改革和发展步伐。

“十三五”时期是全面建成小康社会的决胜阶段。2015 年 12 月，县委十二届十次全体会议讨论通过《中共永春县委关于制定永春县国民经济和社会发展第十三个五年规划的建设》。永春县“十三五”发展的指导思想是：全面贯彻党的十八大和十八届三中、四中、五中全会部署，深入落实习近平总书记系列重要讲话精神，按照“四个全面”战略布局，坚持以发展为第一要务，全面融入福建、泉州发展大局，围绕“乡愁故里、生态桃源、美丽永春”的发展目标，以做大做强经济总量为重点，以转型升级、跨越发展为主线，以提高发展质量和效益为中心，深入实施“创新驱动、绿色崛起、开放融合、清新美丽、普惠共享”五大战略，努力建设机制活、产业优、百姓富、生态美的新永春。

“十三五”时期，永春县经济社会发展的主要目标是：到2020年，实现地区生产总值年均增长8.5%，农业总产值年均增长3%，工业增加值年均增长9.5%，公共财政总收入年均增长6%，公共地方预算收入年均增长6%，全社会固定资产投资年均增长16%，外贸出口总额年均增长5%，社会消费品零售总额年均增长11%，居民人均可支配收入年均增长8.5%。

为实现上述目标，永春县提出实施“五大战略”：

一是实施创新驱动战略，建设“智造永春”。抢抓“中国制造2025”战略机遇，把创新作为引领发展的第一动力，支持企业全方位创新。借助智能制造、互联网技术、绿色低碳和新型营销模式等技术路径，推动人才引领、科技创业，促进主导产业高端化、特色产业集群化、新兴产业规模化发展。力争到2020年，轻纺鞋服、新能源新材料和香产业产值分别达到300亿元、150亿元和100亿元。壮大特色现代农业，促进三产融合发展。加快规划建设智慧工业园，跟踪对接好京微雅格智能芯片等项目，进一步打造智能化生产车间、智能化产品、智能化装备为一体的智能产业基地。

二是实施绿色崛起战略，建设“生态永春”。按照主体功能区定位，找准和深挖县域特色资源，以桃溪流域生态经济试验区为平台，着力探索“发展生态产品、增加生态财富、提升生态价值”的路径和模式，构建健康养生新链条新业态，加快形成“一城四区多景”的休闲养生度假旅游大格局。积极开拓白鹤拳健身、温泉养生、健康养老为主的康体养生产业，大力发展铁皮石斛、金线莲、金银花以及老醋、养脾散等滋补养生市场，高定位、高标准塑造“健康永春”区域品牌形象，引领绿色健康消费时尚，全力打造海西“休闲养生之都”。

三是实施开放融合战略，建设“活力永春”。坚持制度创新活县，全面融合推动农村改革、主体功能区、生态保护与建设等国家级试点建设，探索形成可推广借鉴的示范典型，打造全国制度创新示范优势。充分发挥地缘优势，对接“一带一路”等国家战略，深化对内对外开放，全方位开展区域互动合作。主动承接省内自贸试验区政策辐射，全面参与泉州“海丝”先行区建设合作分工，构建全省“山海联动、协调发展”的重要桥梁纽带。整合侨乡特色资源，不断丰富侨乡文化内涵和魅力，规划建设“中国乡愁公园”，打响“乡愁故里”品牌，打造独具特色的永侨、永台合作新平台。

四是实施清新美丽战略，建设“宜居永春”。探索宜居宜业宜游“美丽路径”，打造“山水名城、特色乡镇、美丽乡村”升级版，实现生态良好、城乡协调、人民幸福。拓展桃溪两岸发展空间，推进老城区提质和新城区扩容，持续提升完善城市综合服务、区域商贸、生活居住和旅游服务等配套设施，做大做强县域中心。到 2020 年，初步形成“一心、两轴、六片区”县城空间布局，县城建成区面积达到 24 平方公里。统筹实施“一镇一特色、一镇一产业”的差异化战略，打造一批工业强镇、商贸重镇、旅游名镇、产业小镇，力争到“十三五”期末，全县城镇化率提高至 65%。积极打造生态河道，实施万里安全生态水系项目，全力构建人水和谐、滨水宜居的生态水系。全域化推广建设美丽乡村，规划建设“美丽乡村休闲综合体”，打造乡村旅游试验点，发展美丽经济，打响永春“村游”品牌。

五是实施普惠共享战略，建设“幸福永春”。千方百计改善和保障民生，大力实施精准扶贫、精准脱贫，实现就业惠民、创业富民，扩大基本民生性服务、公共事业性服务以及公共安全性服务的覆盖面，推动城乡社会保障、就业、教育、医疗卫生、养老、救助、安全稳定、民主法治等公共服务体系更加健全，基本公共服务均等化水平稳步提高，城乡居民生活水平实现重大变化，群众生活更加殷实美满，社会文明程度显著提升，人民群众共享更多改革发展成果。

2016 年 7 月 27—30 日，中共永春县第十三次代表大会召开。

会上指出，今后五年，是永春实现新转变、新提升、新跨越的关键时期。按照中央和省委、市委部署，县委确定今后五年全县工作的指导思想是：认真贯彻党的十八大和十八届三中、四中、五中全会精神，深入落实习近平总书记系列重要讲话精神，按照“四个全面”战略布局，坚持以发展为第一要务，全面融入福建、泉州发展大局，紧紧围绕“乡愁故里、生态桃源、美丽永春”发展目标，以做大做强经济总量为重点，以提高发展质量和效益为中心，深入实施“全面转型、全境美丽、全域旅游、全员招商、全速崛起、全民幸福、全力保障”七大行动，加快形成引领经济发展新常态的体制机制和发展方式，全面推进经济建设、政治建设、文化建设、社会建设、生态文明建设和党的建设，真抓实干，跨越赶超，奋力谱写永春绿色崛起新篇。

第二节　三大产业的转型升级

一、农业的蜕变提升

党的十八大以来，永春农业围绕“乡愁故里、生态桃源、美丽永春”的奋斗目标，以农业供给侧结构性改革为主线，贯彻落实一系列强农惠农政策，以农业增效、农民增收为目标，以绿色发展为导向，以改革创新为动力，大力发展特色现代农业，为经济社会持续稳定健康发展奠定了坚实的基础，提供了强大支撑。2019 年，全县农业总产值 43.28 亿元，农民人均可支配收入 17142 元。

十八大以来，永春县认真贯彻中央一号文件及各级农业农村工作会议精神，落实各种农业补贴政策，进一步调动了广大农民的生产积极性；开展粮食高产创建活动，大力推广农业“五新”，推进良种良法配套。同时加大农田水利设施、标准农田等农业基础设施建设，粮食综合生产能力不断提升。2019 年粮食总产 17664.4 万斤，亩产 822 斤，基本实现自给自足，真正让广大群众过上了衣食无忧的幸福生活。

十八大以来，永春县大力发展特色现代农业，培育芦柑、茶叶、蔬菜、名优果、食用菌、畜禽等优势产业。2008 年，创建永春绿源柑橘苗木繁育场，发展成为福建省规模最大的专业化、规模化、产业化的无病毒柑橘现代苗木繁育基地。永春芦柑品质优异，先后获得部级“优质农产品”“中华名果”、农业博览会名牌产品和福建省名牌农产品称号。永春芦柑区域公用品牌价值达 33.34 亿元(2019 年)，入围“全国柑橘产业 30 强县(市区)”，被评为“2017 年中国百强农产品区域公共品牌”，荣获 2018 年首届中国农民丰收节 100 个农产品品牌、2019 中国农业品牌建设学府奖优秀品牌案例奖，入选 2019《中国品牌果品地图》、中国农业品牌目录 300 个具有代表性的特色农产品区域公用品牌、100 个农产品区域公用品牌价值评估榜单和影响力指数评价榜单。2017 年，成立福建省永春绿源柑橘苗木繁育场院士专家工作站，芦柑生产规模居全国前茅，总产和出口量多年居全国县级首位。永春县是著名的乌龙茶产区，居中国名茶百强县前列，是福建省乌龙茶三大出口基地县之一，是全国最大的永春佛手、闽南水仙茶叶生产出口基地，永春佛手区域公用品牌价值达 16.41亿元。永春县食用菌种植面积、产量居泉州首位，是泉州市重要的蔬菜供应基地，阳升禽畜有限公司是国家标准化示范场、省级农业龙头企业。全县种植柑橘 12.53 万亩，年产 19.70 万吨；种植茶叶 7.75 万亩，年产 1.04 万吨；种植蔬菜 11.41 万亩，总产 13.23 万吨；年产食用菌 6.27 万吨；肉蛋奶年产量 3.63 万吨。至 2019 年，永春先后成功创建全国柑橘基地县、国家级柑橘出口质量安全示范县、全国乌龙茶出口生产基地县、全国水果生产百强县、全国食用菌生产先进县、全国优势农产品产业带建设示范县、全国绿色食品原料(芦柑、茶叶)标准化基地县，被评为“中国芦柑之乡”“中国名茶之乡”。永春芦柑、永春佛手、永春篾香、永春老醋、岵山荔枝、永春纸织画、永春漆篮是国家地理标志保护产品，永春白番鸭获得国家农产品地理标志认证，形成以柑橘、蔬菜、麻笋等为主要原料的饮料加工、茶叶初精制加工、竹木材加工、食品罐头加工四大产业群体。

党的十八大报告指出，要培育新型经营主体，发展多种形式规模经营,构建新型农业经营体系。永春县从2007年工商登记成立第一家农民专业合作社,2013年成立首家家庭农场开始,农民专业合作社和家庭农场发展迅速,促进农业产业化经营、规模化发展。全县拥有金蕾食品有限公司、莉芳茶厂等较大规模的农副产品加工企业40多家,其中省级农业产业化龙头企业12家、市级龙头企业37家,农民专业合作社达到1081家,省级及省级以上合作社示范社19家;家庭农场240家,其中瑞莹家庭农场等13家被评为省级家庭农场示范场。

得益于农机购置补贴政策的实施,农业、农机推广培训工作的深入开展,永春县农机化水平稳步提高。2019年,永春县农机总动力为30.35万千瓦,全年完成机耕作业量17.66万亩,其中水稻机耕16.54万亩,机插2.1万亩,机收13.83万亩。

农业科技推广也为农业生产提供了有力保障。2013—2019年,完成投资额1.5亿多元,争取省市资金扶持4845万元,建各类型温室大棚面积2257亩。全县建立物联网应用基地9个,其中魁斗莉芳茶厂、德福生态农业有限公司、康绿隆果蔬有限公司3家企业被列入省级农业物联网示范点。永春阳升禽畜有限公司是全省设备最先进的蛋鸡标准化养殖场,引进欧洲全自动化蛋鸡平养设备,采用温控、通风等自动环境控制系统,自动给料、给水养殖系统,全自动化的产蛋箱,中央集蛋、喷码、包装系统。永春县阔格山茶叶专业合作社、泉州市金斗洋生态农业公司等茶企建设了乌龙茶初制加工自动化、连续化生产线。2015年,永春县被列入全国信息进村入户试点县,建成标准型与专业型村级信息服务站50个,提高农村信息化水平。

二、工业的转型发展

党的十八大以来,永春持续加快载体建设,加大服务扶持力度,注重品牌提升,推动纺织鞋服、新能源新材料、陶瓷产业、香产业、醋产业等制造业产业的发展壮大,向精细化、精品化、高端化迈进。一大批含金量十足的产业项目落地投产,构筑起永春产业新体系,成为永春转型发展、绿色崛起的有力支撑。2019年，全县工业增加值完成269.18亿元，同比增长10.9%，增幅位居全市第5位；规模以上工业总产值793.95亿元，同比增长13.2%。

当前永春县的主要工业产业有：

（一）纺织鞋服

永春县积极推动纺织鞋服产业进行智能化改造，推广数控机床、工业机器人的开发和应用，引导产业向技术研发、品牌带动、标准引领、核心制造等方向发展。现拥有万家美、南德针织、恒福织造等一批智能化生产水平较高的企业；加大招商引资力度，先后引进了晋昇中润纺织、林生纺织等一批大型龙头企业，盘活困难企业和闲置资源；引导部分重点企业开发特种纤维防爆裤，抗菌、导电、阻燃、防毒等系列功能性安全防护产品，已成功入围远东军事组织成员国采购名册。2019年，全县纺织鞋服产业实现产值307亿元。

（二）香产业

永春县持续加大对香产业的扶持力度，相继完成中国香都产业园一、二期建设，获得“中国香都·永春达埔”称号，深入挖掘国家地理标志保护产品的内涵。2018年，出台“新香八条”扶持政策，引导制香企业立足传统工艺，以市场需求为导向，加强科技研发，创新香品品种，并融入工业旅游、文化创意等要素资源，逐渐做大做强香产业。现已拥有省著名商标8枚，省名牌产品6种，市知名商标8枚、海峡股权交易中心挂牌上市企业1家（达盛香业）。拥有兴隆、彬达、联发、金丰、达盛等龙头企业。2019年，全县香产业实现产值约85亿元。

（三）老醋产业

永春县高度重视老醋产业发展，成立永春老醋产业发展领导小组，规划建设老醋产业园，加快实施老醋产业倍增计划，明确围绕做大做强永春老醋基地，通过“整合资源、提升质量、打响品牌、龙头带动”，推动传统工艺升级改造，快速提高老醋产业化水平。2018年12月，县政府制定出台《关于促进永春老醋产业加快发展的十条措施》（简称“醋十条”），从给予经营贡献奖励、支持企业加大固投、鼓励加快技术改造、支持发展智能制造、鼓励开发新产品、加大宣传推介力度、鼓励醋企设立品牌门店、鼓励进驻大型商超、鼓励开拓网络销售渠道、鼓励醋企开展自营出口等10个方面，实施老醋产业倍增计划，力推老醋产业加快发展。至2019年底，永春有5家老醋企业（永春老醋醋业、津源醋业、顺德堂、金春酿造、福泉春），1家在建醋企业（得壹醋业），主要产品有老醋、香醋，辅以白醋、醋豆、红曲酒等醋产品。拥有福建省著名商标4枚，市级知名商标3枚、“福建老字号”2家，“泉州老字号”3家。2019年，全县醋产业实现产值约10亿元。

（四）陶瓷产业

永春县陶瓷产业拥有悠久的历史，高岭土资源丰富，具有储量大、品位高、用途广、易开采的特点。陶瓷产业以日用陶瓷和工艺陶瓷为主，主要集中在县工业园区、苏坑陶瓷工业园、介福陶瓷产业园三个区域。引进九牧集团良格厨卫已顺利投产，并拟投资30亿元在县轻工基地打造集“高端、智能、可定制”卫浴陶瓷生产为一体的智慧产业园区。2017年，介福乡被评为“中国陶瓷之乡”，介福乡发现的商周古窑址被评为2016年全国十大考古新发现，具有很高的历史、艺术与研究价值。2018年12月，为进一步加快陶瓷产业发展，壮大陶瓷产业集群，永春县出台《关于促进陶瓷产业加快发展的八条措施》三年行动方案，从龙头带动、资源整合、提高产品附加值、企业规范化管理、园区建设等方面进行帮扶，于2019年1月1日开始实施。2019年，全县陶瓷产业实现产值约54亿元。

（五）机械装备制造业

以泉永机械、永盛铸造等传统型制造企业为代表，近年来，积极引入“数控一代”新设备、新技术，实现了机械制造自动化、智能化，生产效率得到很大提升。行业产品主要有工程机械配件、汽车配件及电子产品等几大类。源福机械、骏发重工等一批机械装备制造企业陆续投产，机械制造行业获得新一轮发展机遇。2019年，全县机械装备制造业实现产值58亿元。

（六）生物医药产业

永春县生物医药产业自2005年提出发展思路，从无到有，发展壮大，产业发展方向明晰、基础扎实、发展平稳。拥有永燠制药、克里贝尔、修正永春制药公司、祥业生物科技、雷恩生化等已投产企业。2019年引进的明智生物科技、瑞迈舒医疗科技主要生产医用消毒液、消毒酒精、口罩、防护服等消杀用品和防护用品，于2020年2月正式投产。2019年，全县生物医药产业实现产值约32亿元。

（七）食品饮料业

永春县食品饮料业以饮料加工、茶叶初精制加工、饮用水等为主，拥有汇源果汁、金蕾食品等优势企业，致力做精食品饮料产业，推动企业扩容投产，提升产品附加值，延伸食品饮料产业链，主要分布在县工业园区、轻工基地以及坑仔口、桂洋、一都、达埔等乡镇。2019年实现产值约31亿元。

2015年11月，永春县电子商务产业园正式启动运营。园区面积(一期)1.6万平方米，是集办公、仓储、物流、培训、展示销售、永春特色产业馆、创客空间为一体的综合性多功能电商综合体，为永春县电商产业抱团发展，形成集聚优势和后发优势提供了基础保障。至2019年底，县电商园区入驻电商企业62家，电商服务企业1家，物流企业3家，园区入住率达100%，全年销售额3亿元。园区获批省级示范电商园区、福建省高校毕业生创业孵化基地、市级现代服务业集聚示范区等荣誉称号。

三、“中国香都”建设

永春香产业历史悠久，有着深厚的文化底蕴。2011年以来，县委、县政府看准了这一古老而新生的产业发展潜力巨大，果断决策，提出按照“整合、挖掘、拓展、提升、规范”的新发展思路，把香产业打造成为百亿产值的产业集群，把永春建设成为“中国香都”。

2011年，永春县委县政府多次深入香城、香企调研，进行科学论证，敏锐地察觉到，永春香产业已有向沉香、檀香等高端香品转型的趋势，永春香本身就是品质的保证。更重要的是，沉睡了千年的香道开始在国内复兴，高端香品成为一种时尚潮流的健康消费方式，消费群体正在激增，市场前景明朗。2012 年 7 月 11 日，县委常委（扩大）会议提出，要把篾香产业的发展摆上县里的重要议事日程，强化招商引资，在产品研发、园区建设、文化提升、品牌打造等方面加大扶持，引导制香企业公司化、规模化和抱团发展。结合永春芦柑、老醋、禅茶等举行大型的推介宣传活动，做好“品茗、闻香、尝醋、练拳、看花、观景”等文章，发展文化旅游，打造“中国香都”。同年 9 月，全国制香分会会长会议在达埔镇举行，会上一致通过永春“中国香都”的冠名申请。县委、县政府还提出要按“十个一”（创建一个研发中心，拓展一个发展基地，建设一个展示中心，制定一组优惠政策，争创一枚以上中国驰名商标，出版一本宣传画册，制作一部纪录片，举办一场文化节，成立一个神香文化研究会，建立一支香道表演队伍）策略打造“中国香都”，并启动占地 1250 亩的二期建设，规划引进佛具制造、佛珠手链工艺品加工、竹木制品加工等企业入驻，打造以香文化展示为主题的特殊手工业旅游项目，推动神香产业多元化发展，将其从传统的朝拜产品向养生保健文化礼品转变，做大做强香产业，使之成为永春县又一个产值超百亿的产业集群。

2012 年 10 月，《永春县关于推进香产业发展的八条措施》（简称“香八条”）正式实施。“香八条”从促进涉香企业积极“二次创业”入手，引导涉香企业公司化、规模化和抱团发展，以期形成产业集群效应，做大做强香产业。主要内容包括加大财政资金投入力度、财税政策支持力度、金融服务力度、用地保障力度、企业创业扶持力度、企业管理提升力度、企业市场开拓力度和企业培育力度等八个方面。“香八条”里，每一条下还有具体规定，包括企业用地补助、出口奖励、纳税奖励等，企业研发新产品，政府还给予最高 100 万元的奖励。同时，县直部门也出台了相应的专门扶持措施，如县委组织部出台了《永春县香产业人才支撑计划实施方案》、县工商局出台了《关于助推我县制香产业发展壮大工作意见》。

优惠政策构成了推动发展的“天时”，平台载体和交通条件则保障了产业升级的“地利”。永春县搭建了占地 400 亩的中国香城（二期)、开通了省道联三线,中国香城(二期)到泉三高速蓬壶互通口的路程从12公里缩短到2.5公里。十二家涵盖了外包装、制香机械、原料供应等领域的龙头企业入驻中国香城(二期),永春香产业迅速形成了错位经营、各有分工、上下游产业无缝对接的发展新格局。

为了让香产业的发展步伐走得更加稳健,在“中国香都”的创建过程中,永春县还投资500多万元建设省级香品质量检验中心,为永春香取得产品、质量的官方认证;成立永春县香文化研究会,深入挖掘永春香史,建立健全永春香文化体系;建成彬达香文化创意园,完成了永春香文化创意提升到旅游的过渡;结合美丽乡村建设,筹建汉口村香工业旅游示范点;大力发展电子商务,聚缘香业、彬达香业等成功开辟网上销售渠道;加强人才支撑,成立永春县非公有制企业香制品工艺工程系列初级专业技术职务评审委员会,有38名制香师被评为助理工程师、7名被评为专业技术人员。

在县委、县政府推动香产业转型升级的初期,部分企业家的态度不够明朗,转型升级的积极性有待提高。保守的发展理念致使永春香产业的发展几乎是原地踏步,打造百亿香产业的关键就是要转变香企这种发展理念。

2013年4月24—27日,永春县委、县政府携手永春龙头香企组成“取经团”前往北京考察学习香文化。“取经团”走访北京与香结缘的私人会所、香道馆和香市场,与当地香文化专家、企业家深入座谈,学精品、取真经,在更高站位上了解市场动向、行业动态和文化传播理念。县委县政府对永春香产业的发展做出新一轮的部署,提出“整合、挖掘、拓展、提升、规范”的“五招式”新发展思路,明确了永春香产业发展方向。整合,就是整合企业组织形式,巩固壮大龙头企业,引导家庭作坊式企业走代加工、股份合作等抱团发展道路;挖掘,就是挖掘永春香文化内涵,通过挖掘历史来吸引消费,紧跟时尚来促进消费,引导潮流来带动消费,同时深入挖掘技术内涵;拓展,就是要以香产业为载体,延伸香具、包装等产业链,提升产业附加值,增加产业品种,引入电子商务,拓展市场力;提升,就是进一步提升香品品质,打响品牌,转变观念,搭建更多平台;规范,就是要规范好市场秩序，规范管理好企业。

这次的取经之旅，让永春香企从“龙头”的美梦中惊醒，看到永春香在香道馆的品位、香艺师的素质、产品的外包装、产业链延伸、香文化挖掘、营销理念等各方面都有很多不足。“取经之旅”开拓了永春香企的视野，让他们有了国内同行也在飞速发展的紧迫感，随行的彬达、兴隆、金丰、联发等 4 家永春龙头香企都有了转变的念头。他们表示，将开设包涵字画、古玩等元素的更为高端的香道馆；将打造一支懂香史、能说香、会表演的香道师团队；高端、大众两个类别的香品两手抓，进一步扩大中低端香品的市场份额；打破单一的香品外包装形式，开发更多的组合套装；摆脱家庭作坊式的企业管理模式，创建现代的企业经营管理模式；深入挖掘香文化，提高永春香的文化内涵；将香产业的产业链延伸至香文化、香艺术甚至是管理投入和服务输出等方面。看到不足和市场前景的永春香企回到达埔镇后的大动作，也间接带动了其他香企的转型升级，涌现出兴全、百轩、聚缘、达盛、星达等一批新兴转型升级企业，永春香产业呈现出“你追我赶、共同创新”的发展格局。

2014 年 10 月 8—11 日，时任县委书记林锦明率彬达、联发、兴隆、金丰、兴全等龙头企业负责人到日本，实地走访了日本香堂、凤凰流、松荣堂、熏玉堂、山田松香木店等香企，就如何发展永春县香产业进行考察。林锦明指出，永春香具有自己的独特优势，龙头香企要以此次考察为新起点，寻他山之石，充分借鉴日本香企业先进理念和众多优点，在香体验互动、研发新产品、结合中草药等方面下一番功夫，逐步走既有共性又有个性的差异化发展道路。此外，永春县委、县政府主要领导还数次带永春香企到广州、河北、北京等地考察学习，出资让一批永春香企业家赴清华大学深造，拓宽他们的视野，改变他们的理念。自此，永春香产业开始进入高速发展阶段。

县委、县政府还启动品牌推广行动，加大宣传力度。开辟全新的新闻媒体助推县域特色经济发展模式，与泉州市主流媒体《泉州晚报》合作，于 2013 年 3 月开展“永春香道千年流香”品牌推广行动。双方联手发掘，弘扬香道文化，重拾香道艺术，引导永春香企业公司化、规模化和抱团发展，形成产业集群，提升永春香的品牌价值和市场竞争力。在2013年3月—2014年3月期间，《泉州晚报》持续不断地报道永春香产业的动态消息，并在每个月的第一个星期五推出一个永春香专版。动态新闻中，永春政企北京考察之旅、永春政企四地（厦门、广东、北京、河北）考察调研之旅的报道都造成了极大的积极效应。

与此同时，永春县还与《泉州晚报》精诚合作，策划举办了“永春香道千年流香”之香文化博览会，“发现·永春香”，“东亚文化之都永春千年香道”之“十大香品牌”“十大制香师”“十大创新创意产品”评选活动等三大活动，共评出彬达香业、兴隆香业、联发香业、金丰香业、兴全香业、聚缘香业、百轩香业、达盛香业、星达香业、和泰香业等“十大香品牌”，评出林清海、林文森、曾建全、林云勇、林东土、洪文兴、林建民、洪建成、林文溪、洪清洁等“十大制香师”，评出“千年沉香皇”“南无阿弥陀佛”“具有抗过敏反应彬达香”“汉香”“翰墨香沉”“清风雅云”“永春香”“香之品——男女香”“醉南香/梦南香”“卷钱香”等“十大创新创意产品”。《泉州晚报》为永春香产业打造的亮点报道，带来了空前的媒体连锁反应，也引起了省、市主流媒体的关注，纷纷为永春香产业推出专版、专题报道。

自品牌推广行动启动以来，永春香产业完成了新一轮的品牌转型升级。永春香的集体品牌已在省、市广为传播，“品茗闻香”开始成为一种新潮时尚的生活方式；企业自宣、品牌推广的意识更加浓烈；高端香品生产企业也由最初的2家发展到现在的10多家，各类高端香品层出不穷；省内外新开了几十家永春香道馆。

为提升永春香文化内涵，2013年10月18日，成立永春县香文化研究会，着眼于更广泛地团结香业界人士，着力于调研、交流、普及、提高香文化。创办《永春香道》杂志，设立《中国香都》网站，依托这些宣传平台，加强对永春香业企业的宣传推介工作。

近年来，养生保健观念深入人心，宗教信仰进一步开放，各种中高档香品为都市人青睐，也进入了寻常百姓家。永春的彬达、兴隆、联发、金丰、兴全、百轩、达盛、聚缘等香企纷纷推出以沉香、檀香等为主流的中高档养生香品行销市场，并在全国各地建立营销网络，在各大超市、连锁店、便利店设点销售。用于疗病祛疾、消毒杀菌、驱虫防蚊和净化空气的香品也先后研制出来，通过专家鉴定。永春人也开始尝试把香文化引入大中城市高端消费领域，在北京、福州、厦门、泉州等城市创办香道馆，引领时尚高端生活。彬达、兴隆、兴全等香企以及香文化研究会、旅游服务中心先后组建香道表演队，多次在重要活动中演出，深受观众欢迎。

2014 年 3 月 21 日，中国日用杂品工业协会理事长张广荣带领“中国香都”专家考评组对永春县达埔镇制香行业进行综合考评。在实地考察及听取汇报后，考评组一致认为达埔镇符合中轻联《中国轻工业特色区域和产业集群共建管理办法》和中国日用杂品工业协会《关于共建和授予中国制香行业特色区域称号的标准》有关要求，基本符合申报“中国香都”的条件。4 月 15 日，中国轻工业联合会和中国日用杂品工业协会正式授予永春县达埔镇“中国香都 · 永春达埔”的称号，意味着永春成为中国首个国家级制香基地。

2014 年 7 月 22 日，“中国香都 · 永春达埔”授牌仪式在永春县人民会场举行。时任县委书记林锦明说，国家“一路一带”战略的实施为永春香产业发展带来了难得的机遇，香产业的快速发展，使香企与这些国家和地区联系日益紧密，前往越南、老挝、柬埔寨甚至是非洲等海丝经济带的国家购买香原料越来越多，将更加深度地参与到与海丝经济带国家的贸易合作中。授牌仪式后同时举行了星云大师墨宝赠送仪式，发布了“中国香都”Logo（标志）征集大赛成果，向永春香企代表发放了“中国香都 · 美丽永春”主题卡，举行了企业与高校合作签约仪式，台湾香道表演队进行了香道表演等。同日，福建省香产品质量检验中心、福建永春香品研发中心、香都大道、香文化展示中心、彬达工业旅游点等启用，12 家覆盖了香产业原料供应、设计制造、产品包装等整个产业链的企业入驻香品产业园二期。

2015 年 11 月 8 日，中国香文化展示推广活动暨首届中国（永春）香文化博览会在永春县达埔镇的中国香都如意广场举办，活动为期 3 天，主要由中国香都香文化博物馆开馆、首届中国（永春）香文化博览会、“寻香问道”国画收藏展等系列活动组成。中国香都香文化博物馆建筑面积 3500 平方米，分“香飘中华”“香之大观”“香满桃源”“香都荣光”四大版块，让前来参观的“香客”朋友深入了解中国香都香文化。

2016 年 7 月，时任县委书记蔡萌芽在永春县第十三次党代会报告中提道，要“围绕建设中国香都，坚持品质、品牌、品位齐抓，做大‘一街、一园、一城’载体平台，培育一批香企骨干龙头，完善延伸产业链，打造百亿元产业集群”。

经过精心培育发展，永春香产业正朝着集群化、规模化、现代化方向转型升级，跨越发展，成为泉州乃至福建一张鲜亮的“产业＋文化”品牌。2018 年，永春香产业总产值达 74 亿元，联发、彬达、兴隆、金丰等重点香企年产值均超亿元。获得福建省著名商标 8 枚，福建名牌产品 6 件，有 16 家制香企业通过 ISO 认证，拥有国家授权专利 136 件，5 家企业成为全国卫生香行业标准起草单位。国家燃香类产品质量监督检验中心落户永春。10 家制香龙头企业通过股份形式成立福建云香城科技股份有限公司，探索合作新模式，发展香料种植、生态香生产等。

四、创建全域旅游

永春县旅游资源丰富，拥有 2 个国家 4A 级旅游区（牛姆林、北溪文苑旅游区），5 个国家 3A 级旅游区（百丈岩、魁星岩、乌髻岩、仙洞普济寺、雪山旅游区），6 个国家 2A 级景区（老醋文创园、余光中文学馆、天湖岩、中国香都、埔头农业公园、云河谷），2 个全国农业旅游示范点（北溪、观山），3 个省级观光工厂（永春老醋有限公司、彬达制香厂、顺德堂老醋公司），3 个省级乡村旅游休闲集镇（呈祥乡、五里街镇、岵山镇），24 个省级乡村旅游特色村（大羽村、茂霞村、观山村、东溪村、三岭村、埔头村、南美村、西村村、福东村、福德村、锦龙村、丰山村、吾江村、苏合村、东美村、西昌村、新琼村、汉口村、紫美村、花石村、龙水村、东里村、夹际村、山后村），2 个省四星级乡村旅游经营单位（东溪大峡谷、北溪文苑），1 个省三星级乡村旅游经营单位(百丈岩),2家星级酒店,21家旅行社及营业部。同时,还有2项国家级非物质文化遗产项目(纸织画、白鹤拳),7项国家地理标志产品(永春芦柑、永春佛手、永春篾香、永春老醋、永春漆篮、永春纸织画、岵山荔枝)。

十八大以来,县委、县政府高度重视旅游产业发展,明确将旅游产业作为经济发展的新兴战略性支柱产业和新的经济增长点进行培育,紧紧围绕建设"清新福建·闲养永春"和打造全域旅游目的地的总体目标,立足生态、资源和人文优势,通过建立工作体系、出台优惠政策、加强宣传营销、创新人才培养、完善配套设施等举措,逐步构建"旅游+"融合发展的全域旅游发展格局,旅游产业取得新进展,乡村旅游迅速崛起,旅游成效日益凸显,全县接待游客总人数和旅游总收入分别从2012年的180万人次、16亿元增加到2019年的527.86万人次、59.57亿元。2016年2月永春县成为全国首批"国家全域旅游示范区"创建单位。

在旅游发展的过程中,不断探索形成比较完善的发展工作机制。把创建工作纳入重要议事日程,成立了由县委、县政府主要领导任组长,县四套班子分管领导任副组长,县直有关单位和各乡镇负责人为成员的全域旅游工作领导小组。县委、县政府主要领导多次就全域旅游工作进行专题调研,并召开专题会议进行详细部署,解决存在问题。旅游综合执法体系不断完善,在北溪文苑旅游区、旅游集散中心、大羽村挂牌成立全市首批旅游巡回法庭;设立公安局旅游警务指导中队,在岵山北溪、石鼓魁星岩、桃城留安山等11个景区设立旅游警务室;设立市场监管局旅游分局,不断完善旅游纠纷快速处理机制,营造和谐旅游发展环境;设立旅游质量监督管理所,加强旅游市场监督。成立全域旅游创建办、全域旅游开发协调工作小组和全域旅游投资开发有限责任公司,推动旅游资源整合,国有旅游资源资产和民间旅游资源经营权收储、承租和管理,旅游项目与产品开发,旅游基础设施建设,旅游招商,旅游宣传推广,全域旅游智慧平台运营等工作。先后出台了《永春县关于加快旅游产业发展的实施意见》《永春县加快"美丽乡村游"发展的实施意见》

《永春县进一步加强旅游宣传工作意见》和《永春县关于加快推进乡村旅游发展的工作方案》等政策文件，不断加大在政策、公共设施、资金投入、管理培训、宣传推广等方面的支持和引导力度。

突出重点，全面加强旅游配套设施建设及公共服务提升，推进旅游景区、乡村旅游点提档升级，助推旅游全域发展。实施公共服务提升工程，投入7000万元建设永春旅游集散中心，被省政府确定为2014年为民办实事项目，并于2015年正式投入运营，成为全省最大的单体旅游集散中心（建筑面积11300m²），努力打造成为永春旅游资源展示中心、旅游文化商品展示中心和游客集散调配中心。已经配套建设资源馆、旅游宣传片观看及体验中心、白鹤拳馆和纸织画馆。按照“游客中心、旅游公厕、停车场、游步道、标识系统”五必备的要求和“吃、住、行、游、购、娱”六提升的原则，立足文化特色和资源差异，精心抓好牛姆林、北溪文苑、天沐温泉、岵山古镇、雪山旅游区、弘一法师文化园、云河谷、中国香都等景区建设，深度开发一批文化体验、休闲度假旅游产品，构建“百花齐放、百景争艳”的格局。结合美丽乡村建设，按照“点—线—面”同步推进的思路，坚持“一村一策、突出特色”的原则，着力培育示范典型，几年来，共创建了3个省级乡村旅游休闲集镇、24个省级乡村旅游特色村、3家省星级乡村旅游经营单位、5条乡村旅游精品线、3个乡村旅游精品片区，打造了一批望得见山、看得见水、记得住乡愁的乡村旅游点。同时，积极引导村集体、农民合作社、个体农民参与乡村旅游开发建设和经营，成立了五里街镇大羽村、蓬壶镇观山村、岵山镇茂霞村等7个乡村旅游服务专业合作社，带动了一批农民实现脱贫致富。2014年，全省美丽乡村建设暨乡村旅游工作现场会在永春县召开，推广永春县乡村旅游发展经验。

永春县旅游坚持实施一、二、三产融合发展策略，充分发挥“旅游＋”作用，依托文化产业，打造白鹤拳文化旅游、余光中乡愁旅游等旅游品牌；依托现代农业，开展芦柑、葡萄、荔枝等时令果蔬采摘体验，发展现代休闲农业旅游，观山村、北溪村、东溪村获评省级乡村旅游星级经营单位，北溪村和观山—仙岭—汤城获评全国农业旅游示范点；依托中国香都、老醋等传统工业，发展工业旅游，2014年以来，彬达香文创园、永春老醋文创园、顺德堂老醋公司均获评省级观光工厂；“品茗、闻香、采果、练拳、赏花、尝醋”成为永春旅游新的体验项目，多元化旅游在永春正逐步形成。

坚持政府主导、媒体跟进、社会联手的“三位一体”营销模式，多渠道进行宣传推介，不断提升永春旅游的知名度。结合地域历史文化、民俗风情和自然资源，深入实施“每月一主题”营销活动，先后举办环泉州湾国际公路自行车赛永春赛段比赛、国际白鹤拳武术文化节、国际南音文化节、央视“谁是舞王”大赛、首届全域旅游推介会暨桃花文化旅游节、映山红文化旅游节、一都山歌文化旅游节、呈祥高山徒步大赛、老醋文化旅游节、岵山荔枝文化旅游节等一批主题内涵多元、产业互动延伸的旅游节庆活动，做到“月月有活动、乡村有特色、县域有品牌”。整合全县旅游资源，统一品牌营销宣传，加强与主流电视、报刊、网络等媒体的宣传合作，邀请中央四套《远方的家》、中央七套美食栏目等中央媒体拍摄专题宣传片；加强与《人民日报》《中国旅游报》《福建日报》《泉州晚报》等报刊媒体以及人民网、新华网、新浪网、搜狐网、东南网等网络媒体合作，几年来，累计报道超过500篇，不断提高永春旅游影响力；拍摄全市首部《寻梦永春》旅游微电影、制作永春旅游画册、手绘旅游地图、二维码旅游交通图等，到县域区内外的酒店、车站、旅游服务中心、旅游购物场所等宣传发放，进一步提高永春县旅游的知名度。开通永春旅游微博、微信、智慧旅游网站等新媒体平台，打造跨区域、跨平台、跨终端立体性营销体系。与厦门旅游集团国际旅行社合作，开通“厦门—永春旅游直通车”，与泉州宝中旅行社合作开通“泉州—永春旅游直通车”，与省、市、县自驾车旅游协会合作，通过社团组织，加强旅游市场渗透。坚持走出去，先后组织旅游企业赴东北、华东、西南、台湾等地区开展旅游宣传推介活动，将永春香道、白鹤拳等特色旅游资源带出家门，走向全国。

第三节　让人民有更多获得感和幸福感

一、脱贫攻坚

打赢脱贫攻坚战是党中央、国务院做出的重大战略部署，是落实共享发展理念的重要内容，是构建社会主义和谐社会的重要前提，是实现小康社会的重要保证，更是中国共产党向全国人民做出的庄严承诺。2015年11月23日，中共中央政治局召开会议，审议通过《关于打赢脱贫攻坚战的决定》。永春县把脱贫攻坚作为重大政治任务和第一民生工程，全面实施精准扶贫、精准脱贫方略，脱贫攻坚取得决定性进展。

2016年，永春采取精准、全面、超常规的措施，聚焦8个重点乡镇、8个重点村和60个省定建档立卡贫困村的扶贫开发工作，紧盯建档立卡贫困户2664户7675人，着眼于扶真贫、真扶贫、真脱贫，坚持实施“精准识别、明确目标、精准施策、资金投入、整村推进、造福工程、小额贷款、培训提升、结对帮扶、社会参与、村财创收、干部驻村”等12项措施，全县实现稳定脱贫1789户，5238人（其中国定819户2244人，省定263户751人，市定707户2243人），完成省定建档立卡贫困村脱贫24个（共60个），取得较大成效，为“确保小康路上谁也不掉队”打下了坚实的基础。

2017年，永春围绕年底实现“贫困人口全部脱贫、贫困村全部摘帽”的任务目标，着眼发展短板，集中资源资金，着力推进精准扶贫，深入实施攻坚行动，稳步有序推进，大部分工作超时序完成任务。全县完成脱贫857户2620人，省定贫困村脱贫摘帽12个。

2018年，永春脱贫攻坚工作重心转为防范返贫稳定脱贫成果阶段。落实产业、就业、搬迁、金融、健康、教育、生态、兜底保障等工作措施，全县实现稳定脱贫2481户7817人，24个贫困村脱贫，全县60个省级建档立卡贫困村100%出列。

在脱贫攻坚战中，永春县围绕“两个增收、四个保障”总目标（两个增收即贫困户增收、村集体经济增收，其中全县建档立卡贫困户年人均纯收入由2015年的3923元增加到2019年的13189元，年均增长近35.4%。全县村级年经营性收入均达到5万元以上，10万元以上村占66.51%。四个保障即落实贫困户住房、教育、医疗、饮水安全保障，全县所有贫困户的住房均达到B级以上，没有学生因贫困而辍学，医疗方面建立了6道防线，饮水安全实现动态监测），创新6项举措（应对新冠肺炎疫情17条措施、培育村集体增收6种模式、医疗保险6道防线、创新防返贫控新贫稳脱贫“一库五机制”、推进责任落实5个全覆盖、关心关爱扶贫干部），全面巩固提升脱贫攻坚成果，确保“小康路上一个都不能少”。

坚持目标标准，确保脱贫攻坚“一个都不能少”。一是全面摸清底数。2019年，组织专门力量对全县所有农户的“两不愁三保障”进行全面排查，共排查130212户512648人，对已脱贫但不够稳定的建档立卡贫困户57户202人列为重点帮扶对象。二是精准分类施策。把全县脱贫人口分成三大类，其中，有劳动能力的缺技术、缺资金688户，2410人，占比46.5%；因病因残但有部分劳动力384户，1356人，占比26%；无劳动能力（享受低保）406户，859人，占比27.5%。对于有劳动能力的贫困人口采取产业、就业扶持措施，实施“一户养一群鸡鸭、一户种一片茶果、一户有一人就业”的“三个一”产业发展措施，力争做到每个有劳动能力的脱贫户都有1个以上增收脱贫项目。采取技术培训、技术人员现场指导等方式提升贫困户劳动技能，促进就地就业。对于因病因残但有部分劳动力的贫困户，强化贫困户医疗保障，通过医疗叠加保险后，基本医保报销比例从原来55%提高到94.1%，大病病种由原来的13种扩大到31种。在全面落实各级医疗保障政策的基础上，从2017年开始，县财政每年拨出38万元为全县贫困户购买扶贫补充医疗保险，让贫困户再增加一道防线。至2020年4月，全县共有贫困户343人次获得扶贫补充医疗保险理赔金93.02万元。对丧失劳动能力的贫困人口实施低保兜底，低保金按每人每月400元以上标准发放，以后动态调整只调高不调低。三是严格动态调整。结合推广“五步走”群众工作法，按照一核、二看、三比、四评议、五公示的“12345”贫困人口进出识别程序，建立贫困户信息网络监测系统，确保扶贫对象有进有出、扶贫信息真实管用。2018 年开始按季度对建档立卡贫困人口开展建档立卡动态调整工作，对于识别认定的对象及时落实帮扶措施和相关政策，确保到 2020 年一个不少、一个不漏。

坚持稳定脱贫，不断探索完善长效机制。2018、2019 年，县委、县政府相继出台《关于防范返贫确保稳定脱贫的工作意见》《永春县巩固提升脱贫攻坚成果实施方案》，积极探索建立精准扶贫稳定脱贫的长效机制。2020 年，出台《关于建立防返贫控新贫稳脱贫“一库五机制”的实施意见》，建立脱贫攻坚数据库及运行管理、信息收集、统筹协调、帮扶响应、落实闭环等 5 项机制。以脱贫攻坚数据库为基础，统筹脱贫攻坚各项工作，重点关注全县因大病、灾祸等可能返贫脱贫不稳定对象 57 户 202 人和未纳入建档立卡的低收入人群 2293 户 7316 人（低保户、残疾人户、危房户、重病户、独居老人户、无劳动力户）。县扶贫办成立工作专班，做好“一库五机制”的运行管理，采取“日汇总、周核实”的办法，加强数据库的管理应用，打通信息链条、预警机制和精准帮扶的最后一米。

坚持精准施策，有效应对疫情影响。在 2020 年春防抗新冠肺炎期间，统筹抓脱贫攻坚工作，在疫情防控措施省 19 条、市 8 条出台前，永春县率先制定出台县 17 条措施，从落实生活补助、开展生产帮扶、全面保障就业、强化产销对接、加快扶贫项目建设对接等 5 个方面给予精准帮扶。筹集各级财政扶贫专项资金 433.17 万元，优先用于帮扶贫困户恢复生产、增加收入。在就业上，推行“零接触”线上招聘，优先安置贫困户到临时公益岗位就业，在落实市级政策基础上，暂无法就业的贫困户给予 1000 元/户一次性生活补助，安排扶贫应急救助资金 3000～5000 元/户进行补助，并开辟临时就业岗位倾斜照顾贫困户就业，至 2020 年 4 月底全县有务工意愿的 2067 名贫困劳动力，已全部上岗就业。在发展生产上，派出 6 个科技服务小组，下沉一线，深入到农村生产一线指导防疫、春耕生产。

在农产品帮销上，通过互联网平台销售、挂钩帮扶人帮销、单位食堂优先购买贫困户农产品等方式，有效帮助贫困户解决销售难问题。在教育上，采取不同方式帮助学生做好“停课不停学”，同时为没有线上学习条件的义务教育阶段贫困学生落实居家学习指导，共指导54人，指导时长422课时。

坚持补齐短板，落实“两不愁三保障”。一是确保吃穿不愁。千方百计增加贫困户收入，全县建档立卡贫困户年人均纯收入由2015年的3923元增加到2019年的13189元，年均增长近35.4%。二是落实安全住房保障。针对全县贫困村大多集中在高边远山顶村的实际，实施造福工程，以东平镇为试点探索形成一套比较成熟的易地搬迁模式，2016—2017年，全县共实施造福工程搬迁贫困户103户343人。同时，重点关注感观上居住条件仍较差的脱贫户，提升改造9批447户贫困户的住房条件。全县所有贫困户的住房安全等级都在B级以上。2020年，结合全市房屋安全“百日大整治”行动，再次组织对全县1478户建档立卡贫困户住房进行安全隐患大排查，对部分老旧、破损等感观较差的住房进行改造提升。三是落实医疗保障。完成一体化建设的村卫生所187家，其中贫困村60个全部纳入医保定点，全面实施“先诊疗、后付费”服务。全面落实基本医疗保险、大病保险、医疗救助、省精准扶贫医疗叠加保险补助、市精准扶贫医疗叠加保险补充补助，贫困户“目录内”医疗费用的报销比例达到市内一级医院及社区卫生服务中心98%，二级医院95%，三级医院90%。四是落实教育保障。全面落实各项补助政策，建档立卡等贫困学生从学前教育到义务教育、普通高中、中职教育等各阶段发放补助金。至2020年4月底，全县建档立卡贫困户1054人，受补助590.27万元。全县没有学生因贫困而辍学。五是落实饮水安全保障。全县建档立卡贫困户集中式供水653户2074人，分散式供水825户2551人。按照《农村饮水安全评价准则》《脱贫攻坚农村饮水安全评价若干问题解答》，全县建档立卡贫困户饮水基本安全。

至2020年4月，全县共有脱贫人口1478户4625人（国定1080

户 3331 人，省定 398 户 1294 人），无返贫、新增对象；共有省级建档立卡贫困村 60 个，已全部脱贫摘帽。

二、文化惠民

党的十八大以来，永春县的公共文化服务水平不断提高，文化事业和文化产业蓬勃发展，呈现出文化大繁荣、大发展的新面貌。

（1）公共文化设施网络日趋健全。2011 年以来，建成 22 个乡镇文化体育公园、93 个文化示范村、16 个特色文化村、3 个乡镇综合文化站（22 个乡镇全覆盖建设），完成文化中心大楼等项目的规划工作。县图书馆、文化馆晋升“国家一级图书馆”。

（2）公共文化服务机制逐渐完善。2011 年以来，全面实行图书馆、文化馆、博物馆“三馆”免费开放，广泛开展各类公益性文化活动，让广大人民群众享受优质的公共文化服务。不断完善乡镇综合文化站、村级文化室的服务功能，建设多功能活动厅、书报阅览室、游艺室、辅导培训室，配备文化体育器材等，常态化地组织开展秧歌舞、健身舞等丰富多彩的群众集体性活动，为广大农村群众提供与城镇居民均等的优质公共文化服务。

（3）文化惠民工程深入实施。新建或改造农家书屋 236 家，实现全县村（居）全覆盖建设。建成文化信息资源共享工程永春支中心、22 个乡镇综合文化站文化信息共享工程基层服务点、10 个村级文化信息共享工程基层服务点。以“我们的节日”为载体，在每年的重大节日或传统节日期间，开展迎新春会演、花灯展、踩街、晚会等文化活动。结合桃溪流域综合整治，充分挖掘永春历史人文资源，建成以“乡愁”为主题的余光中文学馆，开馆以来，已接待游客 30 多万人次，2017 年被台盟中央确定为“两岸文化交流基地”。

（4）文化管理体制科学化。逐步实现“官办文化”向“民办文化”转变，协调全县 60 多个文艺和体育协会开展文体系列活动，多渠道调动农民群众参与文体活动的激情，推动群众文体活动经常化开展。发动企业参与办文化，推荐成立宏裕文化传媒有限公司，演绎乡愁旅游小戏，已演出一百多场，受到欢迎与好评。引导企业参与农村文化示范村创建项目、文体活动开展、“非遗”项目传承保护。揭牌成立永春县文化市场综合执法大队，促进永春县文化市场管理工作法制化、规范化和科学化。

(5)文化事业单位改革创新化。研究制订《永春县高甲戏剧团体制改革方案》，将县高甲戏剧团整体划转为永春县高甲戏艺术保护传承中心，把国有文艺院团转为公益性的保护传承机构，传承、保护传统文化表演艺术。变更永春县民间职业剧团管理处管理方，原设在县文化馆，改由高甲戏艺术保护传承中心负责管理，审批营业性演出表演团体的企业或个人、年检演出许可、备案演职人员等，规范演出市场。

(6)行业协会与文化培训体系的管理制度化。为进一步挖掘“中国香都”文化内涵与外延，成立了永春香文化研究会，依靠行业协会推动特色文化研究，促进文化产业发展。依托县文化馆建立了美术、舞蹈、钢琴、电子琴等艺术培训体系，每年培训各种艺术人才200多人。

(7)文化节庆品牌新发展。每年举行永春白鹤拳师祖方七娘诞辰纪念活动，举办永春白鹤拳文化节，借助中国永春白鹤拳史馆，吸引海内外各地武术爱好者到翁公祠武术馆、大羽武术馆、白鹤武术研究会等各武术协会深入交流和参观永春白鹤拳史馆等建筑及景观，加深武术文化交流。

(8)文艺精品创作新突破。2012年投入资金350万元，以余光中“乡愁”诗为背景，创作排演大型交响诗剧《乡愁》，2012年末参加福建省第五届艺术节暨第二十五届戏剧会演获二等奖和十三个单项奖，参加泉州市第三十一届戏剧会演获得优秀剧目奖；2013年11月荣获中国文联、中国剧协主办的第十三届中国戏剧节优秀展演剧目奖，并通过中央外宣办属下中国黄河电视台在美国斯科拉卫视、欧洲中文台、法国中文台播出。

(9)文化理论创新研究新促进。引导各专业人员参与文化领域各项课题研究，形成《从文化角度看桃溪流域综合治理》《整合资源，发挥优势，助推文化产业和旅游经济发展》《三级联动构建公共文化服务体系》《抢抓机遇 跨越发展 推动文化产业成为县域经济新的增长点》和《关于非物质文化遗产保护利用的思考》等文化理论调研文章，在国家、省、市级刊物发表，为文化建设出谋划策。

(10)市场主体培育发展。设立永春县文化产业发展专项资金，重点培育和发展实力雄厚、具有较强竞争力和影响力的大型文化企业和集团，壮大市场主体。出台制定文化创意产业相关发展规划、财政扶持政策等规划政策，加大对永春香、老醋、纸织画等文化产业扶持力度，拓展永春县特色产品在国内外市场的销售途径和发展空间。

(11)文化产业结构优化升级。支持永春白鹤拳特色文化村——大羽村成立全市首个乡村游服务专业合作社，打响以白鹤拳为拳头品牌的生态农家游。支持厦门永春企业家成立鹤武江南影视文化有限公司，制作《永春白鹤拳之五色羽传奇》动漫电视剧，拍摄永春白鹤拳之《擎天画卷》《极品师徒》电影，实现电视电影文化产业零的突破，并获国家优秀动漫电影称号，入围几个国际电影节。创作方七娘白鹤拳招式雕塑，由国家知识产权局批准外观设计专利，成为泉州永春旅游伴手礼标志产品。加大对制作永春纸织画、永春漆篮等工艺美术经营企业的扶持力度，着力引导传统工艺美术制造业转型升级。扶持发展民间高甲戏、职业剧团和南音等演艺娱乐团体，组织协调蓬壶孔里木偶剧团、永春县掌中木偶剧团、县南音社参加省市民间布袋戏邀请赛、泉州民间音乐邀请赛等比赛并获奖，促进民间演艺团体提高水平。

(12)文化产业项目起步发展。充分挖掘永春县丰富的人文资源、文化生态资源和文化遗产资源，谋划生成和组织实施一批文化产业项目，达埔镇被正式冠名为“中国香都”，百亿香产业初步形成。永春县龙水漆篮工艺有限公司、泉州雪山风雅颂生态旅游文化有限公司、永春县老醋有限责任公司、魁星岩风景区管理服务公司、福建鹤武江南影视文化有限公司等5家企业获评市级文化产业示范基地，永春达盛篾香城管理有限公司获评省级文化产业示范基地，建成以纸织画文化为主题的文化产业创意园和以香为主题的香都文化广场。

(13)对港澳台文化交流得到强化。组织永春白鹤拳拳师参加海峡论坛——海峡两岸武林大赛,赴国内外进行武术文化交流合作200人次以上。举办永春白鹤拳文化节和世界(永春)白鹤拳大会等大型系列活动,邀请港澳台武术爱好者来永切磋交流武术。每年组织永春纸织画、永春香、永春漆篮、永春老醋等特色文化企业参加海峡两岸(厦门)文博会,走出去和各地文化企业交流,推介、签约永春县文化产业项目。

(14)对国外的文化交流渠道积极扩展。选派永春纸织画社、县南音社参加中国(深圳)国际文化产业博览交易会、泉州国际南音大会唱,与新加坡、印尼、马来西亚、菲律宾、日本等国外观众和艺术团体进行文化交流。对接“东亚文化之都”活动,参加“东亚文化之都·2014泉州活动年”开幕元宵灯会展和泉州元宵戏曲精品展演活动,并举办海上丝绸之路国际艺术节(东亚文化之都·2014泉州丝海扬帆嘉年华)——印度、土耳其艺术团永春合场演出,2015年举办亚艺节分会场活动——第十一届中国泉州国际南音大会唱,协助举办2017年中东欧国家文化季、第五届泉州国际木偶节永春分场演出活动,加强与“海丝”国家之间文化交流。2019年5月,圆满完成瓦努阿图政府议会联合考察团考察承接工作。

(15)非物质文化遗产保护传承取得成效。推进闽南文化基础保护网络建设,建设6个市级、6个县级非遗传习所和65个泉州市闽南文化生态保护区展示点;实施岵山镇、五里街镇、桃城镇闽南文化生态保护区建设工程。重视闽南文化教育,实施“国家级非遗——永春纸织画进校园”工程,推广纸织画进校园、入课堂活动,创编“白鹤拳操”,在全县青少年中大量普及;先后出版《千年非遗在永春》《神奇古老的永春纸织画》《桃源忆旧图》《永春古诗词选集》《永春楹联集成》《永春历代文选》《白鹤展翅天下永春——第十四届亚洲艺术节·世界(永春)白鹤拳大会论文》等文化丛书。进一步健全保护名录体系,永春纸织画入选第三批国家级非物质文化遗产名录,永春纸织画大师周文虎入选第五批国家级非物质文化遗产代表性项目代表性传承人；永春香入选省级非遗项目，2 人入选省级非物质文化遗产项目代表性传承人，16 人入选市级非物质文化遗产项目代表性传承人。县级非遗项目达 46 个。

（16）文物博物事业发展稳健良好。建立完成永春县馆藏文物数据库，推进文物信息采集和登录。协助上级文保单位完成对永春苦寨坑原始青瓷窑址的考古发掘，获评“2016 年全国十大考古新发现”，在海内外产生巨大影响。2019 年 10 月，永春苦寨坑窑遗址、永春文庙、魁星岩摩崖造像、永春福兴堂被列为第八批全国重点文物保护单位。进一步提高博物馆库房条件和服务水平，投资 230 万元建设的永春文庙仰高楼的永春史话陈列馆“千年古县精神家园”正式开馆，分为桃源沧桑、海丝扬帆、渡台血缘、海天侨光、人文焕彩、革命烽火、风物特产、古邑新貌等 8 个展厅，将永春 3000 多年历史文明浓缩在 500 多平方米的展厅中，提供文物知识咨询、文物资料查询以及文物鉴赏等服务项目。结合每年 5 月的世界博物馆日和 6 月的中国文化遗产日开展宣传活动，举办民间收藏精品展、纸织画展和陶瓷标本展等展览，每年接待观众 3 万多人次，扩大博物馆影响和效应。同时，强化了对福兴堂、巽来庄、文庙、新坂堂、魁星岩摩崖造像、东关桥、侯龙书院、修爵堂等重点文保单位的维护管理。2016 年中秋节，因台风莫兰蒂肆虐，东关桥被百年一遇的洪水冲断 20 余米，永春县迅速启动修复方案，共筹集东关桥保护修缮资金 479 万元，2017 年夏完成东关桥保护修缮工程建设，通过了省文物局的验收。

三、体育勃兴

十八大以来，永春县不断推动体育事业的全面发展，进一步增强人民群众的健康水平。

永春县设有少体校 1 所，2018 年有 3 个班级（羽毛球班、田径班、游泳班），配备了专职教练员 6 人，在训学生 120 多人。同时在 7 所中小学设立业余训练网点，形成业余训练网络，加强优秀体育人才的培养。长期以来，永春县认真遵循“选好苗子，从小培养，打好基础，系统训练，积极提高”的训练原则，根据体育业余训练大纲的要求，参照选才标准，把身体素质、思想素质较好的，有体育特长的运动员招到体校进行科学系统的训练，并积极向上一级体校推荐输送。至 2017 年，永春县先后为国家队输送 7 人，省体工队 20 人，省体校 60 人，市体工队 10 人，市体校 100 多人，高等院校 200 多人，为永春县竞技体育的持续发展奠定了坚实基础。

多年来，永春县在培养优秀体育人才工作中结下了丰硕的成果，有国际级运动健将 4 人、国家级运动健将 10 人、一级运动员 12 人，而且他们在参加各类国际性和全国性的体育比赛中取得显著的成绩。2017 年，永春县有 14 人 43 次参加过国际性比赛且荣获前六名，有 39 人 87 次获得全国性比赛前六名，有 97 人 268 多次荣获省级以上比赛前三名，为永春县争得了荣誉。2017 年，在天津举行的全国第十三届运动会比赛中，永春县运动员陈弦恒获得男子赛艇双人单桨无舵手第三名，八人单桨有舵手第四名；陈弦峰获得男子赛艇八人单桨有舵手第四名，四人双桨第六名，八人单桨有舵手第五名；陈思婷获得水球比赛第六名；郑伟强获得 OP 帆船比赛队赛第七名。在 2017 年全国赛艇冠军赛中，陈弦峰、陈弦恒还获得男子双人双桨第二名。在 2017 年全国青少年举重锦标赛中，许肆桂获得女子 15～17 岁组 58kg 挺举和总成绩第二名。在 2017 年全国少年田径锦标赛中，周佳妍获得女子 14～15 岁组标枪第四名。

永春县认真贯彻《全民健身条例》，制定《永春县〈全民健身计划纲要〉实施方案》，贯彻落实《全民健身实施计划（2012—2015）》和《全民健身实施计划（2016—2020）》，大力宣传体育健身的目的、意义，在全县范围内形成“全民健身，家喻户晓，人人参与”的舆论氛围。

永春县在认真贯彻《全民健身条例》中，始终注重充分发挥体育社会团体的作用，加强对群众体育组织的领导和协调。长期以来，永春县十分重视体育社团的建设和活动，在场地器材和活动资金上给予大力扶持，充分调动他们的积极性，引导他们根据自身的特点和实际，每年开展 3～5 场全县性、群众喜闻乐见的体育活动，使其发展成为有组织章程、有专人负责、有办公地点、有特色活动的体育社团，形成了群众体育上下相连、左右相通、条块结合的多渠道、多方位发展的新格局。目前，全县成立有体育总会、永春拳协会、老年人体育协会、农民体育协会、篮球协会、乒乓球协会、羽毛球协会、冬泳协会等 66 个体育社团组织，会员数达上万人。老年人体育协会、乒乓球协会、篮球协会、农民体育协会、冬泳协会、羽毛球协会、怡云武术研究会、白鹳武术研究会等社会团体，多次被国家、省、市、县评为“全民健身活动先进单位”。注重培养体育骨干队伍，多形式、多层次举办各种体育健身项目培训班，聘请拳师和教师免费举办太极拳、健身操、秧歌舞、体育舞蹈等项目的传授培训，同时派出各乡镇、各单位的体育骨干参加国家、省、市举办的社会体育指导员培训。至 2017 年，全县共有国家级社会体育指导员 14 人、一级社会体育指导员 23 人、二级社会体育指导员 189 人、三级社会体育指导员 898 人、积极分子数百人。这些体育骨干和积极分子在全民健身活动中向广大人民群众传授健身知识，帮助广大群众学习更多的科学健身方法，成为全民健身活动的“领头羊”，有力带动了全民健身活动深入开展。

永春白鹤拳是永春县独特的武术拳种，是人民群众喜欢的健身活动项目，有着深厚的文化底蕴和群众基础，针对这一实际，永春县积极搭建平台，开展学术研讨、对外交流和组织比赛等活动，投资 300 多万元建设永春白鹤拳史馆，每年举办永春白鹤拳文化节，举办 2015 年世界永春白鹤拳大会和 2017 年海峡论坛·海峡两岸传统武术大赛，编印《永春白鹤拳》画册，编排永春白鹤拳操作为乡土教材在中小学中推广。运用社会资金，制作拍摄永春白鹤拳动漫电视连续剧《五色羽传奇》26 集于 2012 年在央视播出，获得国家优秀动漫片的荣誉。拍摄现代喜剧功夫电影《永春白鹤拳之擎天画卷》于 2014 年 8 月中旬在全国院线上映。同时于 2016 年开始拍摄以永春白鹤拳为题材的第二部电影《极品师徒》，总投资为 4000 多万元。多次接待美国、英国、俄罗斯、日本、新加坡、马来西亚、菲律宾等武术团体来访和组织国外参访，举办永春白鹤拳论坛，就永春白鹤拳的技艺、渊源及健身作用深入交流研讨，使永春白鹤拳这一独特的健身项目得到进一步的提高和普及，民间习武健身蔚然成风。2016 年，永春县启动创建"全国武术之乡"。

一些重大赛事在永春举行。2013 年，中国 CBO 男子篮球俱乐部联赛全国总决赛、中国 CBO"国辉杯"海峡两岸篮球邀请赛在永春举行。2014 年，由国家体育总局篮球运动管理中心主办，福建省篮排球管理中心、泉州市体育局、永春县人民政府承办"美丽永春 精彩篮球"李宁全国青年女子篮球联赛，共有来自广东、辽宁、北京、浙江、沈部、河南、八一和福建的 8 支代表队参加，进行了 36 场精彩争夺。2015 年，由国家体育总局篮球运动管理中心主办，福建省篮排球管理中心、泉州市体育局、永春县人民政府承办"美丽永春 精彩篮球"全国女子篮球锦标赛，来自江苏、解放军、四川、沈部、上海、湖北、河北、福建、新疆 9 支专业篮球队伍进行 26 场精彩比赛。同年举行 2015 年世界(永春)白鹤拳邀请赛，邀请英国、德国、澳大利亚、美国、马来西亚等 14 个国家和地区的 43 支代表队，共 356 名参赛人员，参加白鹤拳术、传统器械和对练项目等三大类竞赛项目，包含 576 项比赛项目，共有 517 人次获奖，其中金奖 106 人次、银奖 161 人次、铜奖 151 人次、优秀奖 99 人次。举办 2016 年海上丝绸之路环泉州湾国际自行车赛永春赛段，邀请来自澳大利亚、英国、俄罗斯、白俄罗斯、希腊、菲律宾、哈萨克斯坦、蒙古和北京等地的中外 15 支专业车队、88 名选手和 3000 多名爱好者参与精彩角逐。2017 年 2 月，承办由国家体育总局和央视主办的 2017 年"谁是舞王"中国广场舞民间争霸赛大区赛永春站的赛事。2017 年 4 月，在永春县呈祥乡(柴桥头至雪山岩)举办 13 公里高山徒步赛，共组织 2000 名选手参加该比赛。2017 年 6 月，举办第九届海峡论坛·海峡两岸传统武术大赛，来自海峡两岸的 57 支代表队、600 余名武术爱好者齐聚永春，以武会友，同台献技。同月由国家体育总局篮球运动管理中心、中国篮球协会主办，福建省篮排球运动管理中心、泉州市体育局、永春县人民政府承办"2017 年李宁全国青年男子篮球联赛第二阶段(永春赛区)"，共有福建浔兴、山西汾酒、吉林九台农商银行、青岛双星、河北男青、湖南勇胜等6支队伍近100名队员参与竞逐。2017年10月，由泉州市体育局、泉州市旅游局、永春县人民政府举办“惠安雕艺文创园杯”海峡两岸（泉州）高山徒步大赛。

加大体育场地与设施的建设力度，改善人民群众参与体育活动的环境和条件。2018年，全县有体育场地676个（其中标准体育场地438个，非标准体育场地238个），建筑面积达到97.12万平方米，人均约1.7平方米（包括学校场地）。“十三五”期间，永春县继续加强城乡公共体育设施的规划和建设，拟在仓满体育场边建设游泳馆及少体校综合楼，并规划在东平建设城东体育中心及石鼓建设城西体育中心，进一步改善人民群众参与体育健身活动的环境和条件。

2009—2012年和2013—2016年，县文体新局连续两届被评为“全国群众体育先进单位”。2017年，县少体校被评为“福建省体育后备人才基地”。

四、教育之骄

2013年，永春县以“把教育办成永春人民的骄傲”为目标，按照“一年打基础、三年居中游、十年进前列”的“三步走”战略步骤谋划、推进教育事业发展。这一年，全县中小学幼儿园“学校安全标准化建设”合格率达100%，所有学校通过县“平安先行学校”考评验收，校园保持安全稳定。10月永春师范学校并入泉州幼儿师范高等专科学校，成为泉州幼儿师范高等专科学校永春校区。

2014年，完成介福中心幼儿园、桃城第二中心幼儿园、苏坑中心幼儿园、一都中心幼儿园等公办幼儿园建设并于秋季投入使用，新建下洋、吾中等2所乡镇公办园。

2015年，全县有各级示范幼儿园25所，其中省级有4所，市级2所，县级19所，省、市、县级示范幼儿园在园幼儿比例达51.06%。5月，“义务教育发展基本均衡县”通过省级督导评估。推进教育项目建设，新建校舍6幢、乡镇公办幼儿园2所、薄弱学校校舍项目3个，更新计算机1935台，按标准配备农村小学仪器150校，更新中小学图书4.3万册，添置课桌椅1.18万套，建设“班班通”多媒体教室 157 间。

2016 年秋季，由福建兴宇房地产开发有限公司出资兴建、无偿交给政府管理的永春县第三实验小学开始投入使用，大大缓解了城区小学入学难的问题，更好地满足了群众对优质教育资源的需求。

2017 年，加快校安工程项目建设，投入 7100 万元新建 7 所学校教学楼；加快公办幼儿园建设，投入 9000 万元新建 4 所公办幼儿园。

2018 年，深化永春职专与福建体育运动职业学院在蓬壶仙岭村开展“2＋3”五年制高职联合办学，永春县人民政府与福建体育职业技术学院正式签订长期合作协议。

2019 年，全县各界多方筹集资金，县、乡、村三级教育基金捐款总额达 1.2 亿元。

2019 年，全县有各级各类学校 318 所，其中幼儿园（班）133 所，完小 128 所，特教学校 1 所，初级中学 20 所，九年一贯制学校 3 所，完中 8 所，职专 1 所，电大教学点 1 个，教师进修学校 1 所，乡镇文技校 22 所；省一级达标高中 1 所（永春一中），二级 3 所（永春三中、永春侨中、美岭中学），三级 3 所（永春五中、永春六中、永春二中）；国家级重点中等职业学校 1 所（永春职专）；省级示范小学 1 所（实验小学），省级示范幼儿园 5 所（实验幼儿园、仓满幼儿园、世哲幼儿园、港永幼儿园、邦大第一幼儿园），省级义务教育管理标准化学校 27 所（中学 16 所、小学 15 所），省级义务教育教改示范校 13 所（中学 3 所、小学 10 所），省首届“文明校园”5 所（永春一中、美岭中学、实验幼儿园、实验小学、五里街中心小学），市级普通高中课程改革基地建设项目学校 1 所（永春一中），全国“国防教育特色学校”1 所（桃溪实小）、全国“国防教育示范学校”1 所（桃城中心）。全县中小学幼儿园学生 80321 人，其中幼儿园 16790 人，小学 38456 人，特教 127 人，初中 15502 人，普通高中 7637 人，职专 1809 人；幼儿园学前三年入园率达 98.23%，小学适龄儿童入学率 100%，初中儿童少年入学率 99.79%，三类残疾儿童入学率 100%。全县有教职员工 5187 人，其中幼儿园 449 人，小学（含特教）2191 人，九年一贯制学校118人，普通中学2335人，职专94人。现有省级名校长培养对象2人，省“十三五”中小学名校长后备培养培训人选13人，市级名校长培养对象9人，特级教师6人（其中正高级教师3人），国家级骨干教师2人，省级学科带头人9人，省级学科带头人培养对象16人，省级骨干教师10人，市级教学名师8名，市级教学名师培养对象6人，市级学科带头人45人，市级学科带头人培养对象33人，市级骨干教师309人，市级骨干教师培养对象98人。教育质量持续提升，高考取得好成绩，高考总分600分以上73人，考入清华大学1人、北京大学2人，本一上线率28.04%，本科上线率68.46%。初二年地理、生物双A率比上年提高8.9个百分点，双C率提高6.99个百分点，中考及格率提高1.62个百分点；1名同学中考600分荣获泉州市状元，4名学生中考总分位居泉州市前50名。

五、闽中枢纽

党的十八大以来，以“交通强国、公路先行”为信念，永春公路立足品质升级、立足民生服务，积极探索“美丽公路＋”模式，使传统公路属性向乡村美丽的风景线、群众致富的幸福路、乡愁驻留的文化路转变，开启了永春生态公路高质量发展的新时代。

2013年，省道206线、306线等公路实施“美丽交通生态公路”工程建设，永春公路开始书写“畅安舒美”的新篇章。按照省市交通公路主管部门关于开展国省干线“美丽交通生态公路”建设三年行动方案的工作部署，永春公路分局迅速行动，先后建成生态示范路207公里，基本形成“一路一景、路移景异、三季有花、四季常绿”的生态型公路网格局，助力永春全域旅游新发展。

2015—2019年，永春县完成投资5亿多元，实施新改建农村公路380多公里，生命安全防护工程550多公里，危桥改建32座，建设公路驿站12个，极大提升了全县农村公路畅通、安全及舒适水平。2018年9月，永春被评为“四好农村路”全国示范县。2019年7月，永春县呈祥雪山入选全国“最有诗意的路”提名。

2017年3月22日，在永春中部达埔镇的天马山麓，兴泉铁路永春段天马隧道正式开工，将实现永春客货铁路通车“零”的突破，永春正在逐渐发展成为闽中重要的交通枢纽。“十三五”规划建设经过永春的兴泉铁路全线北起江西省兴国县，向东南经赣州市，进入福建省宁化、清流、明溪、永安、大田、德化、永春、安溪、南安，终至福厦铁路泉州站。这条铁路线是蒙西至华中地区煤运通道的重要疏运及下海大通道，与拟建华中煤运通道和既有京九铁路相连，永春县境内途经苏坑、蓬壶、达埔等乡镇，长约 23 公里(其中隧道约 17 公里)，在达埔镇楚安村设永春站。

至 2019 年底，永春县公路通车里程 2600.48 公里，其中国道 2 条 134.7 公里，省道公路 3 条 96.5 公里，县道公路 12 条 230.7 公里，乡村公路 169 条 2138.4 公里。全县拥有客运企业 3 家，客运车辆 125 辆/3641 座，开通客运线路 46 条(其中省际 1 条、市 10 条、县际 18 条)；客运站 7 个(其中二级 1 个、四级 1 个、五级 1 个、简易站 3 个、招呼站 1 个)；出租车企业 1 家，车辆 115 辆；城市公交企业 1 家，车辆 52 辆，开通公交线路 9 条。道路货物运输企业 79 家，其中普通货运企业 77 家、危险货物运输企业 2 家；各类货运车辆 4438 辆/63900 吨。机动车维修企业 11 家，其中二类 3 家、三类 8 家；驾驶员培训机构 8 家，教学车辆 583 部，教练员 680 人。

如今，永春县已大致形成“一环、三横、八纵”县城主干道路网。一环即北环路、南环路为主体的主城区外环；三横即桃源北路、八二三路—平关路和桃源南路—迎宾东路；八纵即星发路、真武路、鹏源路、迎宾南路北段至环翠路、留安西路、留安东路、轻工西路和轻工大道。这个主干道路网的形成，使得永春县的交通四通八达、快捷有序。从高速路下来后，去五里街镇看白鹤拳、去达埔镇闻香、去苏坑镇喝佛手茶、去湖洋镇购买有机葡萄等都很方便。

六、医疗保障

党的十八大以来，永春县卫生工作全面贯彻习近平总书记提出的新时期卫生与健康工作新方针：“要坚持正确的卫生与健康工作方针，以基层为重点，以改革创新为动力，预防为主，中西医并重，将健康融入所有政策，人民共建共享”，取得了一系列显著成绩。2017年，县委、县政府将医疗卫生事业纳入社会事业补短板重点工作进行统筹、部署，出台《关于加快医疗卫生事业发展的实施意见》，着力补齐公立医院床位、紧缺薄弱学科、医疗卫生人才及疾病防控与公共卫生等方面的短板。

“十二五”期间，永春县卫生事业在县委、县政府的正确领导下，紧紧围绕规划中提出的各项目标任务，加快推进医药卫生体制改革，整合优化卫生资源，完善基础设施建设，提高医疗服务保障水平，各项发展指标均达到或超过了“十二五”规划的目标。“十二五”期间，全县每千人病床数达到4.42张；每千人医生数达到1.51人；孕产妇死亡率0、婴儿死亡率3‰；甲乙类传染病报告发病率204.32/10万。

2017年，出台《永春县进一步深化基层医药卫生体制综合改革实施方案》，围绕分级诊疗制度建设目标，全面推进永春县医药卫生体制综合改革，构建布局合理、分工协作的医疗服务体系和分级诊疗就医格局。对全县公立医疗机构的资产、财务、人事、薪酬、绩效、管理目标、政策投入等方面的重大事项实行决策和监督。出台《永春县公立医疗机构管理委员会工作规程》，进一步健全完善工作机制，定期召开工作会议，研究解决医药卫生体制改革过程中遇到的困难和问题。出台永春县公立医疗机构管理委员会系列配套文件，加强对公立医疗机构预算统一管理，建立健全绩效考核工作制度，妥善处理改革前后院长收入差距，鼓励县级医院建立健全医院内部分配办法。2017年，县级公立医院药品耗材收入占比35.5%，药占比（不含中药饮片）降到28.38%，百元医疗收入（不含药品收入）消耗卫生材料21.85元，出院者平均医药费用增长率－6.27%，群众看病难、看病贵得到进一步缓解。

完善家庭医生签约服务，开展慢性病家庭签约服务试点工作，通过健康教育等引导慢性病患者在基层就医，逐步推动基层首诊、分级诊疗和双向转诊。至2017年底，全县签约人数22.6万人、签约率达49.13%，重点人群签约人数11.2万人、签约率达65.91%，完成农村建档立卡贫困人口签约 7883 人，签约率达 100%。

推进乡村卫生服务一体化管理。2017 年，出台《永春县人民政府办公室关于印发永春县乡村卫生服务一体化管理实施方案的通知》，建设 51 个乡村卫生服务一体化管理达标村卫生所，由乡镇卫生院对村卫生所实行“七统一”管理。

持续提升县级和基层医疗服务能力。“十二五”期间投入 3.32 亿元，完成永春县医院新院一期建设并整体搬迁投入使用，完成县中医院门诊综合楼建设和一都、蓬壶、湖洋 3 家中心卫生院及下洋、坑仔口、玉斗、锦斗、石鼓、岵山、东关、外山、吾峰等 9 家卫生院提级改造建设，全县病床位达 2029 张；投入 2000 多万元，进一步完善县乡两级医疗机构仪器设备配套建设。2017 年，实施新建县妇幼保健院和迁建县疾控中心项目，完成县中医院改扩建一期建设项目搬迁并投入使用。在 2017 年度全省医院满意度问卷调查中，中医院和县医院分获第 11 名和第 46 名。

逐步实现公共卫生服务均等化。继续推进国家基本公共卫生服务项目，至 2017 年，人均基本公共卫生服务经费提至 50 元，全县建立居民健康电子档案 420811 份，电子建档率达 91.48%。

如期完成村级卫生所标准化建设。至 2012 年底，共有 217 所村卫生所基本达到省级标准，基本医疗与公共卫生服务能力得到显著提升。

通过简化招聘程序、公开招考和公开招聘，引进医学院校大、中专毕业生充实到各急需人才的专业岗位上，一定程度上缓解了部分单位用人紧张压力。“十二五”期间，公开招考聘用卫技人才 248 人，公开招聘引进本科及以上卫生技术人才 56 名、本科特岗执业医师 5 名，委托培养基层临床医学（定向）专科毕业生 19 名，全县卫生技术人员达 1843 人，其中拥有高级职称者 85 人。

“十二五”期间，共选派 286 人次到二级及以上医院进行各类进修培训；选送 104 名基层卫技人员参加全科医师岗位培训、全科医师骨干培训及全科医师规范化培训。实施名医工程，通过专业进修、课题研究，创造特色科室等方法，培养高层次医疗卫生人才。

健全城市支援农村卫生工作的长效机制。县医院与泉州市附属一院全面建立协作关系，探索实行“双主任制”，即泉州一院派出呼吸内科、消化内科、神经内科、骨科、ICU 和急诊科等科室的专家分别任永春县医院对应科室科主任，永春县医院科主任作为科室管理执行主任，参照泉州第一医院管理模式进行科室管理，全面提升县医院管理水平。落实县级医院与乡镇卫生院的对口帮扶关系。

提高卫计人员高级职称聘任比例。2017 年，县医院的职数比例从 12%提高至 22%，中医院从 10%提高至 22%，其他县直卫生计生机构从 8%提高至 18%，乡镇卫生院（含社区卫生服务中心）从 6%提高至 18%，预计可增加 115 个高级职称岗位，解决高级职称评聘矛盾，调动医护人员工作积极性。

有效防控重大疾病。规范有序地防控人感染 H7N9 流感疫情、H1N1 疫情、登革热、手足口病等重点传染病，全县常规免疫疫苗接种率达 95%以上，未有重大传染病疫情和突发公共卫生事件发生。

加强妇幼健康服务工作。“十二五”期间，全县孕产妇死亡率 0、婴儿死亡率 3‰、5 岁以下儿童死亡率 5.52‰。

完善卫生应急体系建设。完成县 120 急救中心和 5 个基层急救站设置，形成以县 120 急救中心为龙头、各 120 急救站为基础、各乡镇卫生院为网点的院前急救应急网络体系。

强化卫生监督管理和行政审批服务。“十二五”期间，共检查各类监督对象 10881 家次，发出整改意见书 7288 份，立案查处 134 件，执行罚没款 26 万多元。优化行政审批流程，实现提速增效，共办结行政审批事项 5021 件。

进一步完善县中医院基础设施和配套设施建设，完成提档升级，晋升为二级甲等专科医院。健全中医药服务体系，县、乡、村三级均能够提供中医药服务。加强中医重点专科建设，有全国农村医疗机构中医特色优势重点专科 1 个、省级农村医疗机构中医特色专科（专病）3 个。加强中医药传承，周来兴被确定为福建省基层老中医药专家师承带徒指导老师，师承带徒 4 人，建设 1 个全国基层名老中医药专家传承工作室。2017 年底，永春县创建全国基层中医药工作先进单位通过国家评审验收。

七、社保完善

党的十八大以来，永春扎实做好社会保险各项工作，社会保险覆盖面持续扩大，养老保险待遇水平稳步提高，保险基金收缴率不断提高，经办机构管理服务水平不断提升，覆盖城乡的社会保险管理体系取得了显著成就。

社会保险管理中心经过30多年的发展，服务对象从城镇职工扩大到城乡居民、从国有企业延伸到个体工商户，经办的事务从单一的基本养老保险，增加了工伤保险事务，特别是2012年以来社会保险参保单位和人数均逐年增长。2017年，全县参加基本养老保险统筹单位3177个，比2012年2322个增加855个，年均增长6.47%。参加基本养老保险的人数为47025人，比2012年30682人增加16343人，年均增长8.92%。2017年，全县离退休人员9378人，比2012年7711人增加1667人，年均增长3.99%。2017年，全县参加工伤保险统筹单位1569个，比2012年810个增加759个，年均增长14.14%。参加工伤保险的人数为47347人，比2012年28570人增加16777人，年均增长10.63%。

社会保险经办机构坚持把人民群众共享改革发展成果作为事业发展的落脚点，切实维护社会公平正义，促进共同富裕，让社会保险改革发展成果更多更公平地惠及广大人民群众，在保基本的前提下，稳步提高社会保险待遇水平。全县企业退休人员基本养老金自2005年开始实现“十三连增”，月均养老金从2012年的1506.98元增加到2017年的2313.25元，年均增长8.95%，企业退休人员养老金全部实行社会化发放。2017年工伤保险因工死亡职工的一次性工亡补助金和丧葬费标准达到70.08万元，比2012年39.67万元提高30.41万元，年均增长12.05%。

社会保险基金收缴范围不断扩大，收缴率不断提高，社会保险作用和功能日益显现，社会关注度日益增强。2017年基本养老保险基金收缴18144万元，比2012年11830万元增加6314万元，年均增长 8.93%。基本养老保险基金支出 25530 万元，比 2012 年 13847 万元增加 11683 万元，年均增长 13.02%。2017 年基本养老保险基金累计结余 1258 万元。2017 年工伤保险基金收缴 1125 万元，比 2012 年 439 万元增加 686 万元，年均增长 20.71%。工伤保险基金支出 1160 万元，比 2012 年 440 万元增加 720 万元，年均增长 21.4%。2017 年工伤保险基金累计结余 4196 万元。2017 年末二项基金累计结余合计 5454 万元。社会保险基金结余稳步增长，抗风险能力进一步增强。

深入推进“三证合一”登记制度改革，加强信息系统建设，推动社会保险经办业务与“互联网＋社保”技术融合，加快网上社保建设步伐，不断健全社会保险经办服务标准化建设体系，形成了省、市、县的三级社会保险管理组织体系。从 2002 年开始，实现了全省统一社会保险管理信息系统，在统一的核心平台管理信息系统办理社会保险经办业务，数据省级集中管理，促进了政策的统一规范。经办机构管理服务经办规范化、标准化、信息化建设进一步加强，社会保险经办业务在创新中更加便捷，推广经办业务网上办理，引导群众“多走网路，少走马路”。同时，加强服务窗口建设，改善服务设施，努力提高工作效率，实行办事一次性告知和首问制度，限时办结，推动大部分经办业务“最多跑一趟”，优化办事效率，全面提升行政服务效能。

不断完善企业退休人员社会化管理服务工作，提升社会化管理水平和服务质量，丰富企业退休人员的晚年生活。社保中心认真贯彻落实市委、市政府对企业退休人员社会化管理工作要求，积极开展企业退休人员管理服务各项工作，每年在重阳节期间开展适合老年人参与的趣味体育活动项目，让退休人员感受到各级领导的关怀和重视，既活跃了企业退休人员的文艺生活，又弘扬了尊老、敬老、爱老的传统美德，让退休人员度过了一个快乐、温馨的节日。

八、醉美宜居

永春属山区县，中华人民共和国成立前公共建设很少，民房大多为平屋，土木结构，民国年间才开始出现少数的二层楼房。中华人民共和国成立后，特别是改革开放以来，城乡的建设有了长足的发展。2017年，县城建成区面积18.5平方公里、人口20.6万人。

近年来，永春县围绕“乡愁故里、生态桃源、美丽永春”的发展目标，以转型升级、跨越发展为主线，按照“大规模城市建设、大范围城市更新、大力度城市环境整治”的要求，加快完善城区道路、给排水、污水、燃气、环卫等市政基础设施，大力实施园林、路灯、夜景工程，全力推进桃溪生态修复、街区立面、危旧片区改造以及保障性住房建设等多个方面，通过持续加大推进力度，县城建成区建设品位和人居环境得到显著提升。永春县先后获得了国家园林县城、国家生态县、国家卫生县城、全国文明县城、全国绿化模范县、中国宜居宜业典范县、中国最具特色魅力旅游名县、省级节水型县城等荣誉称号。

(1)筑牢根基，谋“积厚成器”结构之局。坚持高标准规划，聘请国内外著名规划设计单位对全县进行规划。依据《永春县城总体规划调整(2012—2030)》，建立统筹的规划建设管理体制和工作机制，编制《县城控制性详细规划》和17个专项规划，实现规划全覆盖。实施了提升城区环境卫生管理、路灯夜景、城区主干街道景观、市民文明素质等“十大提升工程”，不断完善城市功能，提升城市品位。其中，投入5.1281亿元，对16公里多的旧街区从立面、道路、绿化、夜景等方面进行全方位改造，成为全省典范。加强智慧城管建设，推动城市管理手段向科学精细转变。建立防灾减灾预案，建成区人均应急避难场所面积2.05平方米/人。加快推进“三横、八纵、一环”的城市主干路网建设，中心城区道路全部“白改黑”，城市路网更加完善，建成区道路面积率达19.44%。公交优先，公交出行率大大提高，平均通勤时间为20.43分钟。以步行和自行车为主的慢行系统建设正在加速推进，县城公共自行车交通体系逐步完善，一条33公里的环桃溪慢道系统优雅地诠释着永春的慢生活。与此同时，永春大力兴建供水、供气、污水处理、垃圾处理等市政设施以及海绵城市建设。公共供水普及率达100%，县城生活垃圾无害化处理率100%，燃气普及率98.4%。排洪排涝和县城应急系统、避灾系统建设加快推进，县城应对各种灾害的能力不断增强。信息基础设施建设不断加强，互联网用户普及率为86.4%。推动企业全方位创新，优化传统产业，单位国内生产总值能耗0.17吨标准煤/万元，万元生产总值用水量3.02立方米，工业用水重复利用率90.13%。合理布局生产生活及商业服务设施，城市污水再生利用率10.84%，是省级节水型县城。同时，大力推广建筑节能技术，建成区内节能建筑比例达66.28%。

(2)厚植优势，展“山水名城”宜居之姿。开展全城植绿，大力倡导捐绿、养绿、爱绿、护绿。自2011年起，先后投入近3亿元资金进行城市园林绿化建设及维护，新增城市休闲公园16个、绿地177万平方米，打造出桃溪生态公园、人民公园等滨水带状公园。探索垂直绿化、屋顶绿化，做活绿文章。至2017年底，城市规划建成区绿化覆盖率达到42%、绿地率达39.85%，人均拥有绿地面积达14.02平方米，城市公园绿地服务半径覆盖率达92.6%，城市林荫路推广率达72.3%以上。荣膺“国家园林县城”。围绕清新、幸福、智慧、活力，通过完善社区公共服务体系、活力和谐社区创建等方面打造了桃城社区、桃溪社区、儒林社区等10个县级“美丽社区”。以水生态修复作为提升整个城市品位的抓手，开展全面治水，在福建省首创“生态优先、统筹资源，多元治水、综合治理”模式，推进桃溪流域综合治理项目377个，实施水利防洪防枯、污染治理、水土保持与生态建设、景观园林、市政道路桥梁等五大工程。同时，启动桃溪流域生态经济试验区建设，发展绿色产业新链条新业态。桃溪、晋江源获批国家水利风景区，获建桃溪国家湿地公园。

(3)善谋福祉，铸“和谐稳定”幸福之路。自2011年来，永春县建设公共租赁住房项目11个，同时，推进东部工业新城、三桃片区、北环路片区等新区建设和农贸小区、温泉小区等旧城“块状改造”、桃溪片区等“城中村”改造，改造棚户区620户。保障性安居工程目标任务连续三年完成率超过100%。作为乡愁诗人余光中先生的故里，永春以“乡愁”为主题，规划建设了中国乡愁公园、余光中文学馆以及编排交响诗剧《乡愁》，打响乡愁品牌。在古建保护上，委托厦门大学对全县进行普查，完善资料信息。编制完成岵山镇、五里街镇等古镇、古街、古村落的保护发展规划。岵山镇、五里街镇被文化部列入闽南文化生态保护区整体性保护重点区域，茂霞村等 5 个村庄被列入中国传统村落名录。抓好县图书馆、博物馆等城区文化设施的规划和建设。至 2017 年底，城区拥有各类场馆 92 所，人均拥有公益性文化设施用地面积 0.97 平方米，拥有公共体育设施用地面积 1.18 平方米，每万人拥有公共图书馆图书数量 17980 册。卫生资源总量增加，结构优化，县城区每万人拥有卫生服务机构的数量 0.55个，每万人拥有的医院床位数 58.7 个。建成区九年义务教育学校布局合理，分布均匀，服务半径不超过 500 米，获评全国义务教育发展基本均衡县。城镇登记失业率控制在 1.23％以内。提高城乡居民政府缴费补贴标准，扩大特殊群体补助范围，城乡居民保费续缴率 98.43％，新农合续缴率达 99.99％，居福建省前列。与此同时，大力发展残疾人和老龄事业，完善外来人员保障制度，社会保险基金征缴率 99.3％，最低生活保障标准领先全省水平；公共场所无障碍设施齐全。

随着“休闲养生之都、宜居幸福之城”的推进，以及“最美县城”“花园城市”“慢城永春”等城市主题创建，永春县人居环境、生态环境和人文景观不断改善，县城品位得到提升。其中，最美县城创建形成了“绿靓、路畅、灯明、街美、景优”的景观容貌，桃溪流域治理实现了“水清、堤固、园靓、路畅、岸绿、房美”的总体目标。生态环境持续改善，为居民创造了一个整洁优美、生态健康、休闲舒适的人居环境。同时，在生态优势的发力下，休闲旅游、健康养生等生态产业加快发展，机制活、产业优、百姓富、生态美的新永春正在形成。

第四节 生态文明建设

永春拥有得天独厚的优良自然生态环境条件，是福建省重点生态功能区之一，地处泉州山美水库上游，肩负着保护晋江下游 600

多万人饮用水源的重任。这里生态良好、环境优美，素有“万紫千红花不谢，冬暖夏凉四序春”的美誉。全县森林覆盖率69.5%，绿化程度达到95%。全县负氧离子普遍达到每立方厘米10万个以上，入选“中国深呼吸小城百佳榜”。

2003年，永春县委、县政府就提出“生态立县”发展战略。党的十八以来，永春县树牢“四个意识”，认真践行“绿水青山就是金山银山”的理念，从保护泉州水源地和生态屏障出发，树立全域和系统思维，突出问题导向，扎实开展生态系统修复、国土空间开发、绿色低碳发展、人居环境建设、生态文化保育等专题试验创新，打造“业兴、民富、水清、林绿、景美、韵醇”的全域生态综合体。

2011年，成立永春县生态县建设领导小组，由县长担任组长，分管副县长担任副组长，相关单位组成成员，领导小组下设办公室，挂靠在县环保局，具体负责生态县建设日常工作。建立健全目标落实机制、责任追究机制、生态投入机制，实行流域生态补偿、推行污染集中治理模式，推动环保基础设施建设产业化，推进污水处理厂及其配套管网建设等。完善规划，组织起草并由县委、县政府出台了《关于进一步加强环境保护工作的决定》《永春县生态县建设行动方案》《永春县生态县建设规划》及修编等一系列政策文件，改革创新走在全省前列，获批全国农村改革试验区，正式纳入《赣闽粤原中央苏区振兴发展规划》实施范围；成功入围国家主体功能区试点示范县，《永春县国家主体功能区建设试点示范方案》获国家发改委、环保部批复；《福建省永春桃溪流域生态经济试验区规划》通过专家评审，《桃溪流域生态经济试验区试点方案》通过市政府审定，被确定为市级县域特色改革主题。

永春地处晋江上游，承担着保护晋江饮用水源的重任。生态文明建设是永春的发展方向，也是永春的后发优势。县委、县政府围绕“推进跨越发展，建设美丽永春”的奋斗目标，认真按照党的十八大提出的“坚持节约资源和保护环境的基本国策”“大力推进生态文明建设”的部署和建设“泉州中心城市后花园”的要求，始终把“保护好这一方青山绿水”作为己任，始终把生态文明建设作为民心工程、德政工程，贯穿于经济社会发展的全过程，举全县之力，集全民之智，持之以恒推进生态文明建设，是福建省34个不考核地区生产总值的县(市)之一。

永春是传统农业县，通过“五抓”措施，加快由农业大县到农业强县的跨越步伐。一是抓经营规模，解决“有地种”问题。引导和规范农村土地有序流转，全县土地经营权流转4.5万亩，涉及农户2.2万户。二是抓经营主体，解决“谁来种”问题。规范提升农民专业合作社，扶持发展家庭农场，至2018年全县有市级以上示范社20家、家庭农场27个、市级以上重点龙头企业41家。三是抓经营项目，解决“种什么”问题。着力推广适宜永春县种植的食用菌、名优特水果、花卉苗木等绿色经济作物，建设20个精品农业示范基地，4个产品通过绿色食品认证，20个产品通过无公害农产品认证。四是抓经营效益，解决“种好地”问题。建立设施农业4000多亩，有效提高土地产出率和资源利用率。推进现代农业示范区建设，创新农业企业化和精致农业运作模式，打造成为全省现代农业的展示窗口。五是抓经营体制，解决“持续种”问题。加快农村土地制度改革，在全市率先开展农村土地承包经营权流转和抵押贷款，全县已办理土地经营权抵押贷款18笔、额度657万元，有效带动金融和社会资金投入，为现代农业发展增动力、激活力。

实施“生态工业”工程。坚持高起点规划、高标准准入原则，加大“一区多园”建设力度，将生态环保理念融入工业发展，打造绿色低碳、环保高效的生态型现代化工业载体，成为全国百佳科学发展示范园区；实施“飞地工业”，把乡镇招引的项目集中到县工业园区，既节约集约用地，又减少环境破坏，污水实现集中处理。做大做强轻纺鞋服产业，围绕建设海区特色纺织基地，梳理延伸纺织服装产业链条，强化产业集群规模效应，2017年规模以上企业70多家，产值近200亿元，成为永春县主导产业；推动矿产资源产业创新升级，关闭淘汰煤炭开采21处、水泥制造7家、造纸行业4家，同时引进先进技术设备，积极培育扶持煤矸石综合利用、锌合金开发利用、高纯超细改性高岭土等新能源新材料产业发展，2017年产值超百亿元；培育壮大新兴产业，挖掘“香”的海丝文化元素，传承创新延续“海丝”香料之路，创新开发组合产品，全方位助推本地企业规模化、品牌化、集聚化发展，2014 年 5 月获批“中国香都”，成为唯一的国家级制香基地，产业链产值达 56 亿元，成为永春重要经济新增长点。

实施“生态旅游”工程。发挥在全省县（市、区）中拥有 A 级景区最多的优势，建设县旅游集散中心，打造牛姆林等七大旅游景区，注重农旅融合，大力发展休闲养生旅游，推动旅游业与美丽乡村深度对接、与现代农业互动互联，建立 2 个美丽乡村旅游服务专业合作社、10 个美丽乡村旅游示范点和 7 条乡村旅游精品线路，打造了 2 处国家级农业旅游示范点，被列为闽台乡村旅游试验基地。近年来，接待游客和旅游收入以 15%以上的年均增长率持续快速增长。

近年来，永春县一以贯之打好桃溪流域治理、美丽乡村建设和最美县城创建“三位一体”组合拳。瞄准争创“联合国人居奖”，推进“山水名城、特色乡镇、美丽乡村”一体化发展。

实施桃溪流域综合治理。2011 年来，围绕“水清、堤固、园靓、路畅、岸绿、房美”的目标，实施桃溪流域综合治理子项目 377 个，完成投资约 27 亿元，62 公里主河道综合治理实现全覆盖、全整治，水环境污染治理成效明显，初步实现了“为下游百姓送上一泓清水、为环境改善、生态提升提供一个保障、为展示历史文化风貌腾出一片空间、为经济社会发展开辟一方天地、为沿岸居民宜居宜业构筑一道风景”的“五个一”综合效应，“突出生态理念、统筹资金资源”的做法，更是赢得国家、省、市领导的高度赞誉。《人民日报》等媒体进行了专题报道，“桃溪治理模式”进一步扩大效应。同时启动桃溪流域生态经济试验区，探索发展生态经济，努力培育塑造永春 21 世纪海丝先行区新的支撑。

实施美丽乡村建设。2012 年在全省率先启动实施美丽乡村建设，坚持“三不”原则（即不搞大拆大建、不套用城市标准、不拘一个建设模式），着力推进“治污、美化、绿化、创新、致富、和谐”六大工程，每年确定 10 个县级示范村和一批乡镇级示范村进行重点建设，至 2019 年已累计创建 80 个县级示范村、25 个精品村，连线扩面打造美丽乡村示范片工作走在全省前列，大羽村被评为“全国美丽宜居村庄”，北溪村被评为“中国最有魅力休闲乡村”。在全省率先发布实施《永春县美丽乡村建设规范》，典型做法被吸收为国家标准。同时，实施“清新桃源·宜居永春”三年行动，通过组织开展“新房美化、裸房装修、古厝修缮、危房拆除、违建清理”等五项整治工程，进一步提升农村宜居环境水平。

实施最美县城创建。通过抓“洗脸美容”，先后实施四期的城区街道景观改造工程和“山水名城”十大提升工程，实现县城18个路段16公里、53.5万平方米的全方位改造，建成3个城市湿地公园，加快市政道路、供水管网、污水管网、环卫设施等基础设施建设。同时抓“强身健体”，成功引进碧桂园高档生态社区、宝龙城市广场等项目建设，打造城市标志性建筑。抓好东南互通和南北环城路园林景观提升，启动国家园林县城和节水型城市创建，推进城区一重山森林生态景观改造提升工程建设，不断提高县城品位，荣获全省宜居环境建设示范县、福建“十大醉美县城”称号。

永春注重采取多形式、多方位、多层面宣传生态文明建设和环境保护知识、政策和法律法规，弘扬生态文化，倡导生态文明，营造全社会关心、支持、参与生态文明建设的文化氛围。县委党校把生态文明建设纳入领导干部的培训课程。教育部门将生态文明列入素质教育的重要内容，强化青少年环境基础教育，开展全民环保科普宣传，提高全民参与生态文明建设的自觉性。环保部门建立政企合作机制，与相关企业签约建立环保应急物资储备库。通过深入乡镇、学校和社区，全方位、多角度、深层次宣传报道，不断提升公众的生态文明意识和环境保护意识，公众对生态文明建设的关注和参与程度明显提高，形成了尊重自然、热爱自然、善待自然的良好社会氛围。

永春生态文明建设成效显现。一是治出了一泓“清水”。严格落实水资源管理制度，实现了全域水质均达到国家Ⅲ类标准以上、水源地饮用水质达标率达100%，连续两届荣获泉州市小流域“赛水质”考评总体成绩第一。在2015—2017年的县级主要党政领导生态环境保护目标责任书考核中，永春县连续 3 年排名全市第一。二是筑起了一道“绿林”。开展全城植绿，推广垂直绿化、屋顶绿化，每年实施一批造林绿化、封山育林等工程，建立园林景观后期有效养护机制，完成桃溪两岸一重山造林绿化 2.5 万亩，全县绿化程度达到 95%，荣获全国绿化模范县称号。三是扮靓了一片“美景”。深入开展“清新桃源 · 宜居永春”三年行动，努力把县域建成美丽景区、把村庄建成特色景点。在城区，实施五期的城区街道景观改造工程，荣获了福建“十大醉美县城”称号。在农村，在全省率先开展美丽乡村建设，打造了 70 个县级示范村，建设规范被列入国家标准样板，成为全国农村综合改革美丽乡村标准化试点县。四是带动了一方“民富”。推动一、二、三产融合发展，培育一批主题小镇、特色民宿等产业形态，被确定为首批国家全域旅游示范区(全省 9 个)、闽台乡村旅游试验基地。旅游人数从 2012 年的 180 万人次增加到 2017 年的 395.61 万人次，总收入从 16 亿元增加到 41.6 亿元。

良好的生态环境是永春县最为核心的竞争力，更是长远发展的潜力所在、希望所在。生态文明贵在创新，重在坚持，成在持久。永春县牢固树立生态文明理念、绿色低碳理念、环保优先理念，持续把生态文明建设放在突出地位，融入经济建设、政治建设、文化建设和社会建设各方面，全面改善人居环境，提升生态环境质量。几年来，在推进生态文明建设过程中，尤其是空间规划编制、美丽乡村、流域治理、林权改革、生态农业、生活污水和垃圾治理等诸多方面都取得了很好的成效，探索了一系列的“永春模式”“永春经验”，收获了一项项试点成果，在全省乃至全国率先取得一条可复制、可推广的国家生态文明建设试点经验。

得益于生态文明建设的成果，永春先后荣获全国文明县城、国家卫生县城、全国城市环境综合整治优秀县城、中国宜居宜业典范县、全国绿化模范县等荣誉称号。2013 年 10 月，永春被环保部列为第六批全国生态文明建设试点。2014 年 5 月，永春被环保部授予“国家生态文明建设示范区(国家生态县)”荣誉称号。2015 年 4 月，永春被环保部、发改委等 11 个国家部委联合定为第一批全国生态保护与建设示范区，成为全省唯一同时承担主体功能区建设、生态文明建设、生态保护与建设等3项国家级试点的县。2016年5月，永春被中共中央办公厅、国务院办公厅列入（省级）空间规划编制试点县。2016年6月，在首届中国生态文明奖评选表彰活动中，永春荣获“中国生态文明奖”先进集体荣誉称号，成为首届全国19个先进集体之一。2016年9月，永春被国务院新增纳入国家重点生态功能区。2017年9月，永春作为全省唯一县级代表，参加中联部与省委举办的生态文明建设主题宣介会，县委书记蔡萌芽讲述了把生态打造成永春最闪亮的金字招牌的故事。2018年2月，永春县以全省最高、全国第六的优异成绩通过全国生态保护与建设示范区中期评估，被确定为32个全国典型示范区之一。2018年12月，永春荣获国家生态文明建设示范市县称号，在美丽中国画卷上展现了永春的璀璨风采。

第五节　桃溪流域综合治理

桃溪是永春的母亲河，桃溪流域面积476平方千米，从空中俯瞰，流域内的11个乡镇118个村庄就像一根藤上的瓜，共享桃溪母亲乳汁的滋养。因水而兴，因水而衰，永春城的命运早已与桃溪水紧密相连。得桃溪水之利，五代以来，永春就是交通枢纽、集散中心、商业重镇，曾经发达的桃溪航运使其成为海上丝绸之路的内陆首发港。山货与海货在这里云集交易，使其成为福建沿海与内陆山区的重要交通枢纽。因此在东南亚创下了“无永不开市”的美名。

桃溪也是晋江的上游。绵延61.75千米的桃溪是山美水库的重要水源，是600万泉州人的“大水缸”，保护饮用水上游的使命不容分说地落在永春人的肩上。然而，多年来，沿岸生产和生活污水直接排放、垃圾收集不到位，使桃溪受到污染，水体浑浊、水质恶化。实施桃溪流域治理，在尊重自然、顺应自然、保护自然中打造生态永春、发展“绿色经济”，实现绿色崛起，不仅是永春人民的诉求，也是晋江下游数百万群众的迫切愿望。

2011 年 9 月，永春县抓住中央加快水利改革发展的重大历史机遇，做出了开展桃溪流域综合治理的重大部署，提出“安全水利、生态水利、民生水利、景观水利”的全新理念，通过打好“治污”“绿化”“美化”三大战役，实现“水清、堤固、园靓、路畅、岸绿、房美”的总体目标。2012—2015 年，永春县共实施桃溪流域综合治理子项目 377 个，完成投资 31.22 亿元，实现 62 公里主河道治理全覆盖，带动沿溪 4770 亩土地的开发利用，桃溪流域生态经济试验区应运而生，生态农业、生态工业、生态旅游蓬勃发展。永春县委、县政府将流域治理与普惠全县人民结合起来，使得这里百姓富与生态美同发展，让大家共享建设的成果。桃溪流域综合治理的实施，把桃溪流域打造成提升永春生态水平的有效途径、改善环境质量的有效手段、拓展发展空间的有效平台、整合挖掘历史文化资源的有效载体、建设泉州中心城市“后花园”的有效渠道，在桃溪两岸——晋江上游构筑一幅永春版的“清明上河图”。

(1)治出一泓“清水”。永春坚持岸上与岸下齐抓、治标与治本同步，强化科学治水、铁腕治污，切实抓好水土流失、面源污染、家畜养殖等重点整治，共治理水土流失 17.5 万亩，建设 6 座污水处理厂和 70 个农村生活污水高效分散处理工程，关闭拆除禁养区内生猪养殖场 465 家，促进了区域水质稳中向好。从内涵上看，实现了“水质达标”，践行了一江清水送下游的承诺，荣获全市首届小流域“赛水质”考评第一。从外延上看，达到了“清澈明净”，清除了流域范围内的黑、臭、脏等感官污染，再现了一溪碧水，让老百姓切身感受到桃溪流域综合治理的成效。

(2)筑起一道“固堤”。永春秉承“水下部分浆砌加固，水上部分生态护坡”的原则，统筹兼顾安全与生态的关系，既保障了汛期沿岸人民的生命财产安全，又保持了河流在非汛期的自然形态和生态特性。一方面，深入实施防洪防枯工程，通过固堤护岸、防枯治涝、河道清淤等多措并举，建设堤防 67.4 公里、堰坝 24 座，流域内河道普遍达到 20 年一遇的防洪标准。另一方面，全力落实生态护岸工程，通过建设生态护坡、梯级挡墙、三维植被网等多种形式，实现了堤岸的柔化、美化、绿化，让植被在堤岸上“安家”，让鱼儿在堤岸间“做窝”，打造成“会呼吸”的河岸。

（3）建成一批“靓园”。永春加强水利、人文、旅游等资源的综合规划和整治提升，讲究意境的创造，寓情于景，寓意于境，实施河道治理景观工程、滨水绿地公园建设和“十里花海”景观提升工程，串起流域沿岸的自然生态景观，嵌入余光中、白鹤拳、南音、香道等文化品牌，建成了乡愁寄园、余光中文学馆、白鹤广场等 22 个独具特色的主题公园，形成了融观光、休闲、文化、科普于一体的特色景观带，为展示历史文化风貌腾出广阔空间，为沿岸居民宜居宜业构筑靓丽风景。

（4）打通一方“畅路”。永春把加强桃溪两岸道路建设作为改善群众生产生活条件的重要工作，同步推进主干道、慢行道和市政桥梁建设。一方面，在“快”字上下功夫，新建、改造道路 250 公里、桥梁 20 座，加强沿岸公路养护和路面保洁工作，织就了更为顺畅的路网。另一方面，在“慢”字上做文章，突出抓好沿溪两岸自行车道和人行步道建设，在县城建成了从石鼓到东平来回贯通的 32 公里漫步休闲通道，并设立公共自行车点，打造文化慢游、休闲慢游、健康慢游等形式，让人们充分享受快节奏时代里的慢生活。

（5）养护一带“绿岸”。永春遵循绿色发展的思路，统筹水利、林业、住建、园林等部门力量，重点抓好流域内的绿化工作。通过每年实施一批造林绿化、幼林抚育、封山育林等工程，采取见缝插绿、因地植绿、增加花草配置等多种方式，完成桃溪两岸一重山造林绿化 2.5 万亩，达到了水土保持、涵养水源的目标。建立园林景观后期有效养护机制，采取市场化运作模式，常态化保持流域两岸绿化景观，实现了一步一景，沿岸望去处处皆绿，构筑起一道“生态绿色防护林”。

（6）扮靓一片“美房”。永春坚持以桃溪流域综合治理为抓手，统筹推进城乡一体化建设，做到各美其美、美美与共。在县城区域，全力实施四期的城区街道景观改造工程和“山水名城”十大提升工程，加快推进旧城改造和新区建设，构建了“整体风格协调、区域各富特色、单体彰显个性”的生态城镇体系，荣获了福建“十大醉美县城”称号。在农村地区，深入开展美丽乡村建设和“清新桃源·宜居永春”三年行动，沿途11个乡镇共创建116个美丽乡村示范村，呈现出“清水一湾舞白鹤，两岸风光映桃源”的美景。

永春在全省首创“生态优先、统筹资源，多元治水、综合治理”的流域治理模式，展现了治水工作的特色和力度，凸显了生态建设的成果和亮点。2012年6月底，时任省委书记孙春兰亲临视察，紧接着于7月初，全省流域治理及重点水利工程建设工作会在永春县召开，推广永春经验。2013年4月，时任省委书记尤权视察桃溪流域桃城东平示范段，给予充分肯定。《人民日报》等媒体多次进行了专题报道，吸引四方宾朋来永参观考察，“桃溪治理模式”的效应不断扩大，永春县被确定为全国中小河流治理重点县、全省万里安全生态水系建设试点县和全省小水电退出试点县。2015年底，桃溪流域获评国家级水利风景区，获建国家湿地公园。

永春县建于1990年以前的水电站有65座，占永春水电站总数的29.5%，建于2000年以前的水电站有144座，占电站总数的65.5%。由于受当时资金、技术水平的制约，大部分水电站的水资源利用和电站运行效率并不高。根据水利部关于绿色水电建设总体要求，永春县及时转变观念，从原来片面强调水资源充分利用到注重全面统筹资源、环境、社会协调发展，充分认识到建设绿色电站是实现社会得生态、河流得健康、百姓得实惠、电站得效益四位一体的有效举措，努力探索水电开发经济效益和生态效益双赢的新模式。2011年9月，永春县选择桃溪流域18座水电站作为退出试点对象实施综合治理。

2015年2月，福建省打造“安全、绿色、民生、和谐”水电站工作正式启动，永春县被选为首批小水电退出试点县。试点工作顺利开展并取得明显成效，对老旧水电站采取“限制、调整、退出”的处置方式，并建立生态电价机制，开创小水电转型升级新时代，通过小水电转型升级，实现经济、社会、生态效益三统一。坚强电网的支撑，也为永春县的小水电退出提供了一道坚实后盾。一方面各种电源增加，随着核电、新能源的投产，小水电份额逐年减小，农村对小水电依赖性下降。另一方面，国家电网公司实施新一轮农网改造升级，进一步提升了农村电网的供电能力和供电可靠性。“十二五”期间，永春县供电公司完成电网建设投资 12 亿元，形成以 220 千伏为枢纽、110 千伏为主干的网架结构，电力用户超过 19 万户，社会用电量超过 10 亿千瓦时，为全县 22 个乡镇及 2000 多家工矿企业提供优质供电服务和安全稳定的电力保障。2019 年 4 月 1 日，水利部办公厅在永春县召开全国农村水电绿色改造现场会。

2017 年 3 月，永春认真贯彻落实中央、省、市关于全面推行河长制指示的要求，组建了县、乡、村三级覆盖的河长组织体系，在全县大力推行河长制。在每个河段设置河长制公示栏，公布河长制微信公众号、县河长办和镇河长办以及各河段河长电话，鼓励百姓积极参与治水。建立河长微信联络群，大家晒工作进展、晒突出问题、晒处理过程、晒整改结果，实现问题“一键”直达河长，回音件件直面群众，做到线上快速发现、线下快速处置，搭建信息公开、公众监督、全民参与为一体的智慧治水新平台。

2017 年 9 月 12 日，水利部太湖流域片第三次河长制工作交流会在永春召开。与会代表现场参观了石鼓镇安全生态水系建设、桃溪流域综合治理项目等。会上，由永春县河长制办公室、福建省招标采购集团有限公司合作开发建设的“永春县河长制综合管理信息系统”受到与会代表的关注。该系统通过河道网格化分级管理，结合三维实景地理信息、遥感监测、云计算、“互联网＋”、大数据、办公自动化等多种技术手段，以保护水资源、防治水污染、改善水环境、修复水生态为主要目标，最大限度实现多行业、多部门的数据整合，为河长治水提供了智慧“大脑”。

河长制带动了全民治水热潮，除了官方力量，永春还有民间“河长”活跃在治水一线。“兄弟们上”户外运动团队每周都组织到桃溪边跑步，同时捡拾垃圾，并定期开展公益环保宣传行动。全面推行河长制以来，永春桃溪水更加清澈了。

第六节　乡愁故里

“只要是桃溪水流过的地方，就是我的故乡，我一定不会忘记。”这是两岸乡愁诗人余光中先生对家乡永春最深情的咏叹。

永春是余光中先生的原籍，是乡愁文化的发源地。这里是重点侨乡、台胞祖籍地。海外永春各类宗乡社团组织历史悠久，分布地域广，经过发展和演变，至 2018 年有 110 个，其中乡会社团 54 个、宗亲社团 41 个、行业及其他社团 15 个。党的十八大以来，永春县委、县政府充分发挥“乡愁故里”这一得天独厚的地域优势，积极打造“一圈一馆一戏一址一都一书”的“乡愁”文化特色品牌，有效带动了永春各项事业的全面发展。2016 年 7 月，县第十三次党代会还提出了“乡愁故里、生态桃源、美丽永春”发展目标。

2014 年，永春投资 2600 万元，建设余光中文学馆，为共享和传播乡愁打造良好平台。2015 年 11 月 8 日，余光中先生和时任福建省委常委、宣传部长李书磊共同为文学馆揭牌正式开馆，盛况荣登中国中央电视台。余光中文学馆作为永春县打造“乡愁”品牌及文化旅游的代表，吸引了许多游客、专家学者到永春，形成“不到永春，难以记住乡愁；记住乡愁，才能把根留住”的共识。该馆全年免费开放，先后成功举办海峡两岸青少年余光中诗文朗诵邀请赛，海外华裔及港澳台地区青少年“中国寻根之旅”冬令营、夏令营，海外永春社团青年精英研习团，钢琴家艺术交流会，泉州民盟讲坛等各种公益活动，并多次作为海峡论坛的重要阵地。世界各地的殷殷赤子、专家学者络绎不绝，纷纷到此寻找乡愁。2016 年，余光中文学馆被国家文化部列入 2016 年基层公共数字文化服务推广项目，2017 年 2 月被台盟中央设立为“两岸文化交流基地”。余光中文学馆已成为“对台文化交流窗口、乡愁文化研究基地、对外文化开放平台”，为促进两岸关系的和谐发展做出了积极贡献。至 2017 年底，已接待游客 30 多万人次。

良好的载体，是助推“乡愁文化”品牌延伸的重要抓手。近年来，为进一步提升乡愁品牌的时代效应，永春县委、县政府先后投入350万元，以余光中先生的《乡愁》为载体，和泉州歌舞剧团合作编排交响诗剧《乡愁》，将经典作品活化于舞台，演绎和传达余光中作品内涵。该作品先后荣获福建省第五届艺术节暨第二十五届戏剧会演二等奖和十三个单项奖，在泉州市第31届戏剧会演中荣获优秀剧目奖，在第十三届中国戏剧节上荣获优秀展演剧目奖。时任中国剧协党组书记、组委会主任季国平评价该剧“题材创意都很好”，专家评价其“贯穿民族精神，凝聚两岸血脉”，并通过中央外宣办属下中国黄河电视台在美国斯科拉卫视、欧洲中文台、法国中文台播出。在专业版获得成功的基础上，挑选永春本土演员排演永春版《乡愁》，并在2013年、2014年、2015年、2017年分别成功献演永春“两会”、全省乡村游现场会、世界(永春)白鹤拳大会、第九届海峡论坛·海峡两岸传统武术大赛，好评如潮。与此同时，积极引入社会力量，成立弘裕文化传媒有限公司，结合永春特色文化和各个文化主题，打造“印象乡愁故里”旅游小戏，促使《乡愁》戏剧常态化演出。如今，《乡愁》戏剧已有专业版、演出版、旅游版3个版本，在全国各地演出456场，观众达158万人次。

历史的底蕴，是传承“乡愁品牌”的重要契机。为进一步保护乡愁品牌历史，2015年，永春县配合省、市考古队对介福乡商周古窑址进行挖掘保护，将该窑址列入第五批县级文物保护单位。2016年，邀请国内20多位古陶瓷专家举办“永春苦寨坑原始青瓷窑址考古发现专家座谈会”，肯定永春苦寨坑原始青瓷窑址为公元前1700多年至公元前1400多年，即距今3700～3400多年的夏朝中后期到商代中期的古窑址。该遗址是目前已知全国最早的烧制原始青瓷窑址，将福建陶瓷制造史向前推进千年，将我国烧制原始青瓷历史向前推进了200多年，为探索中国原始瓷器的起源和发展提供了重要的实物资料，填补了中国原始瓷考古发掘史上的空白。2017年4月，古窑址获评“2016年度中国十大考古发现”。2019年10月，古窑址被公布为全国重点文物保护单位。目前，永春县正在展开古窑址保护工程建设,力争建成国家考古遗址公园,留住乡愁。

产业的推进,是扩大乡愁品牌影响力的重要渠道。2014 年,永春达埔获评中国香都,余光中先生也被一缕馨香牵引,来到达埔,在彬达香厂的展览厅,闻香观赏香道后,挥毫写下“一缕传千里,跨海来拜香”,为中国香都增添了浓浓的乡愁味道。

文化的延伸,是扩展“乡愁品牌”的强劲助力。为进一步弘扬乡愁品牌,永春投入 280 万元建设“千年古县 精神家园”史话陈列馆,提升文庙大成殿,把千年的历史和先人的智慧传承给后人。积极鼓励文化专业人士开展乡愁文化理论研究,持续对记录乡愁的各项文化进行挖掘、搜集、整理和抢救,编辑出版了《乡愁・永春》系列书籍画册、《雪庐诗稿》(梁披云传)、《千年非遗在永春》《桃源忆旧图》《郑捷克山水画集》《永春楹联集成》《永春古诗词》等书籍。其中,《郑捷克山水画集》共有 134 幅永春风景山水图,12 米长卷国画《桃源忆旧图》描绘了 20 世纪 50 年代从永春五里街镇到外山乡几十里山水风物,记录了满满的乡愁。从 2014 年起,永春每半年刊发一期《永春香道》杂志,每年编印一期《永春文艺》杂志,让大量珍贵的文化资料得以留存。

在全民奔小康的今天,永春在打造“乡愁故里”方面,把特色的物质和非物质文化连接起来。芦柑、篾香、老醋、佛手茶、漆篮、纸织画、白鹤拳、美丽乡村、乡愁诗人余光中等这些永春元素,衍化成“记得住乡愁、古村落保护、生态文明先行示范、新型城镇化、一带一路”的一幕幕大戏。

第七节　美丽乡村建设

美丽乡村建设是美丽中国建设的重要组成部分,是全面建成小康社会的重大举措,是在生态文明建设全新理念指导下的一次农村综合改革,是顺应社会发展趋势的升级版的新农村建设。

近年来,永春县在“绿水青山就是金山银山”理念的指引下,在全省率先实施美丽乡村振兴计划，实行严格的生态环境保护制度，坚定走生产发展、生活富裕、生态良好的文明发展道路，乡村生产生活环境不断美化。截至目前，共创建了70个县级示范村、137个乡镇级示范村、20个精品村、10个美丽镇区、3条示范线，创建覆盖率达94.26%，成为福建省美丽乡村建设示范县、全国农村美丽乡村建设的样板。

生态是永春的最大优势，农村是永春的主体风貌，农业人口占74%。如何在发挥永春绿色生态优势的基础上，更好地推进农村发展？永春县委县政府经过全面深入调查研究，针对永春的自然生态优势和农村风貌，于2012年率先在全省提出了“美丽乡村”建设课题，制定了《永春县“百村整治、十村示范”美丽乡村建设五年行动计划(2012—2016年)》《关于提升推进美丽乡村建设的工作意见》等指导性文件，县委组织部、县委政法委、县委宣传部、县委农办、县住建局、县农业局、县文体新局、县林业局、县旅游局等部门出台《永春县美丽乡村考评办法》《永春县加强美丽乡村党建综合体便民服务网建设的意见》《永春县加强和创新美丽乡村社会管理方案》等10份配套文件，建立“1+10”的政策支持体系，启动实施美丽乡村建设。

永春美丽乡村建设围绕实现“环境优美、生活甜美、社会和美”的目标，以“貌、形、质、本、魂”为总揽，以“八个一”(一个目标考评体系、一份产业发展规划、一套卫生管理办法、一批专业合作组织、一个便民服务网络、一批文体娱乐项目、一套社会管理机制、一套保障服务措施)机制措施为抓手，以“民生、民居、民俗”为落脚点，实施“治污、绿化、美化、创新、致富、和谐”六大工程，每年培育10个县级示范村和一批乡镇级示范村，根据区域实际，培育形成了“田园风貌型”“特色文化型”“滨溪休闲型”“生态旅游型”“造福新村型”“产业带动型”等美丽乡村建设样板。

随着美丽乡村建设的加快实施，永春在全省乃至全国打响了美丽乡村品牌：2012年6月30日、2013年4月11日，时任福建省委书记孙春兰和尤权先后到永春调研，都高度评价了永春的美丽乡村建设;2013 年 9 月,永春被确定为全国一事一议财政奖补美丽乡村建设试点县;2014 年 4 月,永春被确定为全国农村综合改革美丽乡村建设标准化试点县和福建省美丽乡村示范县。

此后,永春县紧紧抓住被确定为全国农村综合改革美丽乡村建设标准化试点县这一难得机遇,按照“立足全县抓提升、着眼全省做示范、面向全国建样板”的新定位,全力推进美丽乡村标准化建设工作,积极打造机制活、产业优、百姓富、生态美的美丽乡村“升级版”。

虽然是摸着石头过河,但是永春县的美丽乡村建设切合农村发展实际,深入人心,积累了一定的经验。为了明确美丽乡村的规划、建设、管理、维护等各个环节需要开展的工作和达到的要求,2014 年,永春县通过对两年来美丽乡村建设的理念和做法进行总结梳理和提升,制定出美丽乡村建设的基本要求、村庄规划、产业发展、公共服务、文体建设等 10 个方面 105 条指标,于当年 9 月 11 日在福建省率先发布《美丽乡村建设规范》。同时,编制完成《美丽乡村公共服务》《美丽乡村服务型党组织》《美丽乡村产业发展》《美丽乡村环境整治》《美丽乡村旅游建设》《美丽乡村文体建设》等 6 个子标准,形成“1+6”美丽乡村标准化体系。此外,根据《美丽乡村建设规范》制定了《永春县美丽乡村考评验收标准》,平时不定期进行指导督促,年底开展专项检查评比,从而使各项标准得到全面的执行和落实。

有了一套标准化体系,就有章可循,美丽乡村建设如火如荼。在标准化体系指引下,村容村貌整治“三不”原则(即不搞大拆大建、不套用城市标准、不拘一个建设模式)、乡村景观建设“三多三少”原则(即绿化多种树少种草、小路多石头少木头、材料多乡土的少城市的)和“顺应自然、顺应规律、顺应民意”等理念转化到美丽乡村实际建设中,整体风格协调与绿化、美化、旅游、产业、建筑等项目的个性美在美丽乡村中和谐统一,一大批各具特色的美丽乡村如珍珠般点缀在桃源大地。

与此同时,永春县还下大力气做好古民居、古楼、古桥、古堡、古巷、古井、古路、古树、古物等的保护和抢救工作,挖掘传承民间艺术、民间传说、农谚民谣、生产生活习俗、农业文化遗产，呈现出更加浓厚的乡村气息和建设内涵，让人“看得见山、望得见水、记得住乡愁”。

为更好地调动农民的积极性，永春县坚持一事一议民主议事，把农民的意愿变成行动，越来越多的村民主动参与美丽乡村建设的基金筹集、美丽家庭创建、环境卫生考评、项目监督管理等各个环节中，农民的主体作用得以发挥，健康、和谐、文明的建设氛围更加浓厚。

2015 年 5 月，中央电视台一套《晚间新闻》把永春作为全国美丽乡村建设样板，以“乡村有个性美丽有标准”为题进行了宣传报道，永春的美丽乡村建设被推到了全国样板这一高度。

刚开始建设美丽乡村，有一些镇村侧重于抓好环境整治、绿化美化、产业发展等方面的项目，对农村公共服务重视不足，形成明显的短板。针对这一情况，永春县围绕提高农民生活便捷指数、文化指数、健康指数、安全指数和幸福指数等五项指标，制定了农村教育、社会保障、社会管理、公共安全、便民服务等方面的 19 条标准，其中硬性指标 17 条、引导性指标 2 条，对美丽乡村的公共服务必须达到的基本水准给予量化和细化。针对乡村医疗卫生薄弱环节，要求村级卫生室(所、站)面积必须达到 60 平方米以上，为广大群众开展免费健康体检、慢性病管理和婴幼儿保健管理等医疗卫生服务，加强基本公共服务向农村的延伸和拓展，让广大群众真正享受到美丽乡村标准化建设所带来的便利和实惠，把美丽乡村建成农民的生活乐园。

桃城镇丰山村先行先试，实施“365”农村党建综合体(“3”，即三统一：统一农村基层组织标识、统一活动场所功能布局、统一挂机构牌匾；“6”，即六载体：便民利民“e 网通”、惠民富民“共同体”、聚民亲民“智力库”、健民乐民“康乐园”、安民助民“110”、爱民为民“竞技场”；“5”，即五机制：访民情机制、议民生机制、聚民力机制、办民事机制、请民评机制)，致力完善农村公共服务，构建了以党组织为主导、以村干部和党员为主体，面向全体群众，融党务、村务、商务、服务、事务于一体的综合服务体系，成效显著，被作为农村党建综合体的典型向全县推广。

2016年以来，永春县全面开展“美丽乡村精神家园”行动，以培育和践行社会主义核心价值观为核心，以深化农村精神文明创建为主线，突出思想内涵，全面提升群众文明素质，深入实施“家+”文化，传承弘扬优秀的家风家训。

坚持道德化民、文化惠民、环境宜民，基本实现“人不闯红灯、开车不加塞、垃圾不落地、用餐不浪费、红白喜事不奢办、言谈举止不粗俗、出行旅游不违规，经济生活不失信”“八个一”的良好乡风民风。

致力建设好“五个一”：即建设一个乡村文化广场、凝练一种精神主题、打造一批服务队伍、开展一系列活动、建成一个展示区域。经过三年来的建设，培育了桃城镇、五里街镇、石鼓镇等10个“民魂”建设示范乡镇以及丰山村、埔头村、茂霞村等9个“民魂”建设示范村。

同时，设计制作彰显永春县特色的“乡村文化广场”统一标志，深入挖掘弘扬白鹤拳、香文化、侨乡、山歌、南音、漆篮、茶叶、民俗风情、名人事迹、家风家训等自然人文资源，建立了38个主题文化馆或展览室，整合镇村文化站、农家书屋、文体设施等资源，开展南音、广场舞、门球等丰富多彩的文体活动，评选出一批历史名人榜、学子榜、能人榜、寿星榜、道德模范榜、身边好人榜、文明家庭榜、最美人物榜等，引导树立科学健康、积极向上的农村文明新风，形成一股干事创业的浩然正气。

2018年6月，为进一步提升美丽乡村创建成效，落实乡村振兴战略，永春县出台实施《永春县美丽乡村提升三年行动工作方案》，紧扣“产业兴旺、生态宜居、乡风文明、治理有效、生活富裕”的总要求，对接乡村振兴的各项政策措施落地，推动美丽乡村全面升级，让美丽乡村产业振兴富于民、环境提升美于形、文化植入魅于魂、乡村治理安于心、民生保障固于本，打造“繁荣、宜居、魅力、幸福、富裕、活力”的升级版美丽乡村，把永春打造成为全国山区乡村振兴的样板地、深化农村改革的先行区、乡村全面小康的标杆区，进一步打响中国永春美丽乡村品牌。

按照《永春县美丽乡村提升三年行动工作方案》，到 2020 年，永春县将重点培育 10 个美丽乡镇（一都镇、桂洋镇、苏坑镇、仙夹镇、呈祥乡、介福乡、岵山镇、五里街镇、东平镇、东关镇），打造 10 个旅游重点村、10 个产业振兴村、10 个文化特色村、10 个生态典型村，建设 10 个产业多元、联结机制紧密、市场竞争力强、品牌溢价空间大、带动区域经济发展效果好的三产融合示范园、现代农业聚集区，创建全国休闲农业与乡村旅游示范县，基本实现全境美丽的目标，将美丽乡村打造为老百姓的幸福家园。

新时代新作为，永春县将把美丽乡村作为实施乡村振兴战略的有效抓手，紧扣产业兴旺、生态宜居、乡风文明、治理有效、生活富裕的总要求，按照“全域推进、全面提质、全境美丽”的工作思路，大力推进美丽乡村的建设、经营和管理，努力建设成为产业富美、环境优美、生活甜美、社会和美的升级版美丽乡村，展现永春美丽乡村独特魅力，在全国范围内树立起美丽乡村建设的永春样板。

第八节　实施乡村振兴战略

2018 年，永春县按照十九大提出的实施乡村振兴战略产业兴旺、生态宜居、乡风文明、治理有效、生活富裕的总要求，围绕“乡愁故里、生态桃源、美丽永春”发展目标和“七大行动”整体布局，启动实施乡村振兴战略。先后制定出台《中共永春县委 永春县人民政府关于实施乡村振兴战略的实施意见》（永委发〔2018〕1 号）和 17 个配套三年行动方案，提出打造繁荣乡村、宜居乡村、魅力乡村、幸福乡村、富裕乡村、活力乡村的目标。参照省、市委成立实施乡村振兴战略领导小组和办公室的做法，成立以县委书记蔡萌芽为组长、县长庄永智为第一副组长、县委副书记高金全和副县长郑永璘为副组长、县直各单位主要负责人为成员的县委实施乡村振兴战略领导小组。领导小组下设办公室，设在县委农办，并抽调县委组织部、县检察院、县住建局、县环保局4位干部与县美丽乡村办实行合署办公。设立乡村产业振兴、乡村生态振兴、宜居乡村建设等12个专项小组，由县直牵头单位主要负责人担任专项小组组长。

2018年，蓬壶镇入选全国综合实力千强镇，五里街镇列入国家农业产业强镇示范建设名单。争取茂霞、龙水、花石3个市级乡村振兴示范点和溪塔、文溪、吴殊、东园、马峰5个基本点，策划实施总投资4535万元的项目42个。对接中央、省、市《乡村振兴战略规划（2018—2022年）》，编制《全县乡村振兴战略规划（2018—2022年）》。在全市率先筹办首届农民丰收节，举办“六个一”活动，即一台戏、一批乡村民俗表演、一个农特产品展销馆、一道乡菜、一个丰收创意展、一场丰收竞赛等，成功签约13个美丽乡村经营项目，举办美丽乡村游秋季线路发布会和农村土地确权颁证仪式，颁发桃城镇19个村（社区）的土地承包经营权证，组织65家企业100多种农产品参展。

2018年10月19—20日，全省实施乡村振兴战略现场推进会在永春县召开。永春县在会上做典型经验交流。省委副书记王宁、省政府副省长李德金号召全省向永春县学习借鉴。永春县实施乡村振兴战略经验在全省推广，共有40多个兄弟县（市、区）130多批次3260多人次前来参观考察乡村振兴工作。

2019年，永春县被确定为全省实施乡村振兴战略重点县，全力推进乡村振兴战略的实施。围绕产业兴旺，以乡村产业和农产品为主线，培育壮大芦柑、茶叶等“2＋5”优势农业产业，老醋、香等3＋X有根特色产业，农旅、陶游等＋旅游富民的产业。围绕生态宜居，以山水林田湖草系统治理为重点，开展“一革命四行动”，加快小水电绿色转型，增强生态保护与修复能力，推广“新闽派”农村房屋建筑，推进打造永春升级版美丽乡村。打造2个无裸房乡镇、10个无裸房镇区、100个无裸房村。围绕乡风文明，以民魂、乡村记忆文化等为抓手，深入挖掘和传承永春优秀传统文化，打造一地一品二特色的乡村文化品牌，大力实施文化惠民工程，切实强化乡村公共文化供给。围绕治理有效，以加强党对农村工作的领导为重点，实施“1530

党建提升工程”(即以泉州市党内政治生活体验馆为龙头，培育1条特色党建示范带、5个红色拓展训练基地、30个组织振兴教学实践点)，深化乡镇党委“五三”工作法(“三联”即领导包片联村、干部挂村联组、党员设点联户；“三议”即党委提议、干群商议、联席决议；“三亮”即亮目标、亮责任、亮实绩；“三评”即月点评、季小评、年总评；“三抓”即业务工作分工抓、中心工作分组抓、应急工作集中抓)和“五步走”群众工作法(访民情、议民生、聚民力、办民事、请民评)，推动农村基层党组织建设，有效促进自治、法治、德治有机结合，健全农村基层服务体系。围绕生活富裕，以民生社会事业为重点，抓好精准扶贫、村财增收、医疗教育、基础设施等保障工作，逐步建立与全面建成小康社会发展目标相衔接的新型基本公共服务体系，持续增强农民群众的幸福感和获得感。围绕打造样板，抓好五里街镇、玉斗镇2个省级乡村振兴特色乡镇，一都镇三岭村等20个省级试点村，两条乡村振兴市级示范线。20个试点村共策划实施项目149个，总投资5350万元；两条示范线实施项目39个，总投资2650万元。围绕打造美丽乡村升级版，加快创建10个县级示范村和5个精品村(乡村振兴示范点)，策划生成148个建设项目，年度计划投资8000万元，已完成投资8960万元，占年度投资计划的112%。开展全县2019年美丽乡村半年和年终两次现场拉练检查，有效推进美丽乡村建设，打造了一批环境清朗、主题突出、业态凸显、内涵丰富的美丽乡村。各乡镇致力打响美丽乡村名片，成为特色经济增长点，突出融合发展，把重点产业做精做强，挖掘一村一品(如南石村龙眼、塘溪村荔枝、吾东村韭菜等)；扶持旅游产业，一都、介福、外山等乡镇乡村旅游火热；引进美丽乡村专业的运营团队，提高运营效益。一都镇引进福建省犇犇旅游管理有限公司接手双溪角落公共旅游资源经营管理；东关镇引进泉州味一蜜语有限公司，打造具有印尼特色的休闲旅游度假区。永春县被列为《美丽乡村建设评价》(国家标准GB/T 37072-2018)起草成员单位之一，获评全国农村人居环境整治成效明显激励县，选送的推进美丽乡村经营管护机制获批农村改革试验区拓展试验任务改革试点。

附　录

附录一　永春县老区乡镇、老区村名单

永春县是福建省 46 个老区县中的重点老区县，被确认视同原中央苏区县，在全县 22 个乡镇中，老区村占 90%以上的重点老区乡镇 5 个、老区村占 50%～90%的老区乡镇 9 个、老区村占 10%～50%的老区分布乡镇 6 个；全县老区村 121 个，占行政村的 51.27%；全县老区人口 30 多万人，占总人口的 54%。

一、重点老区乡镇及其 39 个老区村名单

坑仔口镇：玉西村　诗元村　魁斗村　西坪村　福地村　洋头村　杏村村　景山村

玉斗镇：玉斗村　玉美村　炉地村　新珩村　云台村　白珩村　红山村　凤溪村　竹溪村

桂洋镇：桂洋村　文太村　壶永村　岐山村　茂春村　金沙村　库湖村　新岭村

锦斗镇：锦溪村　洪内村　长坑村　珍卿村　云路村　卓湖村

吾峰镇：吾中村　吾西村　吾顶村　后垄(侯龙)村　培民村　梅林村　枣岭村　择水村

二、老区乡镇及其 69 个老区村名单

横口乡：福联村　福中村　环峰村　上西坑村　下西坑村

苏坑镇：光明村　洋坪村　嵩山村　嵩安村
蓬壶镇：观山村　仙岭村　壶南村　鹏溪村　丽里村　军兜村
美中村　美山村　西昌村　美林村　八乡村　联星村
南幢村　高峰村
达埔镇：岩峰村　东园村　新溪村　洑溪村　光烈村　金星村
达中村　达理村　楚安村　乌石村　达山村　溪源村
延寿村　汉口村　狮峰村　洪步村　达德村
石鼓镇：东安村　大卿村　桃场村　桃星村　吾江村　马峰村
凤美村
介福乡：龙津村　福东村
仙夹镇：龙湖村　山后村　夹际村　龙水村　德田村
湖洋镇：湖城村　桃源村　蓬莱村　溪东村　溪西村　石厝村
高坪村　龙山村　锦凤村　桃美村
东平镇：东山村　太山村　冷水村　鸿安村　霞林村

三、老区分布乡镇及其 13 个老区村名单

一都镇：黄沙村
下洋镇：涂山村
五里街镇：儒林村（社区）　埔头村
桃城镇：化龙村　洛阳村　济川村（社区）　花石村
岵山镇：文溪村　北溪村　龙阁村　岭头村
外山乡：云峰村

四、14 个革命老区基点村名单

鹧鸪垵（高垵）——蓬壶镇观山村
芹菜垅——达埔镇狮峰村
吾　园——达埔镇达理村
大　坑——达埔镇金星村
圳　古——达埔镇洑溪村
内　洋——达埔镇新溪村

中　洋——达埔镇新溪村
岱　山——达埔镇新溪村
山姆头——仙夹镇夹际村
中　仑——岵山镇文溪村
墓　兜——岵山镇文溪村
石　城——湖洋镇石厝村
枫　林——外山乡云峰村
坑　园——外山乡云峰村
（左为革命老区基点村名称，右为其现在所属的镇村）

附录二　永春县老促会常务理事会组成名单

永春县老促会第一届常务理事会（1995年11月—1998年2月）

会　　长　苏中亚
副 会 长　苏德才（常务）　邓泗侯　李仁实　陈成枫　林诗昆　黄金梅
常务理事　邓泗侯　李仁实　陈成枫　苏中亚　苏德才　林诗昆　黄金梅　潘再回
秘 书 长　潘再回（兼）
副秘书长　陈弘贤　王　一

永春县老促会第二届常务理事会（1998年3月—2003年7月）

会　　长　苏中亚
副 会 长　苏德才（常务）　邓泗侯　李文港　李仁实　陈成枫　林诗昆
常务理事　王　一　邓泗侯　苏中亚　苏德才　李文港　李仁实　陈成枫　陈宏贤　吴修强　林诗昆　洪一新　洪培贤　赵昆源

秘 书 长　洪一新（兼）

副秘书长　陈宏贤（兼）　王一（兼）　赵昆源（兼）
王兆根

永春县老促会第三届常务理事会（2003 年 8 月—2009 年 10 月）

会　　长　苏中亚

副 会 长　苏德才（常务）　邓泗侯　李文港　郑秀觉
王　一　陈成枫　周良伙

常务理事　王　一　王兆根　邓泗侯　苏中亚　苏德才
李文港　陈成枫　陈渊源　吴修强　郑秀觉
周良伙　赵昆源

秘 书 长　陈渊源（兼）

副秘书长　王兆根（兼）　吴修强（兼）　赵昆源（兼）

永春县老促会第四届常务理事会（2009 年 11 月—2017 年 6 月）

会　　长　李铁民

副 会 长　陈章煜（常务）　林翠琼（常务）　林成栋
林连辉　康元来

常务理事　李铁民　陈章煜　林成栋　林连辉　林翠琼
康元来

秘 书 长　陈章煜（兼）

永春县老促会第五届常务理事会（2017 年 7 月至今）

会　　长　林金星

副 会 长　林华民（常务）　廖丽华　洪文地

常务理事　林金星　林华民　廖丽华　洪文地　周剑协

秘 书 长　洪文地（兼）

副秘书长　周剑协（兼）

附录三　永春县革命老区发展大事记(1919—2019)

1919 年　6 月,永春工、农、商、学、妇女各界纷纷集会游行响应五四运动,组织反帝爱国宣传队分赴各地开展宣传活动。

1924 年开始　一些在外地求学的永春籍青年学生和知识分子,参加共产党领导的革命活动,加入当地共产党、青年团组织。

1925 年　6 月,永春各界组织沪案后援会,声援上海人民反帝斗争。

1926 年　在外地的共产党员、共青团员回永春开展工运、农运。张大宣、颜步青分别在吾峰、东区建立农会。

1927 年　1 月,中共永春支部成立。3 月,成立永春农民协会,发表《永春农民协会筹备处宣言》,为永春第一个革命的公开宣言。9 月 1 日,张大宣在泉州被暗杀,为永春及泉州地区第一位革命烈士。11 月,成立中共永春特别支部。

1928 年　2 月,成立中共永春县委。8 月,成立东区民团,是共产党在永春领导建立的第一支武装。9 月 24 日,在中共福建省委巡视员吴亚鲁主持下,永春县委召开中共永春县第一次代表大会。10 月 18 日,在县委领导下,东区农协召开公审大会,处决两名反动的豪绅爪牙,是永春人民在共产党领导下向国民党反动派打响的第一枪。

1929 年　8 月,朱德率红四军第二、三纵队和前委机关 3000 多人进入永春福鼎(横口)休整,经一都返回闽西。9 月,中共永春县委和中共德化县委合并为中共永德县委。

1930 年　4、5 月,中共永德县委发动吾峰武装抗捐斗争。7 月,重新建立中共永春县委。年底,建立中共安南永特支,归属永春县委领导。

1931 年　12 月,以永春县委成员为基础,组成中共安南永临时中心县委。

1932 年　4 月，成立中共安溪县委和中共永春特支，永春和安溪游击队组成闽南工农游击队第二支队。11 月，成立中共安溪中心县委，统一领导安(溪)南(安)永(春)德(化)四县革命斗争，永春成立特区委。

1933 年　5 月 1 日，闽南工农游击队第二支队改称中国工农红军闽南游击队第二支队(简称"红二支队")。8 月 25 日，成立安南永德苏维埃政府，李剑光(永春人)任主席。

1934 年　永春苏区遍及全县四分之三区域。红二支队发展到 4 个大队 500 人枪，先后在永春境内进行向泰和堂筹款借枪、夜袭蓬壶三角街、攻占达埔镇等较大战斗。

1935 年　10 月，永春特区党团组织遭受破坏。

1937 年　永春人林士带从延安抗日军政大学学习结业后，回到泉州参加地下斗争。

1938 年　3 月，毛泽东在延安会见马来亚华侨战地记者通讯团领队、永春籍华侨辜俊英并题词。7 月，中共泉州中心县委委员林士带回永春，在桃场建立中共永春支部。

1941 年　5 月，中共永春支部遭受破坏。11 月，林士带领导成立中共德(化)永(春)特别支部。

1942 年　闽西北特委书记林大蕃、青年部长林志群在永春一都黄沙建立大田县地下游击队黄沙中队。

1944 年　闽中特委开辟永春云峰、石城一带交通线，闽中游击小分队进入永春活动。

1946 年　泉州中心县委开辟安南永边区游击根据地。

1947 年　闽中游击队直属支队经过永春，向德化戴云山挺进。

1948 年　闽西南党组织开辟永春玉坑武装斗争根据地。

1949 年　8 月 23 日，永春县全境解放；9 月 20 日，成立会师后的中共永春县委和永春县人民政府。

1950 年　开展剿匪反霸、减租减息、抗美援朝等运动。

1951 年　开展土地改革运动。

1952 年　开展"三反""五反"运动。

1953 年　宣传贯彻党在过渡时期的总路线和总任务。

1954 年　永春县第一届人民代表大会第一次会议召开。

1955 年　制定永春县第一个五年计划。

1956 年　晋江地委工交部抽调干部、工人到天湖山创办煤矿；中共永春县第一次代表大会召开；全县农业、手工业基本实现合作化，私营工商业实现全行业公私合营，基本建立了社会主义制度。

1957 年　一批干部群众离开城镇到曲斗墘头溪定居，建立新村。

1958 年　县委副书记张振珠赴北京列席中共八届二次全国代表大会。

1959 年　永春县小水电建设成就模型以“农村办电，大放光明”为题在北京全国农业展览馆展出，中共中央副主席刘少奇亲临观看。

1960 年　全国第一次小水电现场会在永春召开。

1961 年　传达贯彻“调整、巩固、充实、提高”方针，进行国民经济调整。

1962 年　永春化肥厂建成投产。

1963 年　召开中共永春县第二次代表大会。

1964 年　开展社会主义教育运动。

1965 年　开展“四清”运动。

1966 年　“文化大革命”运动开始。

1967 年　全县造林 15.45 万亩，第一次突破 10 万亩。

1968 年　成立永春县革命委员会。

1969 年　永春小水电建设模型进京展出，周恩来总理赞扬“永春是全国小水电一面红旗”；全县组织知识青年和城镇居民上山下乡。

1970 年　《人民画报》第 3 期报道了永春农村小水电发展概况并附图片，东方红水电站动工兴建。

1971 年　中共永春县第三次代表大会召开，全县开展“农业学大寨”运动。

1972年　全县粮食总产量16440万斤，亩产700斤，创造历年来永春县粮食生产的历史最高纪录；永春化肥厂代表参加在福建召开的全国小氮肥生产交流会并做经验介绍。

1973年　永春化肥厂工人林彩出席中国共产党第十次全国代表大会。

1974年　“红五一”水库竣工。

1975年　进行全面整顿，重建县委工作机构。

1976年　开始试种和示范杂交水稻，“文化大革命”运动结束。

1977年　天湖山矿务局铅坑矿掘进五队队长兼党支部书记潘时兴出席中国共产党第十一次全国代表大会，当选第十一届中共中央候补委员。

1978年　中共永春县第四次代表大会召开。

1979年　传达贯彻中共十一届三中全会精神，工作重心转移到经济建设上来。

1980年　全县农村开始推行联产承包责任制。

1981年　建成第一家来料加工厂——永联针织总厂。

1982年　中共中央总书记胡耀邦在李鹏、项南等陪同下到永春视察小水电，主持召开中国式农村电气化座谈会。

1983年　横口水电站第一期工程建成发电，国务院副总理李鹏来电祝贺。

1984年　县第五次党代会提出搞好经济体制改革，进一步实行对外开放。

1985年　被列入闽南金三角开放县。

1986年　成为全国第一批电气化县。

1987年　县第六次党代会提出加强党的建设，深化改革，扩大开放，稳定发展经济。

1988年　永春县文化中心郑世炎大楼竣工。

1989年　组织实施“357”造林工程。

1990年　县第七次党代会提出坚持改革与发展相结合，开发与开放并举，发挥“山”“侨”“台”优势，把永春建成稳定、文明、繁荣的开放县。

1991 年　举办首届中国永春芦柑节。

1992 年　举办第二届中国永春芦柑节。

1993 年　县第八次党代会提出加快建立社会主义市场经济体制,把永春建设成为开放、文明、繁荣、小康的贸工农一体化的新型城市;永春首次获评福建省经济发展十佳县;举办第三届中国永春芦柑节。

1994 年　下洋、湖洋、五里街等 3 个镇和下洋村、桃源村、华岩村等 36 个村成为永春县第一批基本实现小康的乡镇、村。

1995 年　举办第四届中国永春芦柑节。

1996 年　省委发出开展学美岭活动的通知。

1997 年　苏新添出席中国共产党第十五次全国代表大会,当选中共第十五届中央委员会候补委员;永春获评中国芦柑之乡,获全国教育"两基"先进县称号。

1998 年　县第九次党代会提出"科教兴农,以工富县,搞活流通,协调发展"的目标。

1999 年　永春县工业园区开始建设,99 农村科技文化园开园仪式暨农村科技文化书法图片展在蓬壶镇仙岭村举行。

2000 年　永春获全国卫生县城、全国科技工作先进县称号。

2001 年　永春获全国经济林建设先进县称号。

2002 年　第四届泉州旅游节在永春举办;苏新添出席中国共产党第十六次全国代表大会,当选中共第十六届中央委员会候补委员。

2003 年　县第十次党代会提出坚持"工业立县、农业稳县、旅游活县"的基本工作思路。

2004 年　永春首次被评为全省经济发展十强县,举办生态旅游推介会。

2005 年　永春芦柑获国家地理标志产品保护。

2006 年　县第十一次党代会进一步确立了建设海峡西岸经济区现代化工贸旅游县发展定位。

2007 年　实行新型农村合作医疗制度。

2008 年　永春佛手茶获评全国地理标志产品。

2009 年　第一条经过永春的高速公路(泉三高速)通车。

2010 年　县轻工基地动工建设。

2011 年　县第十二次党代会提出“推进新跨越、建设新永春”的奋斗目标。

2012 年　在全省率先开展美丽乡村建设。

2013 年　永春被环保部列为第六批全国生态文明建设试点;中央党史研究室发文认定永春在历史上与中央苏区有密切关系,建议视同中央苏区考虑。

2014 年　永春被纳入赣闽粤原中央苏区振兴发展规划,被环保部批准为国家生态文明建设示范区(生态县),达埔获评中国香都。

2015 年　永春被国家发改委、环保部等 11 个部委联合定为第一批全国生态保护与建设示范区;举办世界(永春)白鹤拳大会;余光中文学馆开馆。

2016 年　永春获首届中国生态文明奖;被确定为全国首批“国家全域旅游示范区”创建单位;县第十三次党代会提出紧紧围绕“乡愁故里、生态桃源、美丽永春”发展目标,奋力谱写永春绿色崛起新篇。

2017 年　永春作为全省唯一县级代表参加中联部与福建省委举办的生态文明建设主题宣介会,率先成立省内首家县域生态文明研究院,苦寨坑原始青瓷窑址获评 2016 年度全国十大考古新发现。

2018 年　泉州市党内政治生活体验馆在永春落成开馆,全省实施乡村振兴战略现场推进会在永春召开。

2019 年　永春获评 2018 年农村人居环境整治成效明显激励县,全国农村水电绿色改造现场会在永春召开,介福乡林俊德纪念馆开馆。

附录四 永春县革命烈士名录

一、新民主主义革命时期

一　都：林亚花（黄田）　黄　长（仙友）

坑仔口：方孝猴（诗元）　柯章额（景山）

苏　坑：张　昆（嵩山）　张　水（嵩山）

蓬　壶：苏玉燕（观山）　苏康健（观山）　苏文扳（观山）
苏昌表（观山）　苏显瑶（观山）　苏昭梅（观山）
苏昭佳（观山）　苏永枫（仙岭）　苏永文（仙岭）
沈　祥（仙岭）　沈　笼（仙岭）　林　黎（西昌）
林多奉（西昌）　林士窃（美中）　林士带（美中）
林纲中（美山）　郭民日（南幢）　郭印玺（八乡）
潘堆金（观山）　潘为思（鹏溪）

达　埔：王　赐（达理）　王　吥（达德）　叶批齿（建国）
叶丕盛（建国）　叶端煅（达德）　刘　荫（金星）
吕　劝（洑溪）　汤　潮（达理）　汤开树（达理）
汤先掌（达理）　汤必林（达理）　汤　杯（达理）
李南金（岩峰）　李世全（岩峰）　李菜殿（岩峰）
李剑光（岩峰）　李素明（岩峰）　李世准（岩峰）
李德颁（狮峰）　李尧专（狮峰）　李　铁（狮峰）
李德汉（狮峰）　李世水（狮峰）　李德玩（狮峰）
李笃毛（狮峰）　李笃旋（狮峰）　李德烟（狮峰）
李笃池（狮峰）　李　炮（狮峰）　李连扳（狮峰）
李笃楼（新琼）　李德构（汉口）　李笃晓（汉口）
吴金相（东园）　吴　垮（东园）　吴先根（东园）
吴德昂（东园）　吴九认（东园）　吴先力（东园）
张　闪（洑溪）　张　虽（洑溪）　张　模（洑溪）

张大材（前锋）　林针苋（汉口）　林绍桥（汉口）
林名庆（红星）　林述特（红星）　林金水（红星）
林　记（东园）　林　毛（新溪）　林述静（狮峰）
陈仪仕（新溪）　陈世逼（新溪）　陈际魁（新溪）
范　随（洑溪）　周　潮（乌石）　周　永（乌石）
周　应（乌石）　洪永辉（汉口）　姚　拥（达理）
姚仁复（光烈）　姚仁湿（光烈）　姚瑞金（光烈）
姚仁祜（光烈）　姚添香（光烈）　姚　石（金星）
姚义裕（金星）　姚仁潮（金星）　姚仁闯（金星）
姚义盏（洑溪）　姚　令（洑溪）　施　火（达理）
郑朝兴（岩峰）　郑清留（新溪）　郑　提（乌石）
黄金山（洑溪）　黄金城（洑溪）　黄恭清（新溪）
黄　八（达理）　蒋　文（金星）　蒋　杉（金星）
蒋　犁（金星）　潘　整（金星）　潘　卯（金星）
潘儒音（金星）　潘儒偏（岩峰）　潘　印（岩峰）
潘儒昆（岩峰）　潘财停（岩峰）　潘元会（达理）
潘风潮（达理）　潘金玉（达理）　潘儒敏（达中）
潘钟毓（达中）　潘　灵（溪源）　潘克集（达德）
潘　鸯（红星）　潘　蕉（光烈）　潘儒标（延寿）
潘章旺（新凉）　颜弼术（达德）　颜弼炎（达德）
颜弼腾（达德）　颜仕本（金星）

吾　峰：张大宣（吾西）　钟　淦（吾西）　梁　给（吾顶）
梁　身（吾顶）　梁　诸（吾顶）　梁成来（吾顶）
梁祖成（吾顶）

石　鼓：王联顺（吾江）　苏　刺（东安）　苏长久（东安）
苏　觉（东安）　苏　软（东安）　苏　浓（东安）
陈　枪（马峰）　陈兰烨（凤美）　林高宗（大卿）
林奕讲（大卿）　林奕实（大卿）　林奕煎（大卿）
林奕雨（大卿）　林隆菊（大卿）　林奕堤（大卿）
林乔木（大卿）　郑　迁（东安）　郑　业（东安）

郑　塔(洑江)　颜　软(东安)　颜　川(东安)
颜　淝(东安)

五里街:吴国清(华岩)

桃　城:余接代(洋上)　周永言(桃溪)　陈兆垮(桃城)

东　平:李文墨(冷水)　李永康(太平)　颜步青(东山)

岵　山:许　鱼(文溪)　李　洗(岭头)　陈　唱(文溪)
陈　鉎(文溪)　陈再贤(龙阁)　陈明灿(南石)
陈大万(茂霞)　黄　起(北溪)　蒋春雨(磻溪)

仙　夹:范兴着(德田)　范占滔(德田)　陈文坪(龙美)
陈教民(美寨)　郑金壁(夹际)　郑　断(夹际)
郑系贵(夹际)　郑　才(夹际)　郑文良(东里)
郭金川(龙水)

湖　洋:黄家江(蓬莱)

外　山:林壬水(云峰)　林裕秋(云峰)　林智锥(云峰)
林从燕(云峰)　林维来(云峰)

外　县:林伯祥(厦门市)　苏新兴(安溪)　张强(惠安)
范维舟(大田)

籍贯不明:王　一　张　旺　陈　藤　黄福成　黄原全

二、中华人民共和国成立后

一　都:陈久定(仙友)　林进城(仙阳)　曾生柴(黄田)

横　口:郭为甚(环峰)

下　洋:肖安全(含春)　姚来发(上姚)

坑仔口:苏奕安(福地)　陈　土(诗元)　郑学万(洋头)
郑　浅(福地)　徐国理(诗元)　康明春(玉西)
康国新(玉西)　康明取(玉西)　康鹤年(玉西)
潘诗查(杏村)

玉　斗:赵垂钦(新珩)

桂　洋:林国兴(桂洋)　林少成(桂洋)　郑连春(壶永)

锦　斗:王兴士(锦溪)　吴有宾(云路)　吴泽诗(云路)

吴金善(珍卿)　徐光墨(珍卿)　徐定国(珍卿)
章永良(卓湖)
苏　坑:王建枝(嵩溪)　张　钹(嵩山)　陈金训(嵩溪)
蓬　壶:苏其灶(都溪)　林荣华(魁都)　林玉砚(西昌)
柯琴棋(都溪)　廖天保(军兜)　潘仕瑞(壶南)
潘腾辉(鹏溪)
达　埔:吴清火(达中)　潘朝根(溪源)　潘金明(延寿)
吾　峰:陈其英(侯龙)　施锦枝(吾中)　梁文章(吾顶)
介　福:林尚谓　郑国忠(以上福东)
石　鼓:王金锄(社山)　林清津(社山)　陈兰怀(凤美)
郑文坠(桃星)　颜成枝(凤美)　颜兴培(桃场)
五里街:郑　顺(高垅)　洪景柱(儒林)　颜进芬(华岩)
桃　城:李淑柿(张埔)　李江水(张埔)　李胜兜(化龙)
林呈奔(桃城)　周良枝(桃溪)　周玉富(桃溪)
周昌健(桃溪)　邱　招(上沙)　邱良华(上沙)
郑文汉(卧龙)　郑安诸(桃东)　程极有(桃城)
蔡乐平(化龙)
东　平:方成业(云美)　李自藤(太山)　李光武(太山)
李文琼(霞林)　李金壁(霞林)　李天佑(太平)
林日场(霞林)　曾绍舜(冷水)　黄明辉(鸿安)
颜木火(东山)
岵　山:王玉枝(铺上)　吴程瑞(塘溪)　陈礼祖(磻溪)
仙　夹:陈章捷(美寨)　陈家跃(美寨)　郭实乐(山后)
郭建主(龙湖)
湖　洋:林金生(桃源)　郑锦扎(溪西)　郑　湘(溪西)
郑永丰(溪东)　黄金水(清白)　黄玉栋(锦凤)
外　山:林　荣(墘溪)　林梓贵(墘溪)
东　关:李桂林(内碧)　李炳胜(内碧)　郭春生
缺乡籍:邓志龙

外　县:张子都(晋江)

(资料出自1990年版《永春县志》)

附录五　永春县革命纪念性建筑

在烽火连天的革命战争年代,永春的英雄儿女紧跟中国共产党进行了长期、艰苦、英勇的斗争,在中国革命史上写下了光辉的篇章。为了冲破黑暗,追求光明,先烈们抛头颅,洒热血,不屈不挠,前赴后继。全县革命战争时期牺牲的烈士254名,其中县团级以上烈士14名。

让我们怀着崇敬的心情,瞻仰那一座座烈士纪念碑(亭),铭记历史,缅怀英烈,传承遗志,弘扬精神。

一、红军烈士纪念碑

1929年春,毛泽东、朱德率红四军入闽,开辟了闽西革命根据地,建立各级苏维埃政权,闽南包括永春被纳入闽西革命斗争的发展范围。同年8月,为打破国民党大军对闽西革命根据地的"三省会剿",扩大闽西革命斗争区域,朱德率红四军第二、三纵队和前委机关3000多人出击闽中,于8月22日抵达永春县福鼎乡(现横口乡福中、福联、环峰3村)。短短一周的时间,红四军在这里休整的同时,广泛宣传红军宗旨和革命真理,推动永春革命斗争的迅速开展。

由于之前在大田石牌格遭到军阀卢兴邦所部阻击,部分红军战士负伤,加上时值酷暑,疟疾、痢疾流行,官兵患病甚多。一部分伤病员经福鼎当地民众细心帮助得到医治。8月28日,朱德率红四军离开福鼎,准备返回闽西,留下40多名重伤病员和400块银圆,交托当地群众治疗看护。这些重伤病员被安置在郭氏家庙,得到细心医护,不少人很快康复归队。一些红军战士因伤病情较重不幸去世，群众按照当地习俗为之入殓。还有几名红军战士，在当地安全生活数年之后才离去。

1992 年 2 月，为纪念在福鼎病故的红四军战士，横口乡人民政府、县民政局在横口中学后山建立红军烈士纪念碑。

二、新溪革命烈士纪念碑

从 1930 年底到 1935 年的安（溪）南（安）永（春）德（化）苏区革命斗争，是这一地区历时最久、规模最大、影响最深远的人民革命战争，沉重打击了反动当局，有力地配合了中央根据地的斗争。永春是安南永德苏区的策源地和主战场，为革命做出了重大的贡献，付出了巨大的牺牲，李南金、李剑光、李世全、李永康、李素明、李文墨、林多奉、吴国清等英烈将最后一滴鲜血洒在这片热土上。

达埔镇新溪村地处永春与安溪、南安交界处。1932 年，安南永德苏区革命斗争如火如荼地开展，成立了中共安溪中心县委，统一领导四县革命斗争；在新溪村成立了中共永春特区委，统一领导永春苏区斗争。新溪村成为中共安溪中心县委和中国工农红军闽南游击队第二支队（简称红二支队）的常驻地，岱山石竹庙、圳古福源洞等是有名的革命遗址。

由于新溪是永春苏区的重要根据地，这里多次遭受敌人摧残，红二支队积极发动群众予以反击。1934 年 2 月，红二支队在新溪水尾林埋伏，攻打路过的安溪东溪民团，歼敌 20 多人，缴枪 21 杆，打了一个漂亮的伏击战。在严酷的斗争中，黄福成等 17 名战士先后在新溪及附近牺牲，中华人民共和国成立后被追认为革命烈士。

1953 年，新溪村的岱山、中洋、内洋被省人民政府确定为老区基点村。1978 年，永春县人民政府在新溪村为黄福成等 17 位烈士兴建纪念碑。2001 年 7 月重建。烈士纪念碑坐东向西，碑高 8 米，为花岗岩构筑，正面刻有“革命烈士永垂不朽”八个大字。2002 年 1 月，被列为永春县第四批文物保护单位。

三、林多奉、林士带、林刚中烈士纪念碑

林多奉、林士带、林刚中烈士纪念碑位于蓬壶镇美山村仙洞山麓。

林多奉、林士带、林刚中都是蓬壶人，分别是土地革命战争、抗日战争、解放战争时期的县团级革命烈士。林多奉是西昌村人，1930年秋加入中国共产党，历任中共安溪中心县委常委、宣传部长、中共永春特区委书记、红二支队第二大队大队长等职，足迹遍及安溪、南安、永春、德化各地，在永春特区领导组建特务队、赤卫队，1935年9月26日牺牲。林士带是美中村人，1933年加入中国共产党，投身安南永德苏区革命斗争；1935年底南渡马来亚，1937年回国进入延安抗日军政大学学习；1938年任中共泉州中心县委委员、中共永春支部书记，致力于恢复南安、永春的革命活动，重建组织；1941年7月任中共闽中特委特派员，到德化开展工作，建立德永特支；1942年下半年在大田桃源开展工作时被捕，1943年春惨遭毒刑而牺牲。林刚中是美山村人，1933年加入中国共产党，参与组建永春特区特务队；1935年南渡新加坡，投身星马华侨进步活动；1938年春回国进入延安抗日军政大学学习，结业后编入部队，奔赴抗日前线；解放战争时期任东北民主联军（东北人民解放军前身）某部团长，1946年3月在四平战役中牺牲。

1990年，蓬壶镇人民政府为三位烈士建造一座纪念碑，后受损坏。1999年10月，镇政府又拨款并发动全镇党员捐资，重建烈士纪念碑。碑为方柱形加石帽，高5米，正面刻“林多奉、林士带、林刚中烈士纪念碑”，背面刻三位烈士事迹。

纪念碑与林刚中烈士故居凤塔堂相距仅约300米。1933—1934年间，林多奉、林刚中组建永春特区特务队，以林刚中家为秘密据点，夜间在仙洞山一带山林中进行战术训练，配合红二支队广泛开展锄霸肃奸等武装斗争，同时为红二支队培养战斗骨干。

四、抗战阵亡将士纪念碑

抗日战争时期，永春吾峰（旧称“鳌峰”）爱国青年积极请缨杀敌。1939 年 7 月 7 日，为纪念“七七”事变二周年和抗战中阵亡的将士，吾峰各界人士在茂林山顶树立抗战阵亡将士纪念碑。

抗战阵亡将士纪念碑是永春县境内现存唯一的与抗战有关的纪念碑。立于吾峰中学校门前，与陈其挥纪念亭相距 10 米。方形，顶部攒尖，底部有一块正方形基座。碑身两面阴刻“抗战阵亡将士纪念碑”，另两面分别为“中华民国二十八年七月七日”“鳌峰各界奠立”。

五、伯祥亭

在永春第三中学校园内，绿荫掩映之间有一座亭子，是为纪念林伯祥烈士而建的伯祥亭。

林伯祥，原名林松龄，台湾省嘉义人，1916 年 4 月出生于厦门。1934 年秋考入厦门大学。1938 年春加入中国共产党，5 月任厦门青年战时服务团（简称厦青团）干事会干事，深入民众中宣传抗日救国，10 月任中共厦青团支部委员。翌年 2 月，国民党当局强行解散厦青团，他被分配到明溪县搞民众教育，旋即秘密回闽南，以晋江县养正中学教师身份为掩护，担任中共泉州中心县委青委委员、官桥区委书记，并在养正中学建立中共支部，任书记。1940 年 7 月，到中共闽浙赣省委训练班学习，后分配到江西省玉山县工作。在一次与敌人的遭遇战中受伤，与中共组织失去联系。返回闽南，先后在永春崇贤中学、漳浦纯美中学任教。1943 年秋，经厦大校友、永春毓斌中学（今永春三中）校长林鹤龄介绍，受聘为该校教务主任，积极向学生宣传抗战。1945 年 10 月，时任中共安溪工委书记兼挺进工作队队长的许集美到毓斌中学与林伯祥取得联系。同年 12 月初一天下午，国民党永春县警察局长带队到毓斌中学逮捕林伯祥，林伯祥与之巧妙周旋而脱险，第二天凌晨走到苏坑，被当地保长告密而不幸被捕。他先被关押在永春县看守所，后被转移到莆田监狱。在狱中，他与敌人展开面对面的斗争，痛斥国民党反共反人民罪行。1946 年 2 月 24 日在莆田被秘密杀害。

1958 年，为纪念林伯祥烈士，永春三中党支部发动全校师生献工献料，在校园内兴建伯祥亭，为木瓦结构。1997 年 8 月，由永春县人民政府翻建成六角形双檐琉璃瓦石混亭。亭径 4 米，高 8 米。亭内立有石碑，镌刻林伯祥烈士事迹，由县政府立，福建省政协原副主席许集美题签。亭柱镌联："一片赤诚忠党国；千秋青史耀人寰""心注斌中兴俊彦；血凝莆邑发英华""骸骨为师生铺路；头颅供学校奠基"。2017 年，被列为永春县爱国主义教育基地。

六、坑仔口革命烈士纪念碑

坑仔口革命烈士纪念碑位于坑仔口镇玉西村坑仔口中学后操场。

在解放战争中，坑仔口镇景山村的柯章额、诗元村的方孝交牺牲。在坑仔口进行革命活动的中共华中分局特别党员张强（惠安县洛阳人）在魁斗土楼被误杀（中华人民共和国成立后被追认为烈士）。

1950 年 2 月 26 日，匪首康明深率匪徒 300 多人在坑仔口进行反革命暴动，占领玉坑乡办事处，抓走永春二区武委主任郑联春、武委林尚谓、群团干部王兴士、农会主席康兴贤、教育助理员周景阳、副乡长康国新、一区群团委员郑学万、县公安局侦察员陈土、干部康明取、白鹭洲、安溪税务局驻征员陈玉明、云台村农会干部赵习等 12 人，分别于 2 月 27 日和 3 月 1 日深夜活埋于坑仔口镇洋头村山上。同年 4 月，人民政府找到 12 位烈士遗体，重新收殓入棺并合葬在洋头草湖山（后郑学万、陈玉明二烈士遗体由其家属移葬别处）。1955 年 10 月 1 日，人民政府为 12 位烈士合立墓碑。

1950 年 10 月 12 日，原闽粤赣边纵队八支四团三营十七连连长、时任永春县公安局秘书的康鹤年（坑仔口镇玉西村人）和其通讯员杨查在坑仔口家中被康明深匪徒杀害。

1964 年 10 月，为纪念解放战争和剿匪斗争中在坑仔口牺牲的和坑仔口籍在外牺牲的17名烈士，坑仔口人民公社在坑仔口中学后山上建革命烈士纪念碑。1984年9月，由坑仔口人民政府重建。1986年1月，被列为永春县第二批文物保护单位。

纪念碑由基台、碑体组成，为混凝土结构，平面呈方形，高6.5米。正面阴刻“革命烈士永垂不朽”，左、右侧塑字“青山埋忠骨”“遗愿化宏图”。纪念碑背面为“革命烈士芳名”碑，镌刻张强、康明取、康鹤年等17位烈士英名。

七、永春革命烈士纪念碑

1994年，为纪念投身永春的解放和建设事业而牺牲的306名革命烈士，中共永春县委、永春县人民政府决定在桃城镇留安山南麓墩子贡建永春革命烈士纪念碑，于同年8月23日奠基。1995年4月11日，中共永春县委、永春县人民政府隆重举行永春革命烈士纪念碑揭碑仪式。该碑于1994年12月被列为永春县爱国主义教育基地。

永春革命烈士纪念碑高10米，宽1.8米，以钢筋水泥为基柱，外部用石砻石磨光围砌。瞻仰台248平方米，周围配置对称式小花坛，种植青松翠柏花卉，铺设绿地。全国人大常委会原副委员长叶飞亲笔题写主碑“永春革命烈士纪念碑”九个大字。

2014年8月31日，十二届全国人大常委会第十次会议通过了关于设立烈士纪念日的决定，以法律形式将9月30日设立为烈士纪念日，并规定每年9月30日国家举行纪念烈士活动。从这一年开始，每年的9月30日，永春县在留安山革命烈士纪念碑前开展烈士纪念日公祭烈士活动。

编后语

2017年6月,中国老区建设促进会安排部署全国1599个革命老区县编纂老区县发展史。永春是福建省重要的革命老区县之一。永春县老区建设促进会决定与中共永春县委党史研究室(2018年12月与县志办合并为县委党史和地方志研究室)联合编纂《永春县革命老区发展史》一书。

永春县委、县政府对《永春县革命老区发展史》一书的编纂工作十分重视。县委书记庄永智、县长吕建成拨冗为本书作序。有关领导就编纂工作多次过问,并提出指导性意见。2018年1月,永春召开《永春县革命老区发展史》编纂工作会议,县委常委、组织部长杜明星出席会议并讲话。

经过近两年的努力,《永春县革命老区发展史》顺利完成编纂任务。全书内容主体分为《峥嵘岁月》《探索前行》《改革春潮》《壮丽新篇》四章,以编年体的形式,既呈现了永春新民主主义革命时期波澜壮阔的红色画卷,也展现了中华人民共和国成立以来,特别是党的十八大以来,永春老区发生的历史性变革,取得的历史性辉煌成就。

本书在编纂出版过程中,得到了县委办、县政府办、县委宣传部(桃源乡讯社)、县委文明办、县财政局、县民政局、县卫健局、县农业农村局、县扶贫办、县工信商务局、县水利局、县文旅局、县教育局、县住建局、县林业局、县社保中心等单位以及乡镇的大力支持;施立新、赵培璋、李端阳、康文德、李革荣、辜希凡、陈春晖、郑晖等同志提出修改意见。在此一并表示衷心的感谢！

由于我们水平有限，加之时间紧、任务重，书中错漏和不妥之处在所难免，恳请读者批评指正。

编　者

2020 年 5 月